编委会

一流高职院校旅游大类创新型人才培养"十四五"规划教材

总主编⊙江 波

旅游服务礼仪

Tourism Service Etiquette

主　编◎陈晓斌　　彭文喜

副主编◎廖晶晶　　邓　梅　　李　好

参　编◎熊　锦　　段利芳　　刘冬华　　施　丹
　　　　杨燕青　　费　璠

华中科技大学出版社
http://press.hust.edu.cn
中国·武汉

内 容 提 要

大众旅游时代,旅游业作为国民经济战略性支柱产业,对拉动经济增长和实现人民幸福发挥了重要作用。伴随着旅游业的迅猛发展,熟练掌握旅游服务礼仪已经成为旅游从业者的必然要求。本书根据旅游行业实际工作所涉及的各方面礼仪来设定内容,包括旅游服务礼仪概述、旅游从业人员的形象礼仪、旅游从业人员的日常交际礼仪、旅游从业人员的网络沟通礼仪、旅行社服务礼仪、酒店住宿服务礼仪、餐饮服务礼仪、旅游景区服务礼仪、旅游宗教服务礼仪和旅游涉外服务礼仪等十个项目。

本书采用任务驱动模式,每个项目由"任务导入"激发学生的学习兴趣;设置"任务解析"分析任务的具体解决方案;"知识链接"内容辅以图片、二维码等,增加课外知识,信息量大,生动形象;"任务拓展"通过案例、模拟训练等,让学生在做中学、学中练,提高学生的实践操作能力。

本书注重针对性、实用性和创新性,将着力点放在旅游服务礼仪的实践练习上,以增强其适用性,扩大其使用范围,使之可以作为高等职业院校旅游专业学生的礼仪教材,也可作为饭店、旅行社和旅游景区景点等企业人员的培训教材和参考读物。

图书在版编目(CIP)数据

旅游服务礼仪/陈晓斌,彭文喜主编. —武汉:华中科技大学出版社,2018.12(2023.8 重印)
ISBN 978-7-5680-4843-9

Ⅰ.①旅… Ⅱ.①陈… ②彭… Ⅲ.①旅游服务-礼仪-高等职业教育-教材 Ⅳ.①F590.63

中国版本图书馆 CIP 数据核字(2018)第 283493 号

旅游服务礼仪   陈晓斌   彭文喜   主编
Lüyou Fuwu Liyi

策划编辑:李家乐
责任编辑:倪 梦   责任校对:刘 竣
封面设计:廖亚萍   责任监印:周治超
出版发行:华中科技大学出版社(中国·武汉)   电话:(027)81321913
             武汉市东湖新技术开发区华工科技园   邮编:430223
录   排:华中科技大学惠友文印中心
印   刷:武汉科源印刷设计有限公司
开   本:787mm×1092mm   1/16
印   张:16.75
字   数:393 千字
版   次:2023 年 8 月第 1 版第 6 次印刷
定   价:49.80 元

全域旅游时代,旅游业作为国民经济战略性支柱产业与改善民生的幸福产业,对拉动经济增长与满足人民美好生活需要起着重要作用。"十四五"期间,我国旅游业将迎来新一轮黄金发展期,旅游业消费大众化、需求品质化、竞争国际化、发展全域化、产业现代化等发展趋势将对旅游从业人员的数量与质量提出更高的要求。因此,如何培养更多适合行业发展需要的高素质旅游人才成为旅游职业教育亟待解决的问题。

2015年,国家旅游局联同教育部发布《加快发展现代旅游职业教育的指导意见》,提出要"加快构建现代旅游职业教育体系,培养适应旅游产业发展需求的高素质技术技能和管理服务人才",标志着我国旅游职业教育进入了重要战略机遇期。2021年,教育部新一轮的职业教育目录调整,为全国旅游职业教育专业群的发展提供了切实指引。高职院校专业群建设有利于优化专业结构、促进资源整合、形成育人特色。随着高职教学改革的逐渐深入,专业群建设已成为高职院校迈向"一流"的必经之路。教材建设是高职院校的一项基础性工作,也是衡量学校办学水平的重要标志。

为此,我们集中了一大批高水平的旅游职业院校的学科专业带头人和骨干教师以及资深业界专家等,共同编写了本套教材。

本套教材的编写力争适应性广、实用性强、有所创新和超越,具备以下几个方面的特点。

一是定位精准、具有区域特色。教材定位在一流高职培养层次,依托高职旅游专业群,突出实用、适用、够用和创新的"三用一新"的特点。教材编写立足湖南实际,在编写中融入湖南地方特色,以服务于区域旅游大类专业的建设与发展。

二是教材建设系统化。本套教材计划分批推出30本,涵盖目前高等职业院校旅游大类开设的大部分专业课程和院校特色课程。

三是校企合作一体化。教材由各高职院校专业带头人、青年骨干教师、旅游业内专家组成编写团队,他们教学与实践经验丰富,保证了教材的品质。

四是配套资源立体化。本套教材强化纸质教材与数字化资源的有机结合,构建了配套的教学资源库,包括教学课件、案例库、习题集、视频库等教学资源。强调线上线下互为配套,打造独特的立体教材。

希望通过这套以"一流高职院校旅游大类创新型人才培养"为目标的教材的编写与出版,为我国高职高专旅游大类教育的教材建设探索一套"能显点,又盖面;既见树木,又见森林"的教材编写和出版模式,并希望本套教材能成为具有时代性、规范性、示范性和指导性,优化配套的、具有专业针对性和学科应用性的一流高职院校旅游大类教育的教材体系。

湖南省职业教育与成人教育学会
高职旅游类专业委员会秘书长
湖南省教学名师
江波　教授

"不学礼,无以立。"礼仪是我们中华民族的优良传统文化,更是现代社会衡量人类文明和进步的重要标志。对于旅游服务业而言,近年来礼仪的作用尤为凸显。随着全球旅游业的快速发展、国际旅游市场竞争日益激烈,加强旅游服务礼仪规范、提高旅游从业人员的服务礼仪水平已成为旅游企业提升竞争力的重要手段。为了培养社会急需的旅游服务人才,我们组织富有旅游服务礼仪教学与实践经验的教师精心编写了本教材。

本教材整体开发思路以"能力本位"为基础,突出实用、适用和创新之特点,结合"项目驱动""翻转课堂"等现代职业教育理念,体现有以下三个特色。

一、"互联网＋"思维融入教材

顺应"互联网＋"发展趋势,强化纸质教材与数字化资源的有机结合,教材配套教学课件、案例库、习题库、视频库等教学资源。培养学生积极主动获取知识、提高技能的能力,同时方便学生线上线下学习。

二、"二维码"展现形式

基于现在的学生乐于接受新鲜事物且喜欢用手机查找资源的特点,在知识链接部分采用二维码形式加以展现,让教材的内容更加丰富,突破教材空间的有限性。

三、"微视频"贯穿教材

旅游服务礼仪课程涉及个人形象礼仪、日常交际礼仪和旅游行业各个岗位的礼仪,这些礼仪都有严格的规范。本教材通过拍摄原创视频让学生随时随地观看学习,也为教师做翻转课堂提供了良好的基础。

本教材由湖南广播电视大学(湖南网络工程职业学院)陈晓斌和彭文喜担任主编,湖南环境生物职业技术学院廖晶晶、湖南商务职业技术学院邓梅、长沙商贸旅游职业技术学院李好任副主编。全书共十章,其中第一章由陈晓斌编写,第二章由彭文喜编写,第三章工作任务一至工作任务四由湖南商务职业技术学院熊锦编写、工作任务五至工作任务八由李好编写,第四章由湖南民族职业学院段利芳编写,第五章由廖晶晶编写,第六章由湖南广播电视大学(湖南网络工程职业学院)刘冬华编写,第七章由邓梅编写,第八章由湖南高尔夫旅游职业学院施丹编写,第九章由湖南高尔夫旅游职业学院杨燕青编写,第十章由湖南大众传媒职业技术学院费璠编写。

本教材原创视频和照片得到了湖南广播电视大学徐震宇老师的悉心指导,湖南网络工程职业学院 2016 级旅游管理专业 2018 年全国职业院校(高职组)导游服务赛项一等奖获得者李青林、易谨然,2018 年湖南省职业院校技能大赛(高职组)导游服务赛项(普通话)组一等奖获得者肖瑞巧,湖南商务职业技术学院 2016 级酒店管理专业 2017 年湖南省职业院校(高职组)西餐宴会服务赛项二等奖获得者肖欢作为原创视频和照片的模特,并为拍摄工作提供了大量的帮助与服务,在此深表感谢。

　　本教材在编写过程中,参考和引用了许多专家、学者的论著,不便在书中一一引述,在此向他们表示诚挚的感谢。受水平等因素的影响,书中难免存在疏漏与不足之处,敬请专家和广大读者批评指正。

编者

目录

项目一
旅游服务礼仪概述

◇知识目标

1. 了解礼仪的起源和发展。
2. 了解礼仪的特征和功能。
3. 了解旅游服务礼仪的基本原则与作用。
4. 掌握旅游服务礼仪的养成途径。

◇能力目标

1. 能认识到礼仪在旅游服务中的重要性。
2. 能有意识地提高自身礼仪素养，并自觉运用于旅游工作实践。

◇素质目标

1. 培养学生旅游服务礼仪意识。
2. 培养学生塑造良好的礼仪素养。
3. 培养学生良好的职业规范和职业道德。

工作任务一　礼仪的起源与发展

 任务导入

2017年8月3日,福建莆田荔城区一社区卫生机构的员工小吴,于上午7时53分驾车沿着东园路往市体育中心方向行驶,当途经正荣时代广场附近路段斑马线时,她发现有老人要过斑马线,便减速停车让行,怎么都没想到老人突然脱下头上戴的草帽,面向她深深地鞠了一躬。那一刻,她的内心被老人的行为深深触动了,老人的举动让她感到特别暖心。于是回家后,她把行车记录仪记下的这暖心的一幕发到微信朋友圈,很快视频从莆田传遍了中国大地。对此,有网友说:"好棒! 每次礼让行人的时候,能收到对方的感谢,心里确实会感到温暖。"也有网友说:"这是一股正能量,有一颗感恩的心去哪里都可以作为通行证。"

(资料来源:https://v.qq.com/x/cover/9x22c98u67x2vmi/o00242srz05.html.)

请问:
①小吴停车让老人跨越斑马线,老人脱帽鞠躬行为是否属于礼仪?
②礼仪与社会生活有何关系?

任务解析

(1) 礼仪本质上是情感互动的过程,小吴驾车路过斑马线停车,让老人先行,老人深受感动,想说声谢谢但担心车里的人可能听不到,于是面向车深深地脱帽鞠躬致谢。小吴和老人都遵循了道路行驶的礼貌礼节,他们的行为举止应该属于礼仪广义认识的范畴。

(2) 该案例说明来源于社会生活交往中的礼仪,同时又规范着人们的社会生活交往并随着社会生活交往的发展而发展。

知识链接

礼仪的内涵非常丰富,包括"礼"和"仪"两个部分。"礼"本意表示"敬神",后来引申为敬重、友善之意;"仪"表示"法度标准",即表现"礼"合乎社交规范和道德规范的方式,现概指人的外表、举止、态度,是对礼节和仪式的统称。

一般来说,礼仪是指人们在相互交往中,为表示相互尊重、敬意、友好而约定俗成的、共同遵循的行为规范。礼仪有狭义和广义上的两种含义,从狭义上来讲,有敬重、友好、谦恭、关心、体贴之意,是指为表敬意,在较大、较正规场合隆重举行的各种仪式;从广义上来讲,则泛指人们在社交活动中的各种礼貌礼节。

一　礼仪的起源

礼仪作为人际交往的重要社会规范,究竟是怎样产生的,目前并没有统一的说法。了解礼仪的起源,有助于我们认识礼仪的本质,自觉地按照礼仪规范的要求进行社会交往活动。

从历史唯物主义的观点来看,经济基础决定上层建筑,礼仪属于上层建筑,它必然由特定历史条件下的社会经济基础所决定。一方面,礼仪表现为人们的一系列行为规范,从这方面来看,礼仪是人类为了协调主客观矛盾的需要而产生的。

首先,礼的产生是为了维护自然的"人伦秩序"的需要。人类为了生存和发展,必须与大自然抗争,不得不以群居的形式相互依存,人类的群居性使得人与人之间相互依赖,又相互制约。在群体生活中,男女有别,老少有异,这既是一种天然的人伦秩序,又是一种需要被所有成员共同认定、保证和维护的社会秩序。人类面临着的内部关系必须妥善处理,因此,人们逐步积累和自然约定出一系列"人伦秩序",这就是最初的礼。

其次,礼仪起源于人类寻求满足自身欲望与实现欲望的条件之间动态平衡的需要。人对欲望的追求是人的本能,人们在追寻实现欲望的过程中,人与人之间难免会产生矛盾和冲突,为了避免这些矛盾和冲突,就需要为"止欲制乱"而制礼。

最后,从礼仪具体的形式来看,礼仪早期起源于原始宗教祭天、敬神为主要内容的祭祀活动。在原始社会,生产力极其低下,人们对千变万化的自然现象无法解释,于是把自然的力量神秘化、人格化,想象出各种神灵并加以膜拜,这就是最早的礼。这些祭祀活动在历史发展中逐步完善,相应形成为正式祭祀礼仪,到后来仅以祭祀天地鬼神祖先之礼仪已经不能满足人类日益发展的精神需要和调节日益复杂的现实关系。于是,人们将祈福活动中的一系列行为,从内容和形式扩展到了各种人际交往活动中,从而形成社会各个领域的各种各样的礼仪。

二　礼仪的发展

(一)中国礼仪的发展

从历史发展的角度看,中国古代礼仪发展经历了以下四个时期。

1. 礼仪的孕育时期

礼仪起源于原始社会,到尧舜时期已经有了成文的礼仪制度,如"五礼":祭祀之事为吉礼,冠婚之事为嘉礼,宾客之事为宾礼,军旅之事为军礼,丧葬之事为凶礼。内容涉及祭祀、人际交往、军事和生老病死等,可以说无所不包。

2. 礼仪的形成时期

约公元前 21 世纪,中国开始进入夏、商、周奴隶制社会时期,历经 1000 多年的发展,统治阶级为了巩固自己的统治地位把原始的宗教礼仪发展成符合奴隶社会政治需要的礼制,礼仪被打上了阶级的烙印。特别是周代《周礼》《仪礼》《礼记》三部礼仪专著的出现,标志着中国第一次形成了比较完整的国家礼仪制度。

3. 礼仪的变革时期

公元前 770 年—公元前 221 年,中国处于春秋战国时期。这一时期学术界百家争鸣,礼仪思想出现分化与发展,有了国礼与家礼、大礼与小礼之分。礼仪制度为国礼,民众交往的礼俗为家礼。大礼为国家典籍制度,小礼为平民日常居处礼俗。尤为突出的是这一时期以孔子、孟子、荀子为代表的诸子百家对礼仪的起源、本质和功能进行了系统阐述,第一次在理论上全面而深刻地论述了社会等级秩序划分及其意义。

孔子提出"不学礼,无以立",他要求人们用"礼"的规范来约束自己的行为,要做到"非礼勿视,非礼勿听,非礼勿言,非礼勿动",倡导"仁者爱人",把"礼"看成是治国、安邦、平定天下的基础。

孟子提出"恭敬之心,礼也",把"礼"解释为对尊长和宾客敬重而有礼貌,并把"礼"看作是人的善性的发端之一。

荀子提出"人无礼则不生,事无礼则不成,国无礼则不宁",把"礼"作为人生哲学思想的核心,也把"礼"看作是做人的根本目的和最高理想。

4. 礼仪的强化时期

礼仪的强化时期是从秦汉到清末,这一时期是中国长达 2000 多年的封建社会时期。礼制的核心思想已从奴隶社会的尊君观念发展为"君权神授"的理论体系,礼仪成为维护封建社会等级秩序的工具。礼仪的重要特点是尊君抑臣、尊夫抑妇、尊父抑子、尊神抑人。在漫长的历史演变过程中,它逐渐成为妨碍人类个性自由发展、阻挠人类平等交往、窒息思想自由的精神枷锁。

5. 礼仪的现代发展

辛亥革命以后,受西方资产阶级"自由、平等、民主、博爱"等思想的影响,中国的传统礼仪规范、制度受到强烈冲击。1915 年兴起的新文化运动高喊民主和科学,对旧礼教发动了猛烈的攻击,并大力宣传男女平等、个性解放的新思想,推动了礼仪文化的传播和发展。新中国成立后,人民真正成为国家的主人,逐渐确立了以平等相处、友好往来、相互帮助、团结友爱为主要原则的具有中国特色的新型社会关系和人际关系。今天在社会主义公有制为主体的经济条件下,人们的职业无尊卑之分,岗位无贵贱之分,人与人之间的关系在本质上是平等的,这构成了今天我们社会主义礼仪的基本框架。

（二）西方礼仪的发展

在西方文化中,礼仪一词最早见于法语的 Etiquette ,原意为"法庭上的通行证"。"Etiquette"一词进入英文后,便有了礼仪的含义,意即"人际交往的通行证"。西方礼仪思想的发展基本上是围绕着"地位、金钱、利益"这一主线展开的,大体经历了以下三个发展时期。

1. 古希腊罗马时期

公元前 11 世纪,古希腊进入"荷马时代",《荷马史诗》就有关于礼仪的论述。如讲礼貌、守信用的人受人尊重等。古希腊哲学家们对礼仪有许多精彩的论述。例如毕达哥拉斯(公元前 580 年—公元前 500 年)率先提出了"美德即是一种和谐与秩序"的观点;苏格拉底(公元前 469 年—公元前 399 年)认为,哲学的任务不在于谈天说地,而在于认识人的内心世界,培植人的道德观念,教导人们要待人以礼,而且在生活中身体力行,为人师表;柏拉图(公元前 427 年—公元前 347 年)强调教育的重要性,指出理想的四大道德目标:智慧、勇敢、节制、公正;亚里士多德(公元前 384 年—公元前 322 年)指出,德行就是公正,他说:"人类由于志趣善良而有所成就,成为最优良的动物,如果不讲礼法、违背正义,他就堕落为最恶劣的动物。"

公元 1 世纪末至公元 5 世纪,是罗马帝国统治西欧的时期。教育理论家昆体良撰写《雄辩术原理》一书。认为一个人的道德、礼仪教育应从幼儿期开始。而诗人奥维德通过诗作《爱的艺术》,告诫青年朋友不要贪杯,用餐不可狼吞虎咽。

2. 中世纪神学统治时期

公元 476 年,西罗马帝国灭亡,欧洲开始封建化过程,12 世纪至 17 世纪,是欧洲封建社会鼎盛时期。此间制定了严格而烦琐的贵族礼仪、宫廷礼仪等。如 12 世纪写定的冰岛诗集《埃达》,详尽地叙述了当时用餐的规矩,嘉宾贵客居上座,举杯祝酒的讲究等。

14 世纪至 16 世纪,欧洲进入文艺复兴时代。意大利作家加斯梯良编著的《朝臣》论述了从政的成功之道和礼仪规范及其重要性;尼德兰人文主义者伊拉斯谟(公元 1466 年—公元 1536 年)撰写的《礼貌》,着重论述了个人礼仪和进餐礼仪等,提醒人们讲究道德、清洁卫生和外表美。英国哲学家弗兰西斯·培根(公元 1561 年—公元 1626 年)指出:"一个人若有好的仪容,那对他的名声大有裨益。"

3. 近现代资产阶级时期

17、18 世纪是欧洲资产阶级革命浪潮兴起的时代,尼德兰革命、英国革命和法国大革命相继爆发。随着资本主义制度在欧洲的确立和发展,资本主义社会的礼仪逐渐取代封建社会的礼仪。资本主义社会奉行"一切人生而自由、平等"的原则,这一时期也编撰了大量礼仪著作。捷克资产阶级教育家夸美纽斯(公元 1592 年—公元 1670 年)编撰《青年行为手册》等;英国资产阶级教育思想家约翰·洛克于公元 1693 年写作了《教育漫话》,系统、深入地论述了礼仪的地位、作用以及礼仪教育的意义和方法。德国学者缅南杰斯编著《论接待权贵和女士的礼仪,兼论女士如何对男士保持雍容态度》。英国政治家切斯特菲尔德勋爵(公元1694年—公元1773年)在《教子书》中指出:"世间最低微、最贫穷的人都期待从一个绅士身上看到良好的教养,他们有此权利,因为他们在本性上是和你相等的,并不因为教育和财富的缘故而比你低劣。同他们说话时,要非常谦虚、温和,否则,他们会以为你骄傲,而憎恨你。"

西方现代学者也编撰、出版了不少礼仪书籍,其中比较著名的有:法国学者让・赛尔著的《西方礼节与习俗》,英国学者埃尔西・伯奇・唐纳德编的《现代西方礼仪》,德国作家卡尔・斯莫卡尔著的《请注意您的风度》,美国礼仪专家伊丽莎白・波斯特编的《西方礼仪集萃》以及美国教育家卡耐基编撰的《成功之路丛书》等。主要从现实关系的矛盾运动阐释近现代西方资本主义的礼仪中的自由、平等、自尊等人性文化。

任务拓展

笔者2013年冬随湖南省教育厅旅游专业教学团队国外研修班在温哥华访学,有一次学校组织去远郊的松鸡山参观考察,那里有一个初学者的滑雪练习场,一进场,同学们纷纷换上滑雪板要一试身手,笔者穿上滑雪板第一次行走就摔得人仰马翻,一米八的美女导游,二话没说双膝一跪给我行了个"跪拜礼",为我穿鞋系带,顿时让我这个中国人感动至极。后来回到市里和朋友论及此事,有朋友认为这是其服务有礼的表现,有朋友则说:"你别自作多情,只是一般白人不习惯我们'亚洲蹲'而已。"联想到近些年西方人一再指责中国人不排队上车,久居北京的西方人士,深刻体会到北京式的乘地铁,见识到人多"蜂拥而上",挤而不乱、挤而高效的景象,感叹道:"要是以西方式的排队方式一个一个上车,不知多少人赶不上地铁。"

对此,请你谈谈:

(1)礼仪发展到今天,中西方礼仪有何显著的异同?

(2)礼仪的形成是否具有地域性和民族性,为什么?

工作任务二　礼仪的特征与功能

任务导入

一位英国女士到中国游览观光,对接待她的导游小姐小李评价颇高,认为她服务态度好,语言水平也很高,便夸奖小李说:"你的英语讲得好极了!"小李马上回应说:"我的英语讲得不好。"英国女士一听生气了:"英语是我的母语,难道我不知道英语该怎么说?"

(资料来源:http://blog.sina.com.cn/s/blog_a7ab89be0101cjxz.html.)

请问:

(1)英国女士为什么会生气?

(2)礼仪有哪些特征?此案例反映了礼仪的什么特征?

◎ 任务解析

（1）英国女士生气的原因是小李忽视了东西方礼仪的差异。西方人讲究一是一，二是二，而东方人讲究的是谦虚，凡事不张扬。

（2）礼仪具有国际性、时代性、继承性、差异性等特征，此案例反映了礼仪的差异性特征。

◎ 知识链接

一 礼仪的特征

礼仪体现的是人与人之间的关系，它必须符合特定历史条件下的道德规范和传统的文化习惯，而现代礼仪较之传统的礼仪有着明显的特征，其特征表现在以下几个方面。

（一）国际性

礼仪作为一种文化现象，是全人类的共同财富，它跨越了国家和地区的界限。其中，尊老爱幼、礼貌待客、遵时守约等是符合大多数人礼仪取向的基本礼仪，是全球各族人民共同遵守的准则。在不断加强、不断扩大的国际交往中，以讲文明、讲礼仪、相互尊重为原则而形成的现代国际礼仪，已为世界各国人民所接受和广泛使用。现代礼仪兼容并蓄，融合世界各国礼仪之长，从而使现代礼仪更加国际化，国际礼仪更加趋同化。

（二）时代性

礼仪具有时代性，随着时代的发展而发展。如过去的跪拜礼，现代用点头、鞠躬、举手礼等代替。随着网络的普及，过年时串门拜年的形式也逐渐被电话、手机短信、QQ、微信等形式取代。因此，需要在实践中不断更新、丰富礼仪的形式和内容。

（三）继承性

礼仪是人类历史发展过程中逐步积淀而成的一种文化，它经历了长期的演变过程，并且被一代一代地传承下来，经久不衰。例如，我国古代流传至今的尊老敬贤、父慈子孝、礼尚往来等反映民族传统美德的礼仪，一代一代流传至今，并将代代相传，发扬光大。

（四）差异性

礼仪作为人们相互交往中的行为规范，既有共性，也存在差异性。一是不同国家、民族、地区存在差异性。如，东方民族含蓄、深沉，西方民族则直率、开放；东方人在初次见面时习惯握手、鞠躬，西方人则习惯接吻、拥抱等。二是即使是同一时间、同一地点，对待不同的人物、事件，也存在差异性。如，同样是宴会，会因招待对象的身份和地位高低的差别而有所不同。

二　礼仪的功能

（一）沟通功能

礼仪在人际沟通与交往中承担着"润滑剂"的作用。交往双方的行为规范只有符合礼仪的要求，人际交往才能够顺利进行和延续。热情的问候、友善的目光、亲切的微笑、文雅的谈吐、得体的举止等，更容易沟通双方之间的感情，彼此建立起好感和信任，进而有助于人们所从事的各种事业得到发展。

（二）协调功能

从一定意义上来说，礼仪是人际关系和谐发展的调节器。如果交往的双方都能够按照礼仪的规范约束自己的言行，将有助于建立和加强人们之间互相尊重、友好合作的新型关系，使人际关系更加和谐，社会秩序更加有序。

（三）维护功能

礼仪是整个社会文明发展程度的反映和标志，同时礼仪也反作用于社会，对社会的精神文明产生广泛、持久和深刻的影响。社会的发展与稳定、家庭的和谐与安宁、邻里的和睦与友好、同事之间的信任与合作，都依赖人们共同遵守礼仪的规范与要求。因此，在维护社会秩序方面，礼仪起着法律所起不到的作用。

（四）教育功能

礼仪通过评价、劝阻、示范等教育形式纠正人们不正确的行为习惯，指导人们按礼仪规范的要求去协调人际关系，维护社会正常生活。清代思想家颜元说过："国尚礼则国昌，家尚礼则家大，身有礼则身修，心有礼则心泰。"说明礼仪对国民综合素质，尤其是道德素质的提高具有十分重要的教育和导向功能。

任务拓展

在一个秋高气爽的日子里，迎宾员小贺着一身剪裁得体的新制服，第一次独立地走上了迎宾员的岗位。一辆白色高级轿车向饭店驶来，司机姿势熟练，并目视客人，礼貌亲切地问候，动作麻利而规范，一气呵成，准确地将车停靠在饭店豪华大转门的雨棚下。小贺看到后排坐着两位男士，前排副驾驶座位上坐着一位身材较高的外国女宾。小贺上前一步，以优雅姿态和职业性动作，先为后排客人打开车门，做好护顶关好车门后，小贺迅速走向前门，准备以同样的礼仪迎接那位女宾下车，但那位女宾满脸不悦，使小贺茫然不知所措。

（资料来源：陈刚平，周晓梅.旅游社交礼仪.1版，北京：旅游教育出版社，2000.）

请问：

（1）这位女宾为什么不悦？小贺错在哪里？

（2）礼仪有哪些特征？此案例反映了礼仪的什么特征？

工作任务三 旅游服务礼仪的基本原则与作用

任务导入

国内某家专门接待外国游客的旅行社，有一次准备在接待来华的意大利游客时送每人一件小礼品。于是，该旅行社订购了一批杭州制作的纯丝手帕，还是名厂名产，每个手帕上绣着花草图案，十分美观大方。手帕装在特制的纸盒内，盒上有旅行社社徽，显得很是精致。中国丝织品闻名于世，料想会受到客人的喜欢。

导游小李带着盒装的纯丝手帕，到机场迎接来自意大利的游客。在车上，他代表旅行社赠送给每位游客两盒包装甚好的手帕作为礼品。没想到游客接过手帕后，车上一片哗然，议论纷纷，游客表现出很不高兴的样子。特别是一位夫人，大声叫喊，表现极为气愤，还有些伤感。小李心慌了，心想好心好意送游客礼物，不但得不到感谢，还出现这般景象。中国人常说礼多人不怪，这些外国人为什么反倒怪起来了？

（资料来源：http://blog.sina.com.cn/s/blog_a7ab89be0101cjxz.html.）

请问：

（1）案例中的意大利游客在收到导游小李送的纯丝手帕时为什么会不高兴？

（2）旅游从业人员在服务过程中要遵循哪些原则？此案例中的小李违背了旅游服务礼仪的什么原则？

任务解析

（1）在意大利有这样的习俗：亲朋好友相聚一段时间告别时会送上手帕，取意为"擦掉惜别的眼泪"。在本案例中，意大利游客兴高采烈地刚刚踏上盼望已久的中国大地，准备开始愉快的旅行，就让他们"擦掉离别的眼泪"，他们当然不高兴了。

（2）旅游从业人员在服务过程中要遵循的原则有：尊重、一视同仁、热情、合宜、宽容、自律等。案例中的小李在旅游服务过程中没有了解和尊重意大利人的风俗习惯，违背了尊重原则。

知识链接

旅游服务礼仪以礼仪为基础，是礼仪在旅游接待服务过程中的具体运用。从狭义上来说,旅游服务礼仪就是旅游过程中旅游从业者为旅游者提供旅游服务时的行为规范和准则,即在旅游过程中旅游从业者为旅游者提供食、住、行、游、购、娱全方位旅游服务时的礼节礼貌和服务程序。

一　旅游服务礼仪的基本原则

(一)尊重真诚原则

在旅游服务中要时刻把客人放在首位,并让客人满意。尊重、真诚地对待客人,是客人所有的需求中最强烈的。要做到尊重、真诚地对待客人,重要的前提是了解对方的情况。比如,接待外宾时要充分考虑国情、民族、文化背景的不同,运用恰当的礼节、礼仪来诚心表示对外宾的尊重。对于一些具有宗教信仰的旅游者,必须首先了解他们的宗教禁忌,要做到心中有数,避免触碰宗教禁忌。

(二)理解宽容原则

理解就是要识别客人的思想感情,把握好客人的观点立场,对客人的喜、怒、哀、乐能心领神会,能体谅客人。旅游从业人员在工作中要懂得宽容,要多站在客人的角度,学会换位思考,理解客人的观点、立场和态度,不要斤斤计较;面对客人提出的一些过分的甚至是失礼的要求,要沉着应对,切不可与客人争执;当客人确实有过错时,要学会宽以待人,让宾客体面地下台阶,保全客人的自尊心;在客人提出批评意见时,本着"有则改之,无则加勉"的态度耐心倾听。

(三)热情合宜原则

在旅游服务工作中,每位服务员和接待工作人员要始终面带微笑,接待服务要和蔼可亲,工作态度要主动热情,做到有问必答、有呼必应。始终以饱满的热情来解决客人的各种要求,让客人感受到温暖。

合宜则是说现代礼仪强调人与人之间的交往与沟通一定要把握适度性原则,注意社交距离,控制感情尺度,应牢记过犹不及的道理。因此,礼仪行为要特别注意不同情况下礼仪程度、礼仪方式的区别,坚持因时、因地、因人的合宜原则。

(四)自律守信原则

礼仪的最高境界是自律,自律的基础与前提是旅游服务人员必须把礼仪规范、服务纪律制度内化为自觉行动的指针,即在没有任何监督的情况下,仍能自觉地按照礼仪规范约束自己的行为。旅游从业人员不仅要了解和掌握具体的礼仪规范,而且要在内心树立一种道德信念,从而获得内在的力量。在对客服务中从自我约束入手,时时检查自己的行为是否符合礼仪规范,在工作中严格按照礼仪规范接待和服务宾客,并且做到不管有没有上级主管在场,行为都保持一致,客前客后行为一致,把礼仪的规范变成其内在的素养。

（二）礼仪在旅游服务中的重要作用

（一）有助于旅游从业人员的自我完善

礼仪修养反映一个人的品位、修养、气质、风度,是现代社会做人做事必备的基本功,是个人素质能力的综合指数。西方社会把礼仪视为人生成功的第一课。我们要想在现代社会中寻求发展空间、实现自我价值,就必须有良好的礼仪修养,做一个有修养、有品位、有气质、有风度、懂得爱己爱人的现代人。

（二）有助于解决旅游服务纠纷

旅游从业人员面对的客人形形色色,他们由于职业、年龄、素质、宗教信仰等方面的不同,在服务过程中,难免出现一些纠纷。这时就需要旅游从业人员有良好的礼仪修养。有理有节地处理纠纷是解决纠纷的重要原则,不管发生什么事情,都不能有任何与旅游者争吵、打斗的不礼貌言行发生。

（三）有助于提高旅游服务质量

旅游服务质量是旅游业的生命线,是旅游业的核心。旅游从业人员如果具备良好的礼仪修养,有"宾客至上"的服务意识,有热情友好、真诚和蔼的服务态度,有优雅得体的言行举止,会给客人留下美好的印象,满足客人对服务质量的要求。

（四）有助于塑造旅游企业形象

旅游企业之间的竞争非常激烈,旅游从业人员良好的礼仪修养是旅游企业良好形象的保证。因为旅游者对某个旅游企业的评价和印象往往取决于服务人员的服务质量。

（五）有助于提升国家形象

旅游业是一个国家的窗口行业,来自世界各地的旅游者往往通过与其接触的旅游从业人员来判断、评价一个国家或一个地区的文明程度和精神风貌。旅游从业人员良好的礼仪修养会产生积极的宣传效果,为其所在的国家树立良好的形象。

任务拓展

在一家涉外宾馆的中餐厅里,正是中午时分,用餐的客人很多,服务小姐忙碌地在餐台间穿梭着。

有一桌的客人中有好几位外宾,其中一位外宾在用完餐后,顺手将自己用过的一双精美的景泰蓝食筷放入了随身带的皮包里。服务小姐在一旁将此景看在眼里,不动声色地转入后堂,不一会儿,捧着一只绣有精致花案的绸面小匣,走到这位外宾身边说:"先生,您好,我们发现您在用餐时,对我国传统的工艺品——景泰蓝食筷表现出极大的兴趣,简直爱不释手。为了表达我们对您如此欣赏中国工艺品的感谢,餐厅经理决定将您用过的这双景泰蓝食筷赠送给您,这是与之配套的锦盒,请笑纳。"

这位外宾见此状,听此言,自然明白自己刚才的举动已被服务小姐尽收眼底,颇为惭愧。只好解释说,自己多喝了一点,无意间误将食筷放入了包中,感激之余,更执意表示希望能出钱购下这双景泰蓝食筷,作为此行的纪念。餐厅经理亦顺水推舟,按最优惠的价格,记入了客人的账上。

聪明的服务小姐既没有让餐厅受损失,也没有令客人难堪,圆满地解决了事情,并收到了良好的交际效果。

(资料来源:http://blog.sina.com.cn/s/blog_a7ab89be0101cjxz.html.)

请问:

案例中的服务小姐为什么能圆满解决此事?她在服务过程中遵循了哪些旅游服务礼仪原则?

 # 工作任务四　旅游服务礼仪的养成途径

任务导入

1996年3月1日,在宁波东港大酒店员工餐厅的通道上,一位二十来岁的姑娘肩上斜套着一块宽宽的绸带,上面绣着"礼仪礼貌规范服务示范员"。每当一位员工在此经过,示范员小姐便展露微笑,问候致意。餐厅里,喇叭正在播放一位女员工朗诵的一篇描写饭店员工文明待客的散文诗。不一会儿,另一位员工在广播中畅谈自己对礼仪礼貌的认识和体会。原来东港大酒店当时在举办"礼仪礼貌周",那天是举办的第一天。

东港大酒店自从被评为四星级饭店以后,一直处于营业的高峰期。个别员工过于劳累,原先的服务操作程序开始有点走样,客人中出现了一些关于服务质量的投诉,饭店领导觉察到这一细微变化后,抓住苗头进行整改,在员工中间开展"礼仪礼貌周"活动。"礼仪礼貌周"定于每月的第一周,届时在员工通道上有一位礼仪礼貌示范员迎送过往的员工,每天换一位示范员,连总经理们都轮流充当示范员,这在员工中引起很大反响。为配合"礼仪礼貌周",员工餐厅在这一周利用广播媒介,宣传以礼仪礼貌为中心的优质服务,有发言,有表演,有报道和介绍,内容生动活泼,形式丰富多彩,安排相当紧凑,员工从中获得很大启迪和教育。饭店同时在员工进出较频繁的地方张挂照片,宣传文明服务的意义,示范礼仪礼貌的举止行为,介绍礼仪礼貌方面表现突出的员工。

1996年5月1日,又一个"礼仪礼貌周"开始了。一月一度的"礼仪礼貌周"活动在东港大酒店已成为一项雷打不动的制度,整个饭店的礼仪礼貌水平大大提高。

(资料来源:http://blog.sina.com.cn/s/blog_a7ab89be0101cjxz.html.)

请问：

案例中东港大酒店的"礼仪礼貌周"活动对员工的旅游服务礼仪养成有什么影响？

◈ 任务解析

东港大酒店的"礼仪礼貌周"活动，一方面有助于使礼仪礼貌意识在员工头脑中牢牢扎根，通过不断的强化活动，使讲究礼仪礼貌成为员工的一种自觉行为，使其养成良好习惯；另一方面饭店领导以身作则示范礼仪礼貌，这对广大员工坚持努力学习、端正服务态度是一股强大的鞭策力。

◈ 知识链接

旅游服务礼仪表面上看是一种行为，但归根到底是一种素养，不是先天具备的，而是后天磨炼的结果。礼仪素养的培养是一个漫长的过程，不能一蹴而就。总体来讲，良好旅游服务礼仪的养成可以通过以下途径实现。

（一）提高旅游服务礼仪意识

对旅游从业人员而言，良好的礼仪意识是员工提高旅游服务礼仪水平的前提，也是员工主动开展礼仪服务的催化剂。古人说："吾日三省吾身。"这说明提高个人修养必须注意反躬自省。同样，我们现代人学习礼仪，也应时时注意自我检查。只有旅游从业人员形成讲求礼仪服务的意识，其才会端正旅游服务态度，积极主动去了解服务对象的要求，履行旅游服务的礼仪规范，并根据客户的意见、建议不断完善自己礼仪服务的技能技巧，以实现客户的最大满意。

（二）增强个人礼仪文化涵养

古人云，腹有诗书气自华。礼仪于个人的内在表现是礼仪知识的深厚与丰富，于个人的外在表现则是个人端庄得体的服务行为。一个彬彬有礼、言谈友善的旅游服务从业工作者，让人感受到的是春风拂面。与人相处，他就是一片春光，给别人带去的是欢乐，给社会带来的是温暖。因此，旅游服务从业人员既要持之以恒地学习各种科学文化知识，又要日积月累地学习各种礼仪规范，自觉接受礼仪的熏陶教育。旅游从业人员务必经常性的学习公共关系学、经济学、法学、社会学、管理学等，在实际工作中务必有意识地不断收集、领会不同国家、地区、民族的礼仪知识，提高自己的礼仪素养。

（三）加强道德修养

道德是人们共同生活和行为的准则与规范。道德修养对一个人的行为有着十分重要的影响。举止大方、温文尔雅、彬彬有礼的礼仪风度必须以良好的道德修养为基础。

新时期社会主义道德以为人民服务为核心,以集体主义为原则,以诚实守信为重点,包括社会公德、职业道德、家庭美德三个建设领域。因此,旅游从业人员只有加强道德修养,才能树立正确的社会道德观和人生价值观,才会增强社会责任感、使命感。作为旅游从业人员,只有通过道德修养的培育,才能增强旅游服务礼仪。旅游从业者要热爱自己所从事的职业,做好本职工作,切实维护客人的权益,获得客人的好评,维护企业及行业的信誉。

（四）积极参加礼仪实践

现代社会,人际交往越来越广泛,要求越来越高,仅仅从理论上弄清礼仪的含义和内容,而不在实践中运用是远远不够的,礼仪修养关键在于实践。修养修养,就是既要修炼又要培养,离开实践,修养就成为无源之水,无本之木。在培养礼仪修养时,要以主动积极的态度,坚持理论联系实际,将自己学到的礼貌礼节知识积极地应用于社会生活实践的各个方面。既要在旅游职业岗位上,时时处处自觉地从大处着眼,小处着手,以礼仪的准则来规范自己的言谈举止,又要在社交场所多听、多看、多学,持之以恒地增强文明意识,涤荡粗俗不雅等不良习惯,不断提高自身的礼仪修养。

任务拓展

文花枝原来是湖南省湘潭市新天地旅行社的一名导游,现在是湘潭大学管理学院的一名学生。2005 年 8 月 28 日,文花枝在带团途中遭遇车祸,车上人员 6 人身亡,15 人重伤。她身受重伤,全身多处骨折,数度昏迷。身处险境,当营救人员想把坐在车门口第一排的文花枝先抢救出来时,她却没有忘记一名导游的神圣职责,高呼"我是导游,后面是我的游客,请你们先救游客"。由于错过最佳救治时间,她左腿高位截肢。

其实,文花枝一直是一个用真诚和微笑对待游客的阳光女孩。她常说,作为导游,就是要把游客当成朋友和亲人。每带一个团,她都按事先的承诺服务;每到一个地方,她都提醒游客购物要谨慎;每到吃饭的时候,她都先安排好游客,自己最后才吃。游客称赞,她是人品上的"导游",更是职业道德上的"导游"。

请问:

(1) 文花枝身上展现了导游人员什么样的宝贵的礼仪修养?

(2) 我们该如何向文花枝学习,加强自身的礼仪修养?

(资料来源:https://baike.so.com/doc/6222534-6435841.html.)

项目二
旅游从业人员形象礼仪

◇ 知识目标

1. 了解仪容、仪表、仪态礼仪的内涵及意义。

2. 掌握旅游从业人员仪容、仪表、仪态的礼仪规范要求。

◇ 能力目标

1. 能正确地修饰自己的仪容。

2. 能得体地搭配自己的着装。

3. 能恰当地运用眼神自然地微笑。

4. 能优雅地站、坐、走、蹲和手势指引。

◇ 素质目标

1. 培养学生规范的仪容、仪表、仪态礼仪行为意识。

2. 培养学生塑造良好的第一印象。

3. 培养学生良好的职业规范和职业道德。

工作任务一　仪容礼仪

任务导入

分析图 2-1 中的男士和女士的仪容存在哪些问题？

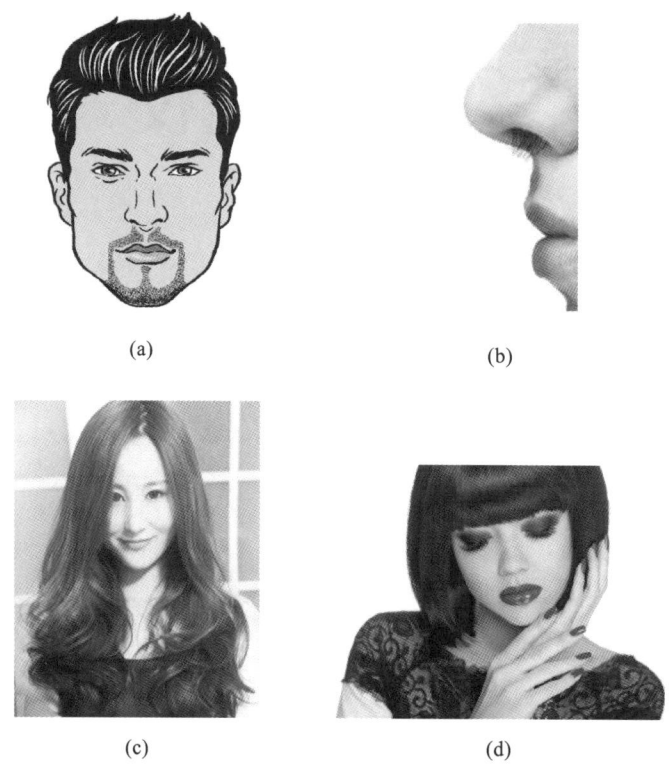

(a)

(b)

(c)

(d)

图 2-1　男士和女士仪容

任务解析

男士仪容存在的问题有以下几个方面。

(1) 图 2-1(a)中男士面部：嘴部有络腮胡子，给人以邋遢之感。

(2) 图 2-1(b)中男士面部：面部鼻毛过长或过旺，导致鼻毛外现，有碍美观。

女士仪容存在的问题有以下几个方面。

(1) 图 2-1(c)中女士发型：烫发、染发。女士发型的基本要求是：干净利落、端庄大方；

不可染发,一般以盘发、短发或齐耳直发的发型为宜;此外,还应避免使用色泽鲜艳的发饰。

(2) 图 2-1(d)中女士面部:面部妆容太过浓厚。女士在日常工作中可以适当化妆,最适合化淡妆来呈现淡雅、大方、庄重的仪容美。

(3) 图 2-1(d)中女士手部:指甲太长且指甲油颜色太鲜艳。女士应保持手部的清洁,定期修剪指甲,指甲长度不得长于 2 毫米,可涂用肉色的或透明的指甲油。

知识链接

仪容,是指人的容貌,主要包括头部、面部、颈部、手足等未被服饰遮掩、暴露在外的部位。仪容礼仪作为旅游从业人员个人形象塑造的第一步,在旅游服务中起到至关重要的作用。仪容礼仪的关键是要做到符合“美”的要求,即自然美、修饰美和内在美三个方面的高度统一。良好的仪容既能体现自身素养,又能表示对他人的尊重,还能树立旅游从业人员所在企业的形象。因此,旅游从业人员应学会如何设计和修饰个人形象,展现仪容美。

一　发部修饰礼仪

形象设计“从头开始”。发型不仅反映个人修养与品位,而且还是个人形象的核心组成部分。头发整洁、发型大方是对发式的最基本要求。旅游从业人员的发型不仅要美观大方、符合工作要求规范,而且还要与自身的脸形、头型、身材、年龄、性格和气质等因素相符合,才能给人以美的享受。

(一) 清洁头发

1. 洗发

保持头发的清洁,首先要勤洗,一般 2—3 天洗一次头发,油性头发应每天清洗。洗发有讲究,第一步:洗发前先梳头,方便下一步的清洗;第二步:根据自己的发质,选用合适的洗发水;第三步:湿发,用温水(40 ℃左右)把头发弄湿,直到底层的头发和上层的头发一样湿透为止;第四步:抹上洗发水,将洗发水倒入手掌,加水稀释,起泡再涂抹于头发上;第五步:揉搓按摩,用指腹轻轻按摩头发,直到形成一层厚厚的泡沫;第六步:冲洗,用温水冲洗,直到彻底冲洗干净为止;第七步:抹护发素,护发素涂抹于发梢处,按摩一会,再用温水彻底冲掉。旅游从业人员要做到头发无异味、头发无异物(无头皮屑等)。

2. 梳发

梳发要选择合适的工具,木材、牛角等自然材料做成的梳子对头发的损伤较轻。头发要勤梳,养成早晚梳头的习惯,每次从发梢开始梳。先从前额的发际向后梳 20 下,再沿发际从后向前梳 20 下;从左、右耳的上部分分别向各自相反的方向梳理 20 下,持之以恒,对头发大有益处。旅游从业人员要做到上岗前、脱帽后梳理头发,但注意不要当众梳理。

3. 剪发

要定期修剪头发,男士最好每月一次,女士则视情况而定。对于旅游从业人员,男士修剪头发要注意前不附额、侧不掩耳、后不及领,不烫染头发;女士的发型以端庄、简洁、秀丽为宜,注意别让刘海遮住眼睛。

(二)旅游从业人员发型规范

1. 男士发型

男士头发前不附额、侧不掩耳、侧不留鬓、后不及领,男士不烫染头发,不剃光头,不剃小平头、阴阳头,不留中分,体现男性刚强有力的特点(见图2-2)。

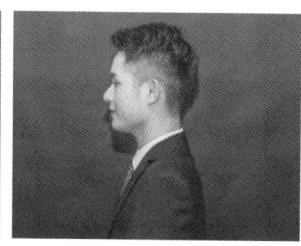

图 2-2　男士发型

2. 女士发型

女性旅游从业人员不可以烫发,即使染发,也不要染过于艳丽的颜色,可以将头发染成跟黑色接近的颜色,如棕色、栗色等。不留披肩发,发不遮脸,刘海以不过眉毛为宜,一般以盘发、束发、短发或齐耳直发的发型为宜。此外,还应避免佩戴色泽鲜艳的发饰(见图2-3)。

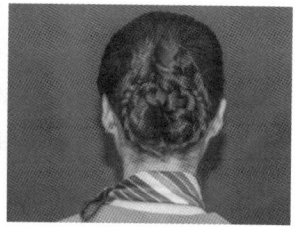

图 2-3　女士盘发发型

二 面部修饰礼仪

脸是人际交往中最吸引人注意的部位,脸部的修饰非常重要。面部的修饰主要包括面部的清洁和面部化妆。旅游从业人员在工作中应特别注意眼睛、鼻腔、口腔、耳朵等部位的修饰与美化。

（一）面部的清洁与护理

面部的清洁与护理包括脸部、眼睛、鼻腔、口腔、耳朵等部位的清洁与护理。

1. 脸部

（1）清洁。

洁肤一般包括两部分，即卸妆和清洁。对于化过妆的面部要先卸妆再清洁，卸妆要用卸妆油或卸妆霜按摩面部，再用化妆棉拭去面部妆容。对于没有化妆的面部，可以直接进行清洁。清洁脸部最简单的方式就是洗脸。旅游从业人员要养成平时勤洗脸的好习惯。外出归来、午休完毕、流汗流泪、接触灰尘之后都要及时洗脸，保持面部的干净清爽。同时也要关注脸部的卫生健康状况。若旅游服务人员面部有疙瘩，或是长痱子、痤疮、疱疹等会容易让顾客产生抵触情绪。

洗脸时一定要耐心细致，完全彻底。正确的洗脸方法是：洗脸前先把手洗干净，用温水轻拍面部，再用适合自己皮肤的洁肤品，用双手的中指和无名指由下颌向上、由内向外揉搓打圈，经过鼻翼两侧至眼眶，再在颈部和耳部反复多次，以达到对脸部皮肤彻底清洁的目的。最后用清水清洗，用面巾吸干。

（2）护理。

护理脸部可分为爽肤、润肤和保养皮肤。

①爽肤。

爽肤就是用化妆水为皮肤补充水分，目的在于滋润皮肤，调理肌肤酸碱度，平衡油脂分泌。化妆水的选择要根据皮肤的性质而定。

②润肤。

润肤是指通过使用润肤霜或乳液来滋润和保护皮肤。润肤霜或乳液要根据自身的肤质和季节的变化来选择。

③保养皮肤。

保养皮肤的首要任务是补水，面膜是补水的首选。平时外出时注意涂抹防晒物品防晒，另外可定期去美容院做面部护理。

2. 眼睛

眼睛是面部修饰的首要之处。

（1）清洁。

清洁是指要及时清除眼角的分泌物或沾染的不洁之物。但要避开他人，不能当人面用手绢、纸巾擦拭或直接用手抠。旅游从业人员一般不用假睫毛、不涂睫毛膏。

（2）眼镜。

戴眼镜者要注意保持眼镜的端正和干净明亮。旅游从业人员在工作时一般不戴墨镜或有色眼镜，不戴夸张性的装饰眼镜，外出戴墨镜进入室内后一定要及时收好。

3. 鼻部

养成每天洗脸时清洁鼻腔的好习惯。鼻毛上不要沾染白色的分泌物，鼻毛不能外现，鼻毛过长应及时用小剪刀修剪。切忌当众挖鼻孔或擤鼻涕。

4. 嘴部

（1）口腔卫生。

牙齿洁白、无食物残留、口腔无异味，是对口腔的基本要求。常规的牙齿保洁应做到"三·三·三"，即每日三餐后的三分钟内要刷牙，并且每次刷牙的时间都不应少于三分钟，以去除口腔中的食物残渣和异味。旅游从业人员在工作前不能吃带有刺激性气味的食品，如大蒜、臭豆腐、韭菜等。若不小心吃了此类食物，可在口中嚼一点茶叶和花生以助于清除异味，必要时可以使用口香糖减少口腔异味，但注意不要在工作中嚼口香糖，也不能当众剔牙。

（2）整理胡须。

男性每天要剃胡须，但不要当众使用剃须刀。旅游从业人员不能留络腮胡须和小胡子。

（3）保护嘴唇。

防止嘴唇干裂破皮，可涂抹透明唇膏。

5. 耳朵

对于耳朵的修饰主要是平时要勤洗，及时清理耳垢，保持耳根、耳轮的干净。有些人耳毛长得旺盛，当耳毛长出耳孔之外时，应进行必要的修剪。

（二）女士妆容修饰

旅游服务礼仪要求女员工上岗时化淡妆，这是对他人的一种尊重。淡妆的基本原则是自然、美化、协调。淡妆的最高境界是有妆似无妆。因此，我们要熟练掌握旅游职业妆的化妆步骤和技巧。

化妆前，必须先清洁面部的油垢与灰尘，然后根据自己的肤质，涂上适合的护肤品（爽肤水和乳液或霜）、隔离霜等，这样可以滋润和保护皮肤，也能更好地上妆，防止妆后皮肤干燥紧绷。

1. 打底

（1）使用海绵或绵扑将粉底液均衡地拍打在整个面部，要做到"浓淡均匀，层次自然"，如图 2-4 所示。

注意：打粉底时切勿忘记发际间、眼角、眼梢、下眼帘、鼻沟、口角处和脖颈部位；切勿在脸上来回擦，最好用海绵拍打粉底液。

（2）粉底色要与自身颈部一致，面部、耳根部、颈部要衔接自然。

（3）用比粉底液稍白一点的提亮粉底涂在鼻梁、眼袋、下巴处，让面部富有起伏变化，脸部的立体感更强，突出轮廓。

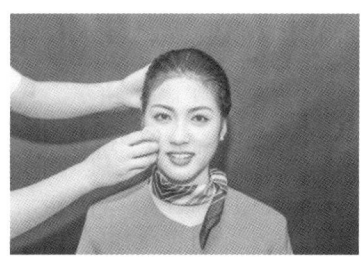

图 2-4　打底

（4）粉底液不能涂得太厚，让皮肤看起来自然透明。

2. 散粉定妆

散粉即定妆粉，主要用于控制皮肤的光泽度，防止掉妆，使肤色变得更柔和。

（1）选择适合自己的定妆粉，用粉扑从皮脂分泌最多的鼻头扑起，然后扑打额头、面颊、眼窝处，注意眼部要仔细，眼角和下眼睑处不要遗漏，如图 2-5 所示。

（2）定妆粉不宜用得太多，定妆后，再用粉刷除去多余的粉末，也可以在脸部喷洒少量的水雾，再用纸巾拭去多余的粉末。

3. 涂眼影

涂眼影是为了让眼睛显得更为明亮，提升面部的立体感。

（1）选择的眼影颜色要适合自己的肤色及服装色。

（2）涂眼影时，用棉棒沾眼影在眼皮与眼窝处点抹并扫开，贴近睫毛处及眼窝处要重些，然后用眼影刷轻轻地由中间向眼角、眼梢扫开，再由眼角、眼梢向中间扫开，呈扇形状，如图 2-6 所示。

（3）旅游服务岗位女员工一般不需要涂眼影，旅游社交场合需要时可增加。

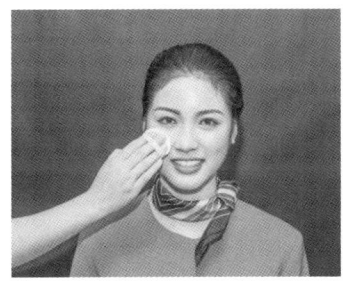

图 2-5　定妆

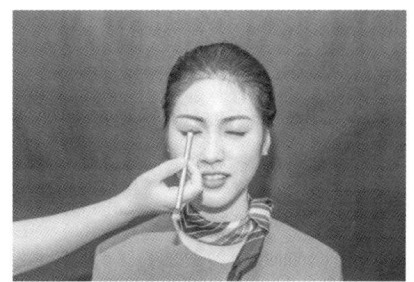

图 2-6　涂眼影

4. 描眼线

描眼线是指用眼线笔沿睫毛根部底线描画,增加眼睫毛的合理浓密度,使眼睛更为生动、富有神采,如图 2-7 所示。

(1) 画眼线时,先将肘部支好,防止拿眼线笔的手发抖。

(2) 画眼线的笔法应先粗后细、由浓而淡。由外眼角向内眼角方向描画。坚持两点:一是"上粗下细",即上眼线要比下眼线粗,比例以 7∶3 为宜;二是"上长下短",即上眼线从外眼角向内眼角画七分长,下眼线画三分长。眼尾略微上翘。

5. 涂睫毛膏

涂睫毛膏即用睫毛器将自然向下的眼睫毛卷起,再用睫毛膏涂染固定睫毛,如图 2-8 所示。

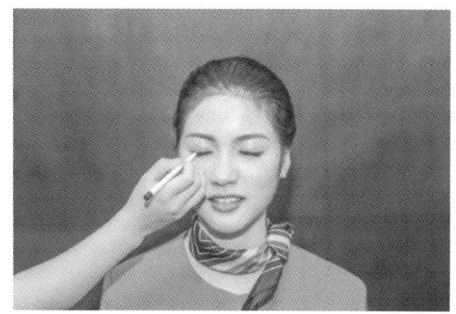

图 2-7　描眼线

图 2-8　涂睫毛膏

(1) 首先,眼睛往下看,用睫毛器伸到睫毛根部夹紧 5 秒,后 2/3 段再夹 5 秒,就能卷成向上挑的美丽形状,再从睫毛根部由里向外涂抹睫毛膏。

(2) 睫毛膏的涂法:涂上眼睫毛时,眼睛向下看;涂下眼睫毛时,眼睛向上看。

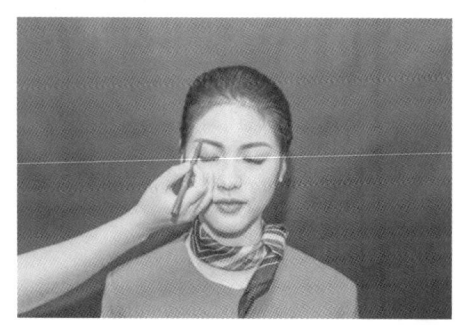

图 2-9　描眉

6. 修画眉形

画眉前首先要修正眉头、眉峰和眉梢,然后根据自身特点描眉形,如图 2-9 所示。

(1) 眉笔或眉粉颜色的选择根据自身发色而定。

(2) 眉形的画法讲究三点一线,即眉头、内眼角与鼻翼三点一线,眉尾、鼻翼与外眼角三点一线,眉头、眉尾在一条水平线上。

(3) 描眉时,眉笔或眉粉沿着眉毛的生长方向描,这样描出的眉毛更真实。切勿简单地划出一条黑粗线,或先勾出轮廓再往里面填颜色。

（4）根据自己的脸形修饰眉形,如果脸大,眉毛就不宜修得过细;脸小五官纤细者,不宜将眉毛修饰得太浓密。

7. 修饰鼻子

鼻影化妆着重明与暗、长与短的协调效果,通过鼻侧影和鼻梁的提亮来提高。

鼻影的涂抹方法:用阴影扫蘸上所需的适量阴影,从鼻根沿着鼻梁两侧向下涂,由深变浅,在靠近鼻根的眼角处稍微加深一点眼影,使之与眼影融为一体,就能给人以鼻梁挺直之感。

8. 打腮红

工作淡妆要选择接近肤色的腮红,呈现自然、若有若无的妆效。

（1）腮红的中心应在颧骨部位,用腮红刷以颧骨为出发点往耳朵上缘方向扫匀,并且越来越淡,直到与底色自然相接。

（2）打腮红的不同方法可以改善脸形。横向刷腮红可增加脸形宽度,适用于长脸形者;竖向刷腮红可增加脸形长度,适用于圆脸形者。

9. 修饰唇

唇妆是脸部化妆的最后一步,起到画龙点睛的作用。20—30岁的女性旅游从业人员,建议涂唇彩;30岁以上者建议涂口红。

（1）以唇笔描好唇线。描唇形的时候嘴要自然放松微张,先描上唇,再描下唇,由左右两边沿唇部轮廓向中间描,唇角要描细。

（2）描好唇线后,再涂唇彩或口红,由外而内。唇彩或口红颜色的选择要根据肤色、服装颜色等而定。

（3）用纸巾吸去多余的唇彩或口红,并检查牙齿上是否沾有唇彩。

10. 妆后检查

为了避免妆容残缺,化妆后要站在镜前检查。主要是看妆容色彩与发色、肤色、服色是否和谐;双眉是否对称;胭脂是否涂匀;唇彩是否涂抹规整,有无外溢和残缺;工作间隙要检查妆面是否残缺,适时补妆,切记补妆时要回避他人。

（三）男士修容

男性旅游从业人员在工作中不要化妆,但要注意修容,以展示阳刚之气。男士修容要求干净、自然、轮廓分明。主要包括洁面、护肤和护唇几项内容。

1．洁面

男士与女士相比，汗液和油脂分泌量大，灰尘和污垢在皮肤表面积聚得更多，因此，男士要特别注意清洁面部，使用洁面产品勤洗脸和勤修面，保持面部干净、清爽。每天早上剃胡须。男士在社交场合经常会接触到香烟、酒这类有刺激性气味的物品，要注意保持口腔的清洁卫生，清除口中异味。每天上班前在镜前仔细检查鼻孔、眼角和耳朵的卫生等。

2．护肤

男士的皮肤多偏油性，应选用收缩性的爽肤水，既能收缩毛孔又能控油，干燥的季节可在脸部涂一层薄薄的乳液。

3．护唇

男士使用无色的唇油或润唇膏，主要是在冬季或干燥季节时使用，滋润嘴唇，防止爆皮、开裂和出血。

三 颈部修饰礼仪

颈部属于面部的自然延伸部分，是人体中最容易显现一个人年龄的部位，也是在日常护理时容易忽略的地方，因此在平时要和脸部一样注意保养。对颈部的修饰应主要注意以下两点。

（一）清洁

在日常清洁脸部的时候，要注意同时清洁脖颈，尤其是脖后、耳后容易被忽略的部位。

（二）护理

颈部的皮肤细嫩，为防止颈纹和颈部的过早老化，在日常脸部护理的时候，对颈部皮肤也应进行相应的护理。

四 手部修饰礼仪

人们常说"手是人的第二张脸"。在人际交往中，一双干净、无异味的手会给对方留下良好的印象。对手的修饰要注意以下两点。

（一）干净

手是接触他人和物体最多的身体部位，也是细菌最多的地方。外出回来或接触到各种东西后,以及餐前便后,都应用洗手液洗手。如果干粗活或脏活,最好戴上手套以保护手部的肌肤,事后擦护手霜以保养手部皮肤。

(二) 指甲

双手指甲要定期修剪整齐,修成椭圆形,边缘光滑圆润。旅游从业人员无论男女都不能留长指甲,女士指甲不得长于 2 mm,男士指甲不得长于 1 mm。女士不抹带色指甲油,应选择无色或接近肉色的颜色为宜,不贴假指甲。若有灰指甲,应及时就医。

任务拓展

(1) 经过一天的游览,游客小李筋疲力尽,打算在某景区内的餐厅就餐。迎宾的服务员艳丽的妆容和祖胸露背的着装令他心惊肉跳,怀疑自己是否误入"黑店"。其后,传菜员那长长的、血红的指甲令他吃饭没了胃口,总担心那长长的红指甲会碰到菜上。结账时小李跟服务员核对账单,又闻到对方的口臭。到本次用餐结束,小李感觉吃得很不舒服。

(资料来源:http://www.doc88.com/p-0167332307436.html.)

请问:

①为何小李这顿饭吃得很不舒服?

②旅游从业人员仪容礼仪有哪些注意事项?

(2) 小王的口才很不错,对旅行社产品的介绍也很全面,人既朴实又吃苦耐劳,学历也很不错,销售部经理对他抱有很大期望。可做同行销售半年多了,业绩总上不去。问题出在哪儿呢?原来,小王是个不修边幅的人,双手拇指和食指喜欢留着长指甲。有时候手上还记着客户的电话号码。头发不及时修剪,后面的头发都触及到了后衣领上。他喜欢吃大饼卷大葱,吃完后,也没有去除口腔异味。因此,在大多数情况下,根本没有机会见到想见的客户。

(资料来源:http://www.docin.com/p-969122059.html.)

请问:

①你认为小王需要在哪些方面改进?

②如何改进呢?

工作任务二 仪表礼仪

任务导入

分析图 2-10 中的男士和女士的仪表存在哪些问题?

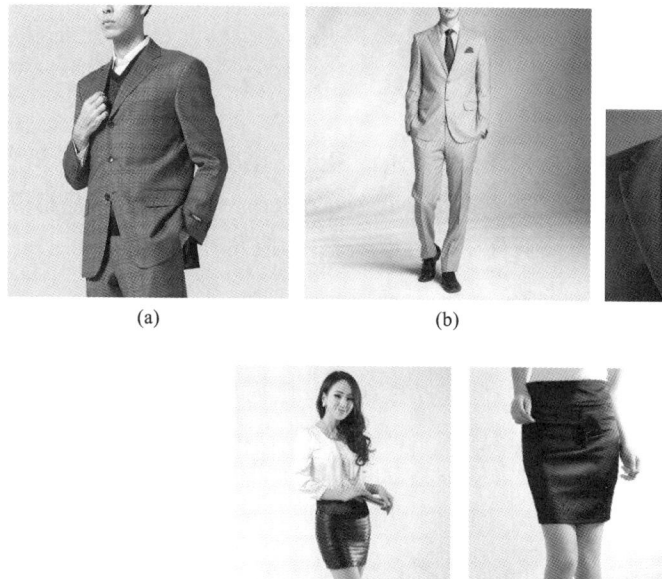

图 2-10 男士和女士仪表

◎ 任务解析

男士仪表存在的问题有：

（1）图 2-10（a）：西装袖口的标签没有取下；

（2）图 2-10（b）：两粒扣的西装两粒都扣了；

（3）图 2-10（c）：西装上衣左胸前的衣袋放置钢笔。

女士仪表存在的问题有：

（1）图 2-10（d）：半截裙太短且裙子的臀围太紧，不雅观；

（2）图 2-10（e）：裙和鞋不搭。搭配套裙的皮鞋必须前不露脚趾，后不露脚跟。

◎ 知识链接

仪表，是指人的外表，通常包括人的容貌、形体、服饰、姿态、举止、风度等方面，是一个人的精神面貌和状态的外在表现。我们这里谈的"仪表"，重点在于旅游从业人员的服饰，包括衣、帽、鞋、袜以及包、手表、戒指、项链、耳环等饰物。

莎士比亚曾说过:"一个人的穿着打扮就是他的教养、品位、地位的最真实的写照。"因此,旅游从业人员的服饰既要合乎工作要求,又要合乎旅游职业礼仪,只有得体的服饰才能塑造自身良好的形象,增添个人魅力。

一 旅游从业人员服饰礼仪的基本原则

(一)整体性原则

英国哲学家培根曾说过:"美不在部分而在整体。"正确的着装能使形体、容貌等构成一个和谐的整体美。服饰的整体美构成因素是多方面的,包括人的形体和内在气质,服装饰物的款式、色彩、质地、加工技巧乃至着装的环境等。例如,胖人适合穿竖条纹的服饰,如果穿横条纹的服饰,则会将其衬托得更胖。

(二)"TPO"原则

"TPO"原则是世界通行的服饰礼仪的基本原则,是英文"Time(时间)""Place(地点)""Occasion(场合)"三个单词的首字母缩写。"TPO"原则是指人们的穿衣打扮要兼顾时间、地点、场合并与之相适应。

1. 着装要兼顾时间(T原则)

着装要兼顾时间(T原则)是指在穿着打扮时应考虑时代、季节和时间的变化,要根据时间、季节气候的变化选择适宜的服装。

2. 着装要兼顾地点(P原则)

着装要兼顾地点(P原则)是指穿着打扮要与环境和地点相适应,与所处国家、所处的环境等相一致,使服装具有一种"现场感",可谓"因地制宜"。

3. 着装要兼顾场合(O原则)

着装要兼顾场合(O原则)是指着装打扮要考虑所处的场合,与目的相适应。着装的场合主要分为职业场合、社交场合和休闲场合三大类。职业场合着装要整洁、大方、干练;社交场合着装可以时尚、个性,女士可选择小礼服或晚礼服,男士则以西服为主;休闲场合着装以舒适、方便为宜,应方便运动。

(三)整洁性原则

服饰礼仪的整洁性原则强调在任何情况下,服饰都必须是干净整齐的。不能有污渍、汗渍,应该勤洗勤换。衣裤要适时熨烫,穿戴平整,不起皱。衣物若有破损要及时更换或缝补。女士若着套裙和丝袜,要特别注意丝袜不能勾丝,若有破损一定要及时更换。

在旅游服务过程中,女士不宜穿低领、吊带、露肚脐、无袖等暴露的服装;正装不挽袖,不卷裤腿,不混搭,不宜配运动鞋;领带、丝巾商标不外露,不系歪;工作牌要佩戴端正,有信息的一面朝外;工号牌要佩戴在左胸正上方;鞋子无灰尘泥土等。

(四) 和谐性原则

服饰礼仪的和谐性原则要求我们在着装上要考虑角色定位、扬长避短与个性展示三个方面的内容。

着装角色定位是指衣着要与自己的年龄、职业、身份、地位相符合。不同年龄的人有不同的着装要求,选择服饰要适合自己的年龄。如 20 岁的女性着装可青春活力,30 岁的女性着装可知性优雅,40 岁的女性着装可成熟精致,50 岁的女性着装可简约优雅等。着装要符合自己的职业、身份。旅游从业人员的服饰应整洁、大方、端庄,符合旅游服务职业特点。端庄大方的服饰可增强旅游从业人员的亲和力,拉近与宾客之间的距离。

着装扬长避短是指人们选择服装时,应重点分析自己的体型、肤色,选择合适的服装,起到扬长避短的作用,达到修饰、美化的效果。旅游从业人员除了按照职业要求着职业装或工作装外,在日常的社会交往中,应注意选择符合自己体型、肤色的服饰。

着装个性展示是指人们选择服装时,可根据自身的气质、爱好、性格等因素来选择合适的服装,展示自身与众不同的个性特点,形成自身独特的穿衣风格。

(五) 配色原则

在生活中,色彩是最先引人注目的,而且很大程度上也是影响服装穿着成败的关键所在。因为色彩对人的视觉刺激最敏感、最快速、最强烈,会给他人留下很深的印象。着装配色的把握最重要的是掌握色彩的特征和色彩的搭配两个方面。

1. 色彩的特征

色彩是人的眼睛对物体反射的不同波长的光所产生的印象。从色彩的功能上看,它具有以下基本特征。

(1) 色彩的冷暖。

色彩的冷暖主要指色彩结构在色相上呈现出来的总特征。色彩因色相不同,可产生温暖或寒冷的感觉。使人有温暖、热烈、兴奋之感的色彩叫暖色,如红色、黄色等;使人有寒冷、抑制、平静之感的色彩则叫冷色,如蓝色、黑色等。

(2) 色彩的轻重。

色彩的明亮程度称为明度。不同明度的色彩往往给人以轻重不同的感觉。明亮的颜色看后感觉轻,使人有上升感;灰暗的颜色看后感觉重,使人有下垂感。

(3) 色彩的软硬。

色彩是显现出来的鲜艳程度,叫作纯度。色彩的软硬与其明度和纯度有密切的关系。色彩明度和纯度越高,就越鲜艳纯粹,并给人以柔软、润滑的感觉,如浅黄、浅绿等;色彩明度和纯度越低,就越深暗,并给人以坚硬、朴实的感觉。

(4)色彩的扩张。

色彩的波长不同,给人收缩或扩张的感觉也不同。一般来讲,冷色、深色属于收缩色,暖色、浅色则为扩张色。

2. 服饰色彩的搭配

(1)同色搭配法。

同色搭配法即配色尽量采用同一色系之中各种明度不同的色彩,按照深浅层次的不同进行搭配,以达到和谐统一的效果。

(2)相似色搭配法。

色彩学上把色环上90度以内的邻近色称为相似色,如绿与蓝,红与橙、黄等。相似色搭配法即配色尽量搭配相似色。它与同色搭配法相比,色彩丰富且有变化。但应注意色彩的数量不宜太多,应该遵循服饰礼仪的"三色原则",即正式场合的服饰配色,包括服装、饰品等,其颜色不应超过三种,否则就显得杂乱无章,给人低俗之感。

(3)对比色搭配法。

对比色搭配法即在配色时运用性质相反的色彩进行组合的方法,它可以使着装在色彩上反差强烈,产生明快、生动的效果,从而突出个性,如红与绿、黄与蓝、白与黑等都是常见的对比色,如果将它们的颜色按1:1进行组合,会有强烈、醒目的色彩效果。此外,还有无色系与有色系之间的搭配,黑、白、灰与其他任何色彩的搭配,无色系之间的搭配,黑、白、灰之间的搭配等。

一般而言,黑、白、灰是服装色彩搭配时最常见的三种颜色,也是最安全的颜色,它们最容易与其他颜色的服装搭配并取得较好的效果。值得注意的是,服饰色彩还应与个人的身材、肤色等方面协调一致,如深色的服饰具有收缩感,适合肥胖者穿着;浅色的衣料有扩张性,身材瘦小者穿着有丰腴的效果。

(二) 男士着正装礼仪

西装是国际上最通用、流行的正装,它起源于欧洲,清朝晚期传入中国,在商务活动、社交宴请等场合均被广泛穿着。而在旅游业,西装也作为工作装被广泛选用。人们常言"西装七分在做,三分在穿",说明西装的选择和搭配是很有讲究的。

(一) 西装的选择

在选择西装时,一般应考虑款式、面料、颜色等几个方面。

1．西装的款式

男士西装分为两件套(含上衣和西裤)西装和三件套(含上衣、西裤、背心)西装。一般场合可以穿两件套西装,非常重要的场合可以选择三件套西装。西装纽扣有单排扣和双排扣之分。双排扣西装一般适合年长者或地位尊贵者,往往在社交场合中选择较多,而单排扣西装更适合作为公务套装。单排扣西装又有两粒扣、三粒扣和四粒扣之分,两粒扣最正式,三粒、四粒扣则具有时装和休闲性质。

2．西装的面料

西装的面料是决定西装穿着效果很重要的一个因素。按照传统的标准,西装面料中羊毛的含量越高,代表着面料的档次越高。但纯羊毛的面料也存在一些不足,比如容易起球、不耐磨损、容易虫蛀、发霉等,维护成本高。因此,在正式场合穿着的西装,宜选择含羊毛比例高的混纺面料,穿起来挺括、典雅。而休闲西装的面料选择就比较多样,有棉、麻、皮革、化纤等。

3．西装的颜色

西装的颜色有黑色、灰色、棕色、蓝色、米色等。正式场合宜选择深色系的颜色,如深蓝、深灰等,且西装最好是净面无花纹的。

（二）西装的穿着

西装穿着的"三个三"原则如下。

（1）三色原则。

三色原则指男士在正式场合着西装时,全身颜色不超过三种,包括上衣、下衣、衬衫、领带、鞋子、袜子等在内,否则就会显得有失庄重。

（2）三一定律。

三一定律指男士着西装外出时,皮鞋、皮带、公文包颜色必须统一,而且首选是黑色。

（3）三大禁忌。

三大禁忌指男士在正式场合着西装时,不能出现的三大错误。一是不拆袖口上的商标;二是穿夹克或短袖衬衫打领带;三是穿深色皮鞋配白色袜子或丝袜。在正式场合,男士袜子一定要选择深色的棉袜,袜子颜色与皮鞋颜色统一,白色袜子只有在穿白色皮鞋时选用。

（三）西装穿着的三要素

男士穿着西服的三个基本要素是西装、衬衫、领带。

1.西装

(1)西装的尺寸。

男士合体的西服上衣长度应长过臀部,垂下手臂时,袖口与虎口相平,四周下垂平衡。手臂伸直时,上衣袖长应至手腕部。西服胸围以穿一件厚"V"字领羊毛衫后松紧度适宜为好。上衣的下摆与地面平行,裤子要烫出裤线,裤长以裤脚接触脚背为宜。

(2)纽扣。

在正式场合,穿着双排扣的西服要把纽扣全都系好,坐下后也不能解开;穿单排两粒扣西服只系上面一粒;单排三粒扣西服只系中间的或上面两粒。穿着单排扣的西服忌讳系上全部扣子,在较正式的场合一般要求把上面的扣子系上,坐下时可解开。三件套西服通常只系好马甲的扣子,外套的扣子不系。

(3)花眼。

西装左边的翻领上都有一个扣眼,是用来扣住右侧领子的第一颗暗扣的,用于防风沙和冬天保暖。现在也有许多年轻人,在此扣眼上插小花、徽章之类的小饰品。

(4)衣袋。

为使西服在穿着时保持挺括,西服的口袋里尽量少装或不装东西。西装上衣左胸前的衣袋只作装饰用,不能放置钢笔、眼镜等物品,只能插入一块用以装饰的真丝手帕。西装上衣内侧的胸袋,可用来别钢笔、放钱夹或名片夹,但不要放过大或过厚的物品。西装外侧下方的两只口袋,原则上以不放任何东西为佳。西装背心上的口袋多具装饰功能,除可以放置怀表外,不宜再放别的东西。裤袋也不宜放任何东西,影响裤形挺括、美观。

(5)衣袖。

在穿着前,应先将衣袖上的商标拆除。袖口无污染,不能把衣袖挽起,否则会显得失礼。

(6)西裤。

西裤要笔挺,特别是裤线要熨烫挺直。切勿将钥匙、手机别在裤腰上。

2.衬衫

西服衬衫通常是长袖衬衫。衬衫的选择与西装一样,同样讲究质地和款式。因此,了解衬衫的挑选、衬衫与西装的搭配、衬衫的穿着是现代职场男性必备的技能。

(1)衬衫的面料。

在选择衬衫时,宜选择丝、棉等天然材质的,穿着效果好。

(2)衬衫的尺寸。

衬衫大小要合身,过大看起来不笔挺、不精神,过小看起来很拘束。衬衫穿在身上是否合身主要看衣领、衣袖、胸围和衣长。

衣领:领围是测量衬衫是否合身的重点。最适中的领围是扣上第一个扣子后,领口还能插进两个手指。衬衫领口要高于西装领1厘米左右。

衣袖:衬衫袖口到手腕为宜,且应长出西装袖口1—2厘米。

胸围:合身的衬衫在扣上扣子后,衣服与身体的空间有一拳距离为宜。

衣长:衬衣长度要适中,且下摆要束在裤子里。

(3)衬衫与西装的搭配。

在正式场合,衬衫不应单穿,需与西装搭配着装。因此,在衬衣的选择上还应考虑是否与西装搭配协调统一,而搭配的关键在于色彩和图案的选择。

衬衫颜色的深浅,应与西装颜色成对比,不宜选择同色系,否则搭配不出衬衫与西装的层次感。如黑色西服搭配白色为主的浅色衬衫;灰色西服搭配白色为主的淡色衬衫;蓝色西服搭配粉红、乳黄、银灰或明亮蓝色的衬衫;褐色西服搭配白、灰、银色的衬衫。由此可见,纯白色衬衫是最为百搭,最为实用的。

衬衫的花色应以单色为宜,细条纹比粗条纹更为适宜,其他方格或花衬衫不宜与西装搭配,只适合在日常生活工作中单穿。

(4)衬衫着装规范。

在较正式的场合,衬衫不单穿或单穿打领带。衬衫应干净无磨损,熨烫平整。衬衫下摆不外露,应扎入裤腰里。衬衫口袋不放置任何物品。

衬衫的衣袖不能挽起,袖口不能解开。系领带时,衬衫所有扣子要全部扣好;不系领带时,最上面一粒扣子要解开。天冷时忌在衬衫内穿高领内衣,可选择浅色系的"U"领或"V"领内衣,并避免内衣外露。

3. 领带

领带被称为"西装的灵魂",在西装配件中起到画龙点睛的作用。领带与西装的和谐统一,对西装的穿着起到至关重要的作用。凡在正式场合,穿西装必须系领带。因此,领带的面料、款式的选择和领带的系法等都关系到西装的整体效果。

(1)领带的面料。

高档领带是用真丝或羊毛制成的。在正式场合,男性不应佩戴棉、麻、皮、革等物制成的领带。

(2)领带的款式与尺寸。

领带的款式有箭头和平头之分,一般箭头的领带显得传统优雅,平头领带则显得时尚随意。领带的长度和宽度要适中,合适的领带长度要根据身高以及打领带的方法来定。领带的长度一般为130—150厘米,系好后其大箭头应正好垂到皮带扣上端处最为标准(见图

2-11）。领带的宽度应该与西装翻领的宽度相适应。

（3）领带的图案。

在正式场合，领带图案以纯色或几何图案为宜，避免花草、人物等。较常用的图案有斜条、圆点、小碎花等。大花纹、不规则图形、个性图案等适用于非正式场合。

（4）领带夹的用法。

如果佩戴领带夹，领带夹的位置放在衬衫从上往下数的第四与第五粒纽扣之间，西服扣上扣子后应看不到领带夹。

（5）领带的搭配。

图 2-11　领带标准长度

领带的颜色要考虑与西装和衬衫的搭配富有层次感，一般以深浅对比色调搭配为原则。如穿银灰、乳白色西服，适宜佩戴大红、朱红、墨绿、海蓝、褐黑色的领带，会给人秀丽、潇洒的感觉；穿深蓝、墨绿色西服，适宜佩戴橙黄、乳白、浅蓝、玫瑰色的领带，会给人一种深沉、含蓄的美感；穿黑色、棕色的西服，适宜佩戴银灰色、乳白色、蓝色、白红条纹或蓝黑条纹的领带，显得庄重大方。

（6）领带的系法。

下面介绍几种常见的领带系法。

①平结。

平结为男士选用较多的领结打法之一，几乎适用于各种材质的领带。要点在于领结下方所形成的凹洞需让两边均匀对称（见图 2-12）。

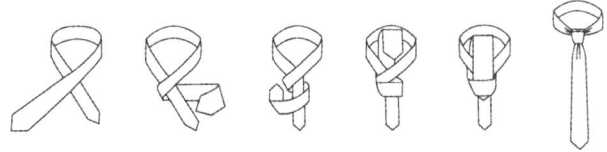

图 2-12　平结领带打法

②交叉结。

这是对于单色素雅质料且较薄领带适合选用的系法，对于喜欢展现流行感的男士，不妨多加使用交叉结（见图 2-13）。

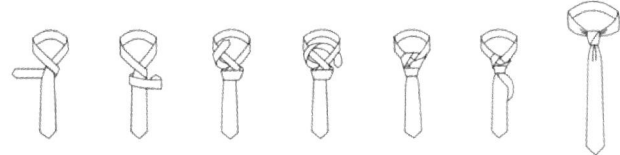

图 2-13　交叉结领带打法

③双环结。

一条质地细致的领带再搭配上双环结颇能营造时尚感,适合年轻的上班族选用。该领结的特色就是第一圈会稍露出于第二圈之外(见图 2-14)。

图 2-14　双环结领带打法

④温莎结。

温莎结适合用于宽领型的衬衫,该领结应多往横向发展。应避免材质过厚的领带,领结也勿打得过大。

男士领带温莎结的系法

⑤双交叉结。

这样的领结很容易让人有种高雅且隆重的感觉,适合正式的活动场合选用。该领结应多运用在素色且丝质领带上,若搭配大翻领的衬衫,则会有种尊贵感(见图 2-15)。

图 2-15　双交叉结领带打法

三　女士着正装礼仪

女士正装比男士要丰富得多,但总体要求是整洁、大方、庄重。女士正装以套裙为佳,展现职业女性的高雅气质和独特魅力。因此,如何选择得体的套装及正确穿着套装就显得尤为重要。

(一)套裙的选择

1. 套裙的款式

女士套裙有两件套和三件套之分。两件套即上身是女士西装,下身是半截式裙子;三件套即女士西装上衣、半截裙和背心。西装上衣有圆领、V 字领、披肩领、青果领等样式;款式有单排扣和双排扣;造型有宽松和束腰等。半截裙可以是与上衣成套设计的"标准型"裙子和与上衣自由组合的"随意型"裙子,款式有一步裙、围裹裙、筒裙等。

2. 套裙的尺寸

西装套裙穿着要宽紧适当、长短适中,造型与体形特征互补互衬。过大或过小、过肥或过瘦的套裙都不雅观,不符合规范。

套裙的上衣最短必须齐腰,否则不雅。若是长袖,手臂伸直时宜盖住手腕为宜。半截裙长度一般及膝或过膝一点,最长可以到小腿的中部,最短不短于至膝盖以上15厘米处。裙子的臀围处不宜过于宽松或紧绷,太松无神,太紧不雅。

3. 套裙的颜色

一般而言,穿灰色或蓝色的西装套裙有助于提高自身的威信,若是要显得平易近人则选择色彩柔和一些的套裙较好。职场中的套裙一般以无任何图案或以圆点、条纹、格子图案为主,不宜用花卉、人物、抽象图形等作为主体图案,避免产生不稳重、不端庄感。一套套裙的色彩一般不要超过两种。

(二) 套裙的着装规范

西装套裙的穿着十分讲究,女性旅游从业人员在穿着西装套裙时应注意以下几个方面。

1. 套裙应成套穿着

穿着西装套裙时,还需配上与之相协调的衬衣或高领羊绒衫。衬衣要求雅致且端庄,最好不要有鲜明或个性化的图案,以白色作为套裙搭配最常用的颜色。套裙搭配衬衫时需注意:衬衫的下摆需掖入裙腰内,衬衫的纽扣要系好,内衣不可外露。同时,在领口还可系上领结、领花或是丝巾等饰品。

2. 与西服上装的搭配

穿着西服上装时,多配西服裙为宜,切忌用大摆裙和黑色皮裙来搭配西服上装。在正式场合,女性穿着套裙忌透、忌露、忌短,直筒裙的效果最好。现在套裙款式多样,近年来比较流行鱼尾裙。

3. 套裙与鞋袜的搭配

穿着套裙时,应搭配皮鞋,前不露脚趾,后不露脚跟。系带式皮鞋、皮靴和皮凉鞋等都不合适。皮鞋以黑色的牛皮鞋最好,与套裙色彩一致的皮鞋也可以。鞋跟以高跟或中跟较合适,坡跟、平跟、松糕鞋等都不宜采用。

穿着套裙时,必须穿袜子,且只能是长筒袜或连裤袜,不可在紧身裤外穿着套裙。袜子长度要适中,以坐下后丝袜的袜口不露出为标准,因此,连裤袜是套裙的最佳搭配。丝袜颜色以肤色为主,最好是单色,有刺绣、网纹、镂空或图案的长裤都不能与套裙搭配。另丝袜应干净无勾丝,勾丝后的丝袜不宜再穿着。因此,在平日穿着套裙外出时,要在包内多备一双丝袜,以防不时之需。

4.套裙着装整体协调

穿着套裙应大小适度,内衣忌露,鞋袜得体,装饰协调及搭配适当。穿着套裙时,对衬衣、袜子、鞋子、饰物以及皮包的选择,要注意色彩与款式的协调搭配,并注意举止,保持优雅端庄。

（四）旅游行业制服着装规范

（一）整齐大方

制服必须合身,注意"四长"(袖到手腕、衣到虎口、裤到脚面、裙到膝盖)和"四围"(领围以能插入一指的大小宽松度为宜,上衣的胸围、腰围及裤裙的臀围以能穿一件羊毛衣裤的松紧为宜)。尤其内衣不要外露,不挽袖卷裤,不漏扣、不掉扣,工号牌或标志牌要佩戴在左胸前,有的岗位还要戴好手套和帽子。

（二）干净清洁

要勤洗勤换,做到衣裤无油渍、无污垢、无异味。领口与袖口尤其要保持干净。

（三）挺括有型

为使衣裤穿着不起皱,穿前应熨平,穿后要挂好,做到上衣平整、裤线笔挺。穿着制服时,不要乱倚、乱靠、乱坐,保持制服挺括有型。

（四）完好无损

穿着制服要求外观无破损。若制服有破损,则应立即采取补救措施,特别是在旅游一线对客服务的人员更应注重制服的完好程度。

（五）配饰礼仪

饰品,是指能够起到美化点缀作用的物品,包括服装配饰和首饰配件两部分。服装配饰包括帽子、眼镜、领带、丝巾、包、腰带等;首饰配件包括耳环、项链、戒指、手镯等。饰品的佩戴是服饰礼仪的重要组成部分。合乎礼仪的佩戴,可以起到扬长避短、点缀美化、传递信息的作用,是仪表美的表现。

对于旅游从业人员而言,要认清自身的工作任务和职责是为他人提供优质的服务,因此,在工作中佩戴的饰品首先要符合身份,不要过分华丽和夸张,应做到少而简洁、大方得体。万不可在客人面前炫耀自己。因此,旅游从业人员应了解相关的饰品佩戴原则和可选戴的饰品类型及正确的佩戴方法。

(一)旅游从业人员饰品佩戴原则

1. 尊重习俗,避免尴尬

旅游从业人员面对的客人来自不同地区或国家,不同民族、不同宗教信仰的游客,在佩戴饰品时要入国问禁,入乡随俗,否则就可能会导致失礼和误会。此外,还应了解饰品佩戴的寓意,以免出现尴尬。例如,戒指的佩戴往往暗示佩戴者的婚姻和择偶状况,戒指戴在各个手指上暗示的意义都不尽相同。

2. 去粗取精,以少为佳

旅游从业人员在工作中佩戴饰品的数量通常越少越好。首饰最多不超过三件,过于繁杂的修饰反而会画蛇添足,不显档次。男士最多只适合佩戴结婚戒指。

3. 同质同色,风格统一

饰品种类繁多,女士佩戴两种或两种以上饰品要讲究同质同色。同质即同一质地,如佩戴的是珍珠耳环则要搭配珍珠项链。同色即同一色系,如项链是金色的,戒指也应是金色的。佩戴饰品的质地、色彩和款式还要与所处的场合、佩戴者的服装相协调,做到风格统一,如庄重华丽的服装可以和闪光绚丽的饰品搭配。旅游从业人员穿着制服时,不宜佩戴有明显装饰性的戒指、项链、手镯、手链、脚链等饰品。

(二)旅游从业人员可选择的饰品

1. 发饰

常见的发饰有头花、花带、发箍、发卡等。女性旅游从业人员在工作时,选择发饰宜强调其实用性,而不宜偏重其装饰性。头花以及色彩鲜艳、花哨的发带,发箍,发卡等,都不宜在岗位上使用。

2. 戒指

戒指又叫指环,一般讲究戴在左手之上。戒指所带的手指不同,传递出的信息也不同。旅游从业人员在工作中最多只适合戴一枚婚戒。

3. 手表

佩戴手表通常意味着时间观念强、作风严谨,也是一个人品位与身份的体现。手表一般佩戴在左手上,在西方国家,手表与钢笔、打火机一并被称为成年男子的"三件宝"。旅游从业人员佩戴的手表宜庄重、保守,比较正规的皮表带手表或金属表带手表是首选,禁止佩戴珠宝表、卡通表或彩色手表。

4．耳钉

耳钉是女性主要的首饰之一,是耳环的一种。耳钉小巧而含蓄,因此,在一般情况下,女性旅游从业人员可以在工作中佩戴,用于点缀美化。

5．丝巾

丝巾是职场女性的必备之物。女性旅游从业人员在穿着套裙或制服时可通过搭配丝巾来提升整体效果。下面给大家介绍几种常见的丝巾系法。

（1）平结。

步骤一：丝巾按照对角折叠法折叠;

步骤二：将丝巾挂在脖子上,丝巾两端交叉在一起;

平结丝巾的系法

步骤三：把放在上面的一端拉长,然后将长的一端从短的一端下面向上穿过来系成一个结;

步骤四：将下面穿过来的一端绕过较短的一端再系一个结;

步骤五：整理好领结和丝巾两端的形状,将领结置于右肩处。

（2）扇形。

步骤一：平铺方丝巾;

步骤二：从丝巾一侧开始像叠扇子一样,上下反复折叠至丝巾另一侧;

步骤三：折叠好的丝巾分别穿过丝巾扣,固定好位置;

步骤四：整理丝巾,打开成扇子的形状置于右肩处。

（3）蝴蝶结系法。

步骤一：将丝巾对角折;

步骤二：再对折;

步骤三：再三折,根据制服颜色在对折时适当调整露出的颜色;

步骤四：将丝巾交叉斜放在肩部;

步骤五：穿入丝巾扣内,并将丝巾一角由上方至下方穿入丝巾扣;丝巾另一端采用相同方法穿入后拉出;

步骤六：调整丝巾扣,将丝巾整理成标准蝴蝶结形状后完成。

6. 香水

香水是旅游从业人员可选择的饰品,在一定程度上起到遮盖体味、增加体香的作用,但应避免香气太浓烈而令人反感。香水有独特的文化,了解香水的类型及使用方法非常重要。

任务拓展

(1)清晨,一家五星级酒店前厅部迎宾小王匆匆走上工作岗位。她着一身缎面旗袍,气质高雅。这时,酒店质检部李经理皱着眉头向她走来,小王不知所措,于是将头转向窗外,听见有人问:"早上上岗检查仪表了吗?"她低头打量了一下自己,说:"李经理,检查了呀,有何不妥吗?"这时,李经理回答道:"你制服的后面怎么像抽丝了一样!"小王突然意识到昨晚洗过的制服因为没用衣架撑起晾干,没来得及熨烫就匆忙穿上来上班了。可就因为这一点小疏忽,按酒店规定小王被处罚到后厨洗刷碗筷两天。这令小王觉得心里特别委屈。

(资料来源:http://www.docin.com/p-350719019.html.)

请问:

①李经理为何要处罚小王?

②女性旅游从业人员仪表礼仪有哪些注意事项?

(2)李某是某个大型旅游景区营销部的经理。有一次,在与一位台湾商人洽谈业务之前,李某做了大量的准备工作。到了双方会面的那一天,他又对个人的形象刻意做了一番修饰:上身着一件花格子 T 恤衫,下身穿一条比较前卫的牛仔裤,头戴一顶刻有景区标志的遮阳帽,脚穿一双旅游鞋。毫无疑问,李某想给对方留下一个时尚、能干的印象。然而事与愿违,对方看到李某这一身打扮却皱起了眉头,业务最后也没谈成。

(资料来源:https://wenku.baidu.com/view/28b930d784254b35eefd34b8.html.)

请问:

①李某业务为何没谈成?

②在正式场合,男性旅游从业人员的服饰礼仪有哪些规范?

工作任务三 仪态礼仪

任务导入

分析图 2-16 中的男士和女士的站姿、坐姿、走姿和蹲姿存在哪些问题?应如何纠正?

男士站姿(a)　　男士站姿(b)　　女士站姿(a)　　女士站姿(b)

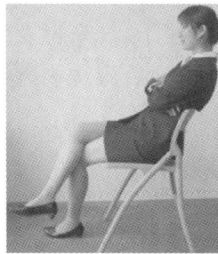

男士坐姿(a)　　　男士坐姿(b)　　　女士坐姿(a)　　　女士坐姿(b)

女士走姿　　　　　　　　　男士走姿

女士蹲姿　　　　　　　　　男士蹲姿

图 2-16　男士和女士的站姿、坐姿、走姿和蹲姿

◎ **任务解析**

站姿存在的问题和纠正方法有以下几个方面。

(1) 图 2-16 中男士站姿(a)存在的问题是:双手插裤袋中站立。男士常用站姿手位有:①两臂自然下垂,中指对准裤缝;②两手交叉叠握于腹前;③一手放于体前,另一手放于体侧或体后;④两手叠放于体后。

(2) 图 2-16 中男士站姿(b)存在的问题是:两眼下视站立。站立时两眼要平视前方。

(3) 图 2-16 中女士站姿(a)存在两个问题:双手插衣袋和小腹微凸。女士常用的站姿手位有:①两臂自然下垂,中指对准裤缝;②两手交叉叠握于腹前;③一手放于体前,一手放于体侧或体后;④两手叠放于体后。站立时,全身要做到头正、颈直、肩平、胸挺、腹收、腰直、臀紧、膝提、趾抓。

(4) 图 2-16 中女士站姿(b)存在两个问题:双手抱于胸前和双脚跟分开站立。女士常用的站姿手位同上;女士常用的站姿步位有"V"字步、"丁"字步,图片中的女士用的是"V"字步,要求双脚呈 V 字形 45—60 度站立,膝和脚后跟要靠紧。

坐姿存在的问题和纠正方法有以下几个方面。

(1) 图 2-16 男士坐姿(a)中,男士采用的是重叠式坐姿,俗称"二郎腿",存在的问题有三个:一是坐满了整个椅面;二是上身靠椅背不直;三是脚尖朝上。纠正方法:一是只能坐椅子的三分之二;二是上身要挺直,身体重心向上,挺胸抬头;三是要注意上边的腿向里收,贴住另一条腿,脚尖向下。

(2) 图 2-16 男士坐姿(b)中,男士采用的是"4"字形腿坐姿,不符合坐姿规范。纠正方法:将双腿完全地一上一下交叠在一起,交叠之后的两腿之间没有任何缝隙。双腿斜放于左右一侧,叠放在上的脚尖垂向地面,双手放在腿上或扶手上。

(3) 图 2-16 女士坐姿(a)和女士坐姿(b)中,女士采用的都是重叠式坐姿,存在四个共同的问题:一是坐满了整个椅面;二是上身靠椅背不直;三是双手的手位不当;四是双腿的摆放不当。纠正方法:一是只能坐椅子的三分之二;二是上身要挺直;三是双手交叉叠放在两腿中部;四是左腿要垂直于地面,右腿提起重叠于左腿上边,右腿要向里收贴住左腿,右脚尖向下,左脚全脚掌着地。

走姿存在的问题和纠正方法有以下几个方面。

(1) 图 2-16 中女士走姿存在的主要问题是:身体前倾、手臂过于弯曲和屈膝。走姿的基本要领是头正、肩平、躯挺(上身挺拔、收腹立腰、重心稍向前倾)、手臂伸直放松。

(2) 图 2-16 中男士走姿存在的主要问题是"外八字"。纠正方法:走路时始终保持膝盖朝前,脚尖朝前。

蹲姿存在的问题和纠正方法有以下几个方面。

（1）图2-16中女士蹲姿存在的主要问题是：在下蹲过程中，先低头、弯腰翘臀，蹲下后出现重心前移的情况。纠正方法：下蹲的过程中保持臀部向下的姿态。下蹲后两腿合力支撑身体，身体垂直于地面。

（2）图2-16中男士蹲姿存在的主要问题是：下蹲时上半身比较松散，双肩没有向后展开，腰部没有直立，没有挺胸的动作，双手随意摆放，双腿无控制。纠正方法：下蹲的过程中，始终保持上身直立，脊背保持挺直，同时挺胸抬头，两腿有控制地下蹲，一脚在前，一脚在后，重心在后面的腿上，双手放在两膝上。

知识链接

仪态，是指人的身体姿态和风度，也称为体态。旅游从业人员的仪态主要包括规范的站姿、优雅的坐姿、优美的走姿、正确的蹲姿、亲切的表情和恰当的手势。得体优雅的仪态能给人留下良好的第一印象，所以，旅游从业人员要刻苦训练，努力使自己的仪态规范得体。

一　站姿礼仪

站立是人们日常生活和工作中一种最基本的姿态，也是旅游从业人员最基本的服务姿势，是静态的美，同时也是一切仪态美的基础。正确、标准的站姿是一个人健康和精神饱满的体现，中国有句古话"站如松"，即要站得像松树一样挺拔，形容的就是站姿的标准、规范。

（一）标准站姿

标准站姿规范：两脚并拢，两膝盖并紧，男士脚尖一脚宽，女士脚尖一拳宽。全身做到：头正、颈直、肩平、胸挺、腹收、腰直、臀紧、膝提、趾抓，两眼平视前方，面带微笑，下颌微收，双手自然垂于体侧。标准站姿如图2-17所示。

标准站姿

（二）前腹式站姿

女性在标准站姿的基础上，两手在腹前交叉，两脚尖分开呈"V"字形或呈"丁"字形，身体重心置于两脚上，也可置于一脚上，可通过两脚重心的转移减轻疲劳。男性在标准站姿的基础上，两手在腹前交叉，左手握成拳头状，右手握左手于手腕处；两脚打开与肩同宽，两脚尖与脚跟距离相等，身体重心放在两脚上，这是旅游礼仪服务中常用的站姿，如图2-18所示。

女士前腹式站姿

（三）后背式站姿

两手叠放于体后，有两种手法：一种是双手在身后交叉，右手贴在左手外面，双手轻握放在后背腰处；另一种是右手握成拳头状，左手握右手于手腕处并放在后背腰处。其他要求和前腹式站姿一样。这种站姿略带威严，易产生距离感，因此适用于旅游服务行业中的门卫和安保人员（见图 2-19）。

男士前腹式站姿

图 2-17　标准站姿

图 2-18　前腹式站姿

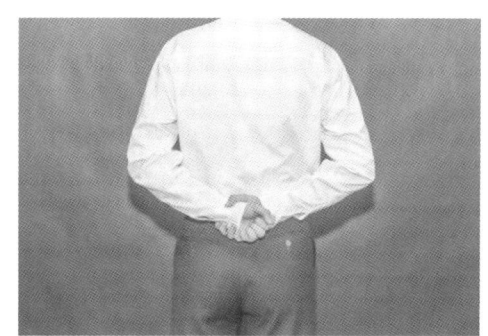

图 2-19　后背式站姿

（四）常见的不良站姿

由于形态固化缺陷、体态固化缺陷、行为固化缺陷和心理固化缺陷等因素，会造成很多的不良站姿，下面我们用一组图片一一展示，大家看看自己是否有中招？

1. 形态固化缺陷（见图 2-20 和图 2-21）

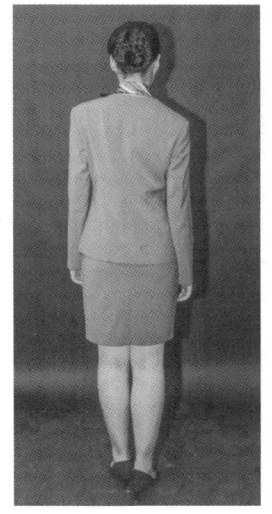

图 2-20　肩倾斜站立　　　　图 2-21　驼背站立

2. 体态固化缺陷（见图 2-22 和图 2-23）

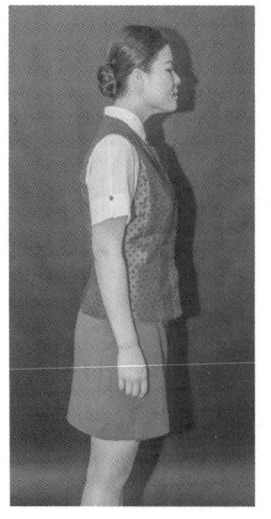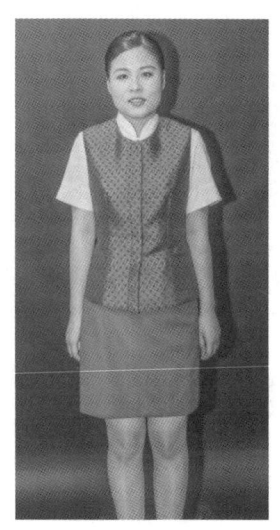

图 2-22　颈部前伸站立　　　　图 2-23　耸肩站立

3. 行为固化缺陷(见图 2-24 至图 2-30)

图 2-24　昂头挺胸站立　图 2-25　低头含胸站立　图 2-26　身体颤抖站立　图 2-27　身体摇晃站立

图 2-28　双手叉腰站立　　　图 2-29　双手叉裤袋站立　　　图 2-30　双腿分开站立

旅游从业人员在与人交往中,站姿代表着其形象。不良的站姿会给人留下不好的印象,从而影响对客服务,所以一定要注意每个细节,纠正每一个缺陷,拥有自信、阳光、得体的站姿。

(五) 站姿的训练方法

优美的站姿是可以训练出来的,但需要有科学、有效的方法。

1. 五点靠墙练习

练习者背墙站立,脚跟、小腿、臀部、双肩和头部靠着墙壁,以训练整个身体的控制能力。为增加两腿夹紧的程度,两大腿间夹上一张纸,保持纸不松、不掉,停留 10 分钟。重复练习 5 次(见图 2-31)。

2. 头上顶书练习

练习者按正确的站立姿态站立,头上顶一本书,两大腿间夹上一张纸,停留 5—10 分钟(见图 2-32)。

(a)　　　　　　　(b)

图 2-31　五点靠墙站姿练习　　　　图 2-32　头上顶书站姿练习

通过此练习让练习者充分体会正确身体姿态的身体感觉,锻炼身体的平衡与控制能力,从而形成优雅的站姿。

(二) 坐姿礼仪

坐姿是一种静态造型。中国有句古话"坐如钟",是指端正的坐姿要做到挺胸、收腹、肩平、头正、眼看前方、四肢摆放规矩。端庄优美的坐姿给人以文雅、自然、大方的美感;不正确的坐姿,会显得不雅观和没教养。

(一) 入座礼仪

(1)入座时,从椅子后面入座。如果椅子左右两侧都空着,应从左侧走到椅子前。五步口诀"横—纵—纵—横—并"。

（2）背对椅子双脚成小丁字步，一脚向后撤半步，使小腿触及椅子，以确定位置。

（3）女性若穿的是裙装，在落座时应用双手把裙子从上至下拢一下，以防坐出褶皱或因裙子被打折坐住，而使腿部裸露过多，同时也显得更优雅端庄。

女士入座礼仪

（4）坐下时应该大方自然，轻轻落座，不要太快或太慢、太重或太轻。坐椅子的三分之二为宜。

（5）坐下之后，上半身保持直立，两肩放松，下颌向内微收，颈直，挺胸收腹立腰。女性双脚并齐，双腿并拢；男性两脚和两腿可稍微分开，但以不超过肩宽为宜。

（二）男士坐姿

男士常见的
五种坐姿规范

1. 标准（端坐）式

上身挺直，两肩平正，下颌微收，双腿自然弯曲垂直于地面，两腿间距理应不超过肩宽，双手放在双膝上或扶手上（见图 2-33）。

2. 前伸式

在标准坐姿的基础上，左脚向前半脚，脚尖不要翘起。双手放在双膝上或扶手上（见图 2-34）。

图 2-33　男士标准式坐姿　　　　图 2-34　男士前伸式坐姿

3. 前交叉式

在前伸式坐姿的基础上，右脚后缩，与左脚交叉，两踝关节重叠，两脚尖着地。双手放在双膝上或扶手上(见图 2-35)。

(a)　　　　　　　　　　(b)

图 2-35　男士前交叉式坐姿

4. 曲直式

在端坐式的基础上,右(左)脚前伸,左(右)小腿后屈,大腿靠紧,两脚前脚掌着地,并在一条直线上(见图 2-36)。

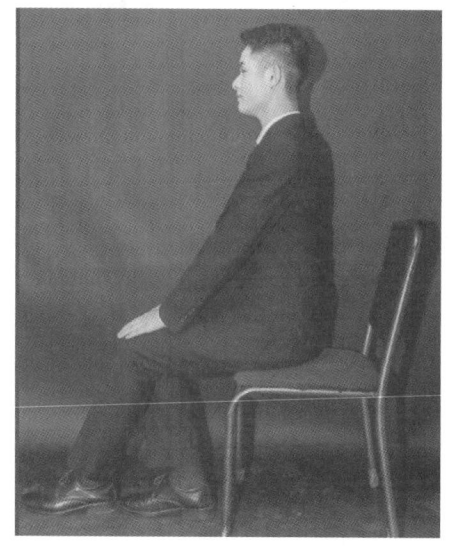

图 2-36　男士曲直式坐姿

5. 重叠式

重叠式也称为"二郎腿"或"标准式架腿"。左(右)小腿垂直于地面,右(左)腿在膝上部重叠并向里收,贴住另一腿,脚尖自然地向下垂。这种坐姿显得较为粗俗,因此在正式的社交场合不建议使用这一姿势(见图2-37)。

(三) 女士坐姿

1. 标准(端坐)式

上身挺直,两肩平正,下颌微收,双腿自然弯曲垂直于地面,双膝并拢,两脚靠拢或呈"丁"字步,两手自然交叉放在两腿上。若着膝盖以上的裙装,两手自然交叉放在裙子边缘上,以防走光(见图2-38)。

图 2-37　男士重叠式坐姿

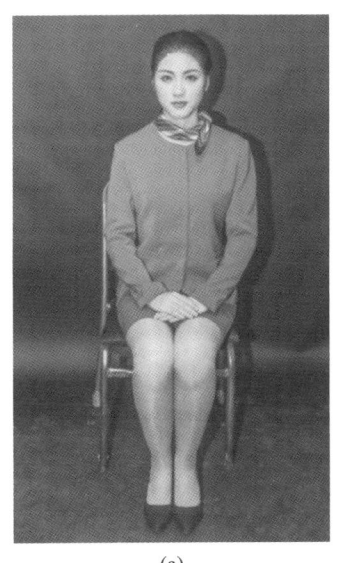
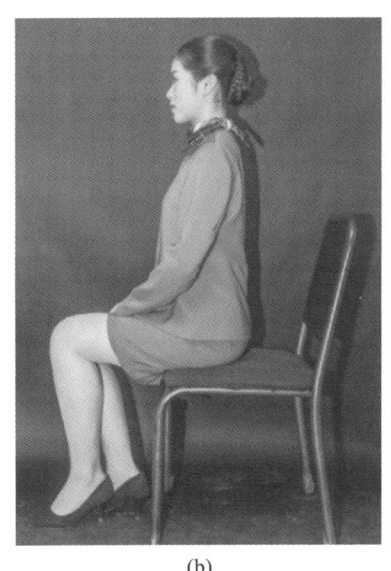

(a)　　　　　　　　　　　(b)

图 2-38　女士标准式坐姿

女士常见的
八种坐姿规范

2. 前伸式

在标准坐姿的基础上,两小腿向前伸出一脚的距离,两脚并拢,脚尖不要翘(见图2-39)。

3. 前交叉式

在前伸式坐姿的基础上,右脚后缩,与左脚交叉,两踝关节重叠,两脚尖着地(见图2-40)。

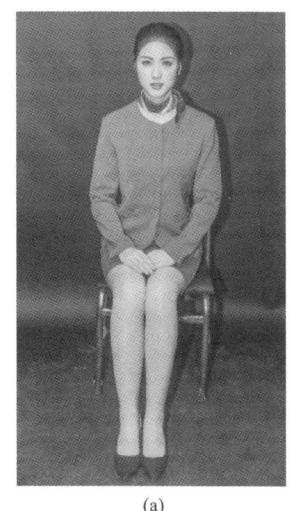

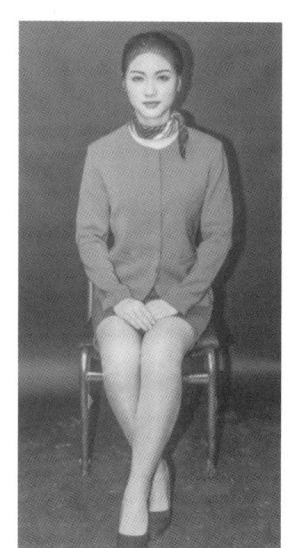

(a)　　　　　　　　　　　(b)

图 2-39　女士前伸式坐姿　　　　　　　图 2-40　女士前交叉式坐姿

4．曲直式

在端坐式的基础上，右（左）脚前伸，左（右）小腿后屈，大腿靠紧，两脚前脚掌着地，并在一条直线上（见图 2-41）。

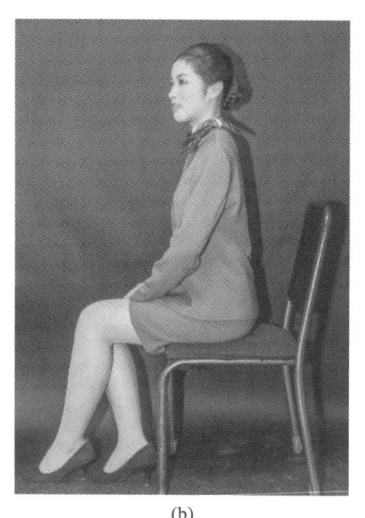

(a)　　　　　　　　　　　(b)

图 2-41　女士曲直式坐姿

5．后点式

两小腿后屈，脚尖着地，双膝并拢（见图 2-42）。

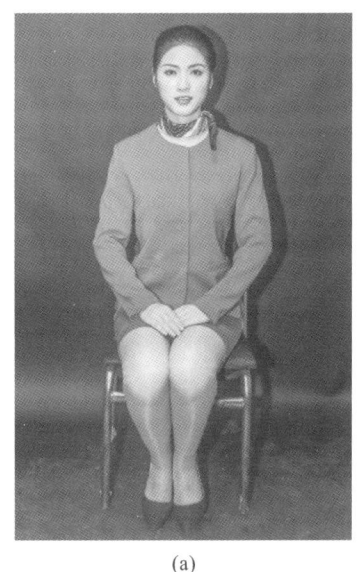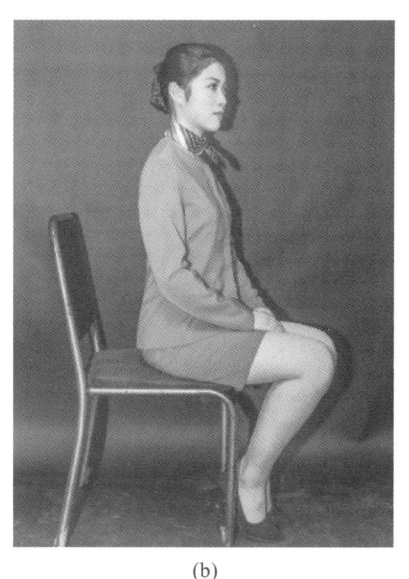

(a)　　　　　　　　　　　　　　(b)

图 2-42　女士后点式坐姿

6. 侧点式

两小腿向左（右）斜出，两膝并拢，右（左）脚跟靠拢左（右）脚内侧，右（左）脚掌着地，左（右）脚尖着地。注意大腿小腿之间要成 90 度，小腿要充分伸直，尽量显示小腿长度（见图 2-43）。

7. 侧挂式

在侧点式基础上，左（右）腿后屈，脚绷直，脚掌内侧着地，右（左）腿提起于左（右）腿上，用右（左）脚面贴住左（右）踝，膝和小腿并拢（见图 2-44）。

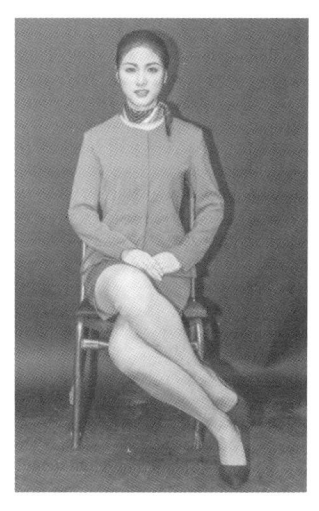

图 2-43　女士侧点式坐姿　　　　　图 2-44　女士侧挂式坐姿

图 2-45　女士重叠式坐姿

8. 重叠式

重叠式也叫"二郎腿"或"标准式架腿"。在标准式坐姿的基础上,两腿向前,左(右)小腿垂直于地面,右(左)腿在膝上部重叠并向里收,贴住另一腿,脚尖自然地向下垂。重叠式还有正身、侧身之分,手部也可交叉、扶把手等(见图 2-45)。

(四)离座礼仪

起立时,一脚先向后收半步,然后站起,动作要轻缓,尤其要避免弄响座椅,或将椅垫弄掉在地上。女性若着裙装,要用双手把裙子从上至下拢一下,以防裙子边缘上翻而走光。离开时,再向前走一步,从椅子的左侧离去。

(五)常见的不良坐姿与纠正方法

1. 堆腰身体前倾

形成原因:腰腹部肌肉松弛,骨盆后倾,使得脊椎前屈,身体的重心下沉,驼背并含胸。给人的感觉无精打采。

纠正方法:始终保持腰部直立,身体的重心向上,双肩下沉,两肩胛骨往中间靠,挺胸抬头。

2. 双腿过度叉开(见图 2-46)

形成原因:平时喜欢随心所欲的姿态,不自觉将双腿过度叉开。

纠正方法:首先要意识到过度叉开双腿是不文明的表现;其次在训练的过程中,要严格要求自己,养成良好的习惯,腿部要尽量并拢,膝盖并紧,双脚并拢,腿部肌肉时刻保持紧绷的状态。

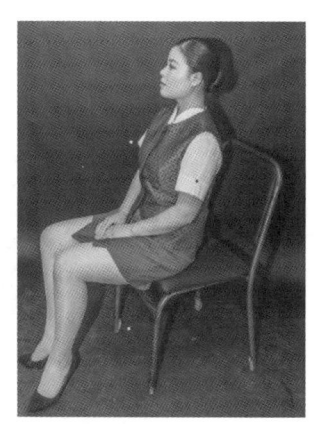

图 2-46　双腿叉开坐姿

3. 双腿抖动摇晃

形成原因:平时养成不良习惯,下意识反复抖动或是摇晃双腿,会令人心烦意乱,给人不够稳重的感觉。

纠正方法:要意识到双腿抖动摇晃是失礼的表现,平常训练的时候应严格要求自己,保持腿部静止不动。

4. 其他不良坐姿

(1)"4"字形腿(见图2-47)。

(2)双腿直伸呈叉开状,脚尖翘起左右晃动(见图2-48)。

(3)跷"二郎腿"脚尖对着他人并抖动摇晃(见图2-49)。

(4)"葛优躺式"坐姿(见图2-50)。

图2-47　"4"字形腿　　　　　　　图2-48　双腿叉开脚尖翘起

图2-49　跷"二郎腿"脚尖抖动摇晃　　　图2-50　"葛优躺式"坐姿

三 走姿礼仪

走姿是站姿的延续动作,是一种动态的美。走姿要求"行如风",是指人行走时,如风行水上,有一种轻快自然的美。男士与女士的行走风格有所不同,男士的步履应矫健有力,展现阳刚之美;女士的步履应端庄典雅,展现阴柔之美(见图 2-51)。

(a)   (b)

图 2-51　走姿

(一) 走姿的基本要领

头正:双目平视,下颌微收,表情自然。

肩平:双肩平稳放松,双臂以肩关节为轴,大臂带动小臂,前后自然摆动,向前摆的摆幅为 30 度左右,后摆不超过臀部的后缘。

躯挺:上身挺拔,收腹立腰,重心稍向前倾。

步位直:步位指行走时两脚下落到地面的位置。男士行走时的步位一般要求两脚跟先着地,两脚尖略外展,双脚基本前进在两条平行线上;女士行走时的步位要求脚跟先着地,脚尖正对前方,两脚跟要前后落在同一条直线上,也就是所谓的"一字步"。若女子的步位走在两条平行线上,臀部会失去摆动,腰部会显得僵硬,失去美感。

步幅适度:步幅也称步度,是人们行走时两脚之间的距离。步幅的大小往往因人而异,但行进时最佳的步幅应为本人一只脚的长度,即男性每步约 40 厘米,女性每步约 30 厘米。行进中步幅的大小应当大体保持一致。

步速平稳:步速就是行走的速度。男士以每分钟 108—110 步为宜,女士以每分钟

118—120 步为宜。对于旅游从业人员而言,在不同的场合与环境中,步速可以有变化。但在某种特定的场合中,应当保持步速相对均匀与平稳,不要忽快忽慢,步速自然舒缓,显得成熟、自信。

(二) 不良走姿与纠正方法

1. "内八字"(见图 2-52)

形成原因:走路时大腿内收肌群放松,膝盖向内收,脚落地时脚尖内扣造成。

纠正方法:行走时注意大腿内收肌群的用力,踝关节有所控制,始终保持膝盖朝前、脚跟内收、脚尖朝前的状态。通过做双腿外旋动作使"内八字"的脚稍微外展。

2. "外八字"(见图 2-53)

形成原因:走路时膝盖向外,双脚脚尖落地时各向外分开或者腿形为 X 形腿。

纠正方法:行走时注意踝关节的控制,始终保持膝盖朝前,脚尖朝前。脚跟先着地,身体重心在整个脚掌上滚动,由脚跟移向脚尖。通过做双腿内旋动作使"外八字"的脚略内扣。

图 2-52　"内八字"走姿　　　　图 2-53　"外八字"走姿

3. 拖步走

形成原因:骨盆前倾,肩膀向下低垂,走路时不抬大腿,脚离开地面动作不明显,重心的移动也不明显,给人感觉慵懒。

纠正方法:行走时大腿带动小腿,脚跟先着地,同时后脚蹬地,将身体重心迅速前移至前脚掌,后脚离开地面。

图 2-54　踮脚尖走

4．踮脚尖走(见图 2-54)

形成原因:行走时前脚掌过于用力,过分强调了用前脚掌落地走路,而忽略了脚跟落地后再滚动到前脚掌的过程,女性穿高跟鞋时易出现这种错误走姿。

纠正方法:行走时大腿带动小腿,脚跟先着地,同时后脚蹬地,将身体重心迅速前移至前脚掌,后脚离开地面。

(三)走姿的练习方法

可以选择一个宽敞的场地,带有镜子的形体房最佳,在地面上画出若干条直线,准备几首舒缓的背景音乐。首先,保持标准站立姿势,在头上放个小垫子或书本,放稳后再松手;其次,把双手放在身体两侧或腹前沿着直线行走,注意保持物品不掉下来。这是一种有效的训练身体平衡的方法,通过长期训练,使背脊、脖子竖直,上半身不随便摇晃。

四 蹲姿礼仪

蹲姿是人们经常采用的体态。当一个人需要拿取低处的物品或捡起掉在地面上的物品时,都需要采取降低身体重心的方式才能完成。如果弯腰曲背、低头翘臀地去捡掉在地上的物品,会不雅观。因此,我们做蹲姿时要注意身体姿态的控制,给人以优雅之感。

(一)蹲姿的基本要领

(1)上身保持直立,下蹲时臀朝下;

(2)女士双腿要保持并拢,男士双腿可适度分开,以不超过肩宽为宜;

(3)重心放于后脚上。

(二)正确的蹲姿动作

1．高低式蹲姿

下蹲时身体直立,左(右)脚在前,右(左)脚稍后,两腿下蹲;左(右)脚全脚掌着地,左(右)小腿垂直于地面,右(左)脚脚跟提起,脚掌着地。右(左)膝低于左(右)膝,女士右(左)膝内侧靠于左(右)小腿内侧,男士两膝可适度分开,形成左(右)膝高而右(左)膝低的姿态,重心放在膝低的腿上。女士做高低式蹲姿时注意不要正面朝向观众,侧面为宜,且面向观众一方的腿在上面,避免走光(见图 2-55)。

(a)　　　　　　　　　　　　　(b)

图 2-55　高低式蹲姿

2. 交叉式蹲姿

交叉式蹲姿通常适用于女性，尤其适用于身穿短裙的女性。它的主要优点是造型优美典雅。它的基本特征是下蹲时一般右(左)脚在前，左(右)脚在后，右(左)小腿垂直于地面，全脚着地。右(左)腿在上，左(右)腿在下，两腿交叉重叠。左(右)膝由后面伸向右(左)侧，左(右)脚脚跟抬起脚掌着地。两腿前后靠紧，合力支撑身体。臀部向下，上身直立略向前倾(见图 2-56)。

3. 半蹲式蹲姿

半蹲式蹲姿多于行进之中临时采用。它的基本特征是身体半立半蹲。要求在下蹲时，上身直立稍前倾，但动作不宜过大；臀部向下而不是撅起；双膝略为弯曲，其角度根据需要可大可小；身体重心应放在一条腿上，双腿要并拢(见图 2-57)。

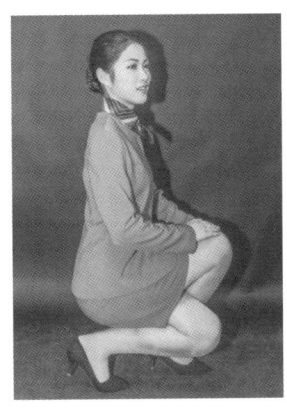

图 2-56　交叉式蹲姿　　　　　图 2-57　半蹲式蹲姿

4. 半跪式蹲姿

半跪式蹲姿又叫单跪式蹲姿,多用于下蹲时间较长,或为了用力方便之时。它的特征是双腿一蹲一跪。它的要求是下蹲后,左(右)膝着地,臀部坐在左(右)脚跟之上,左(右)脚尖着地;右(左)腿全脚着地,小腿垂直于地面;双腿要并拢(见图 2-58)。

(三) 常见的不良蹲姿与纠正方法

1. 含胸体前倾(见图 2-59)

形成原因:下蹲时上半身比较松散,双肩没有向后展开,腰部没有直立,没有挺胸的动作。

纠正方法:下蹲的过程中,始终保持上身直立,脊背保持挺直,同时挺胸抬头。

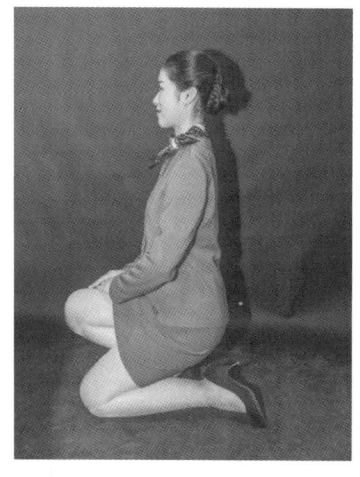

图 2-58   半跪式蹲姿   图 2-59   含胸体前倾蹲姿

2. 双腿敞开(见图 2-60)

形成原因:蹲下时膝盖没有并拢,大腿没有夹紧,下半身松散,造成双腿敞开的错误动作,俗称"卫生间蹲姿"。

纠正方法:下蹲的过程中,双腿、膝盖始终保持并拢的状态,蹲下去之后一条腿的膝盖内侧靠于另一条腿的小腿内侧。

3. 下蹲臀朝后(见图 2-61)

形成原因:在下蹲过程中,先低头、弯腰翘臀,蹲下后出现重心前移的情况。

纠正方法:下蹲的过程中保持臀部向下的姿态。下蹲后两腿合力支撑身体,身体垂直于地面。

除上述内容外,我们还要注意下蹲时,速度切勿过快;下蹲时,应与他人保持一定的距离,特别是与他人同时下蹲时,一定要注意双方之间的距离,避免彼此迎头相撞;在他人身边下蹲时,要注意方位,最好是与之侧身相向,正面或背面面向他人下蹲,都是不文雅的。

图 2-60　双腿无控制蹲姿　　　　　图 2-61　臀朝后蹲姿

（五）表情礼仪

表情是仪态的重要组成部分,是无声的语言,主要包括眼神和微笑两个部分。卡耐基说:"一个人脸上的表情比他身上穿的更重要。"旅游从业人员需要注意的是,自己在工作之中的表情直接影响顾客的情绪体验,因此,好的表情对于旅游从业人员来说是非常重要的。

（一）眼神

眼神,是对眼睛总体活动的一种统称。人们常说眼睛是心灵的窗户,眼神能够最直接、最准确地展示一个人的心理活动。爱默生说:"眼睛如同我们的舌头一样能表达,只是它的优势不需要任何词典,就能完全被世界理解。"在人际交往中,87%的信息是通过视觉传达的。在旅游服务过程中,旅游从业人员要能传达自然友好的眼神需要通过长时间的训练,应当从注视时间、注视角度、注视部位三个方面着手。

1. 注视时间

旅游服务中旅游从业人员在与顾客交流时,注视对方时间的长短往往十分重要。一般注视对方的时间占彼此交谈时间的 1/3 为宜,每次看对方的眼睛三秒左右,这样才会让顾客感觉舒服。

2. 注视角度

从目光投射的方向和角度看,眼神常见的表现形式有平视、仰视、俯视和旁视四种类型。

（1）平视。

平视是视线呈水平状态，也叫正视。这种目光的主要含义是显示地位的平等。旅游从业人员一般采用平视的目光对待每一位顾客，表现出双方地位的平等和本人的不卑不亢（见图 2-62）。

（2）仰视。

仰视是视线朝上，也叫上视。表示尊重、谦逊、敬畏之意，适用于面对尊长之时（见图 2-63）。

图 2-62　平视

图 2-63　仰视

（3）俯视。

俯视是视线朝下，也叫下视。一般表示对晚辈的爱护、宽容，也可表示对他人傲慢、歧视（见图 2-64）。

（4）旁视。

旁视是视线斜行，一般表示怀疑、疑问、轻视、厌恶。旅游从业人员在旅游服务过程中切记勿用，是一种失礼的表现（见图 2-65）。

图 2-64　俯视

图 2-65　旁视

3. 注视部位

在人际交往中目光所及之处，就是注视的部位。一般而言，目光注视的部位可分为三个区域。

（1）公务注视区域。

这个区域是以两眼为底线、额中为顶角形成的一个三角区。表示严肃、认真和公事公办,适用于公务活动中。

（2）社交注视区域。

这个区域是双眼以下至下颚以上所形成的倒三角区域。在与人交谈时注视着对方的这一区域能让其感到轻松、舒适、自然,创造出一种良好的社交气氛。适用于舞会、茶话会和友谊聚会等社交场合。旅游从业人员在旅游服务过程中多使用这一注视区域。

（3）亲密注视区域。

这个区域是双眼到胸部之间的区域。表示亲近、友善,适用于关系密切的男女之间。

（二）微笑

微笑是世界上最美丽的语言。它能传达亲切温馨的情感、缩短双方之间的心理距离、增强人际吸引力,因而在服务行业,微笑服务尤其受到推崇。在旅游服务行业中,微笑是最富有吸引力、最有价值的体态语,也是旅游从业人员必须具备的表情。

1. 微笑的礼仪规范

微笑是人内心情感愉悦的自然流露,应做到以下三点。

（1）真诚。微笑是发自内心的,是一种愉快心情的反映,也是一种礼貌和涵养的表现。虚假做作的微笑令人反感,故作笑颜的所谓"职业性微笑"也缺乏生命力和感染力。因此,旅游从业人员在微笑服务中一定要做到真诚。

（2）自然。微笑的美在于亲切自然。一般微笑是嘴角挂着一丝笑容的状态,如蒙娜丽莎的微笑。基本做法是面带笑容,面部肌肉放松,两边嘴角向上微微翘起,嘴唇略呈弧形,不露齿,不发出笑声。标准的职业笑容是要露出 6—8 颗牙齿,在酒店服务行业有"三米六/八齿"原则,即客人离你三米的时候就可以看到你露出上齿的六/八颗牙齿微笑。但每个人最美的微笑不尽相同,因此,要善于发现自己最美的微笑表情,展现自己独特、自信、自然的微笑。

（3）适时。在与他人目光接触的瞬间,就要目视对方开始微笑。旅游从业人员在接触顾客的时候就要微笑服务,这可以拉近和顾客之间的距离,营造一个良好的沟通氛围。但要注意在特别严肃的场合、别人处于困境或做错事的时候不要微笑,否则容易遭人反感甚至引发矛盾。

2. 微笑的训练

微笑是面部肌肉的综合运动,要协调目光、眼、眉、鼻、嘴和面部肌肉整体配合。最高级的微笑是让人感觉到你的眼睛中含有笑。下面介绍微笑时嘴唇肌肉放松训练、嘴巴的表情训练和眼神的表情训练。

（1）嘴唇肌肉放松训练。

"哆来咪练习法"。哆来咪练习法的目的是放松嘴唇周围肌肉，是拥有完美微笑的基础，否则脸部会感到僵硬。嘴唇肌肉放松运动是从低音"哆"开始，到高音"咪"，每个音大声清楚地说三次。不是连着练，而是逐个音节发音，为了正确的发音应注意嘴型。通过反复练习，放松肌肉后，伸直手掌温柔地按摩嘴周围。

（2）嘴巴的表情训练。

①面对镜子站好，口里默念普通话的"一""茄子""钱"或英文字母"E""G"等，让嘴的两端朝后缩，微张双唇，轻轻浅笑，这时可感觉到颧骨被拉向斜后方。相同的动作反复做几次，直到感觉自然为止。

②先把手举到脸前，手从嘴角向外做"提拉"的动作，一面想象愉快的事情，一面照镜子。相同的动作反复做几次，微笑就自然多了（见图2-66）。

图 2-66　微笑的嘴巴表情训练

③将双手举在眼前，手掌向上提，且两手展开，随着手掌上提、打开，眼睛睁大。相同的动作反复做几次，微笑就自然多了（见图2-67）。

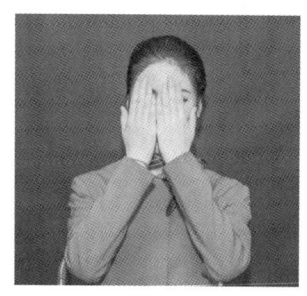

图 2-67　微笑的嘴巴表情训练

（3）眼神的表情训练。

①将嘴巴部分遮起来，照镜子，看眼睛能反映出什么表情。反复练习你会发现，内心的想法会影响眼神。

②回头瞬间表情的训练。练习有人从后面叫你，你一面回答，一面以笑脸回头，从镜子

里观察自己回头的瞬间的表情。

六　手势礼仪

手势是体态语言中最重要的传播媒介,是口头语言表达的重要辅助工具。

手臂是旅游从业人员在服务工作中,运用较多的一个身体部位。手势运用得得体、自然、大方,会给人留下良好的印象,增添自身的魅力。

(一)常用的手势语

1. 横摆式

横摆式是最常用的手势,用于表示"请""请进"等含义。动作要领是右(左)手五指伸直并拢,手掌自然伸直,手心向上,肘微微弯曲,从腹前抬起,以肘关节为轴,手从腹前抬起向右(左)摆动至身体右(左)前方。头部和上身微向伸出手的一侧倾斜,另一手自然下垂或放在腹前,双脚站成"丁"字步或"V"字步,面带微笑,表现出对游客的欢迎和尊重(见图 2-68)。

图 2-68　横摆式

2. 双臂横摆式

双臂横摆式的动作要领是两手从腹前抬起,两肘微曲,掌心向上,向身体左右两侧摆出,摆置身体腰部左右两侧前方处停止,身体略前倾,并面带微笑。也可以双臂向同一个方向摆出,指向前进方向一侧的手臂抬高一些、伸直一些,另一手则稍低一些、弯曲一些。表示"欢迎大家"(见图 2-69)。

(a)

(b)

图 2-69　双臂横摆式

3. 曲臂式

曲臂式的动作要领是左(右)手五指伸直并拢,手掌伸直,掌心向上,以肘关节为轴,左(右)臂自然弯曲从身体一侧由下而上摆置腹前,小臂与身体距离约两拳,同时目视客人,面带笑容。表示"指引方向""请他人入内"或"请他人入座"(见图 2-70)。

4. 斜摆式(斜臂式)

斜摆式的动作要领是左(右)手五指伸直并拢,手掌伸直,从身体的一侧抬起,到高于腰部后,再向下摆去,使大小臂成一斜线,手、手腕与小臂成一直线,掌心略微倾斜,手臂与身体呈 30°夹角。手势应指向椅子或商品(地面)的具体位置。表示"请坐""请看下方"(见图 2-71)。

　　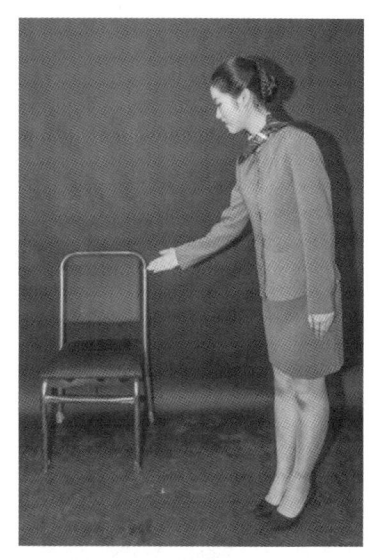

图 2-70　曲臂式　　　　　　　图 2-71　斜摆式

5. 直臂式

直臂式的动作要领是右(左)手五指并拢伸直,手掌伸直,掌心向上,屈肘从身前抬起,向指引的方向摆去,摆到肩的高度时停止,肘关节基本伸直。指示方向时,上体略向前倾并侧向客人,面带微笑,眼睛要兼顾指示的方向和客人。表示"请看前方""请您随我来"(见图 2-72)。

6. 招手式

向远距离的人打招呼时,伸出右手,右胳膊伸直高举,掌心朝着对方,轻轻摆动。切记不可向上级和长辈招手。

(a)   (b)

图 2-72   直臂式

（二）旅游从业人员使用手势的注意事项

忌讳在游客面前挠头摸脑、掏耳朵、抠鼻孔、剔牙、擦眼屎、搔痒、打响指等。

忌讳介绍某人或为游客指引方向时，用手指来指点，或掌心向下挥手一指（见图 2-73）。

(a)   (b)

图 2-73   手指指示方向

忌讳讲话时搓手、捋头发、捏衣角等。

忌讳与人谈话时,手势过多,动作过大,甚至手舞足蹈。

忌讳在外国游客面前滥用手势。如"OK"形手势、"V"形手势、"竖大拇指"手势等在不同国家有不同的含义。

任务拓展

(1)住店的某大公司经理外出以后回酒店客房,一走出电梯,就有一位客房部的女服务员倒背着双手,面带微笑,用亲切的话语向他问好,并用食指给他指路,礼貌地对他说:"您那边请。"这位客人虽然也很客气地回复了服务员的问候,却带着一种不满的表情看了服务员一眼。这位服务员也看出了客人的不满,但她有点想不通,她不知道自己面带微笑亲切地向客人问好有什么不对。

(资料来源:http://www.docin.com/p-485928271.html.)

请问:

客人为什么会对这位女服务员不满意?

(2)有一次,一个西欧旅游团深夜到达某饭店,由于事先联系不周,客房已满,只好委屈他们睡大厅。全团人员顿时哗然,扬言要敲开每一个房间,吵醒所有宾客,看看是否真的无房。此时,客房部经理却向他们"微笑"着耸耸肩,表示无可奈何,爱莫能助,这使宾客更加不满,拍着桌子大声喝道:"你再这样笑,我们就要揍你!"这位经理十分尴尬,后来在翻译人员的再三解释下,客人的愤怒才平息。

(资料来源:https://wenku.baidu.com/view/c6b4168bcc22bcd126ff0c67.html.)

请问:

①案例中的宾客面对客房经理的微笑为什么会如此生气?

②旅游从业人员在旅游服务岗位上进行微笑服务时应注意哪些细节?

(3)化妆实训。

学生两人一组,自己化妆一次,帮对方化妆一次,并将最后的妆容拍照发给老师。授课老师对每位学生的妆容进行点评,并对存在的问题进行指导和纠正。

(4)领带系法实训。

学生两人一组,通过给自己系领带和给对方系领带的反复练习,掌握1—2种常用领带系法,并能在一分钟内熟练系好领带。

(5)丝巾系法实训。

学生两人一组,通过给自己系丝巾和给对方系丝巾的反复练习,使女生掌握1—2种常用丝巾系法,并能在一分钟内熟练系好丝巾。

（6）仪态要素综合训练。

①6个学生一组，每组学生站成两路纵队，用规范的行姿绕场地行走，最后呈一列横队结束。

②用标准的站立姿态站立，依次展示标准站姿、前腹式站姿和后背式站姿。

③依次展示高低式蹲姿、交叉式蹲姿、半蹲式蹲姿和半跪式蹲姿。

④起立向前走到事先摆好的椅子前方，依次展示入座、坐姿（男士5种坐姿和女士8种坐姿）和离座。

⑤集体向左转身退场。

⑥每组准备一首背景音乐。

在训练的过程中每位学生要注意自己的表情，双眼要平视前方，面带微笑，表情自然、大方、亲切。

通过强化训练，纠正仪态。在反复练习中养成良好的习惯，形成优雅的仪态，注意各个动作的衔接要流畅。

（7）手势语言训练

①6个学生一组，每组学生站成两路纵队，用规范的行姿走到事先摆好的椅子前方（椅子呈"V"行排列）。

②依次展示横摆式、双臂横摆式、曲臂式、斜摆式、直臂式和招手式手势。展示斜摆式时，左右两侧的学生轮流展示以下动作：一侧的3位学生做出斜摆式的动作，手指向另一侧学生的椅子，表示"请坐"，另一侧的学生入座。

③每组准备一首背景音乐。

在训练的过程中应注意每个手势的动作要领，动作与动作之间衔接要流畅，小组之间配合默契，整齐划一。每位学生要注意自己的表情，面带微笑，表情自然、大方、亲切。

通过强化训练，纠正手势语言。在反复练习中养成良好的习惯，形成规范、自然、得体的手势，在今后的旅游服务中给客人留下良好的印象。

项目三
旅游从业人员日常交际礼仪

◇ 知识目标

1. 了解日常交际礼仪的主要内容及意义。

2. 掌握旅游从业人员日常交际礼仪的规范要求。

◇ 能力目标

1. 能恰当地称呼他人。

2. 能得体地进行自我介绍和介绍他人。

3. 能正确地与人握手。

4. 能正确地交换名片。

◇ 素质目标

1. 培养学生日常交往中的文明意识。

2. 培养学生良好的职业规范道德。

3. 塑造学生良好文明的职业形象。

工作任务一 称 呼 礼 仪

任务导入

有一位先生为一位外国朋友订做生日蛋糕,他来到一家蛋糕店,询问是否可以送货上门。蛋糕店工作人员接到订单后,说:"先生,没问题,我们可以将蛋糕送到您朋友的住处!请问您的这位朋友是小姐还是太太?"这位先生也不清楚朋友是否结婚了,从来没有打听过,他想了想说:"小姐?太太?一大把岁数了,应该是太太!"生日蛋糕做好后,工作人员把蛋糕送到指定地点并敲门,一位女士开门,工作人员礼貌地询问:"您好,请问您是格林太太吗?"女士愣了愣,不高兴地说:"错了!"就把门关上了。蛋糕店工作人员糊涂了,打电话向订蛋糕的先生再次确认,地址和门牌号码都没错,于是再次敲门,门开后,说道:"没错,格林太太,这是您的蛋糕。"谁知这时,那位女士大叫道:"告诉你错了,这里只有格林小姐,没有格林太太!""啪"的一声,门被大力关上,蛋糕坠地。

请问:

本案例中为什么会出现这种情况?它给我们带来哪些启示?如何避免发生类似情况?

任务解析

本案例之所以出现这种情况,是因为这位先生不了解称呼礼仪对人际交往的重要影响,他在不清楚的情况之下,使用不恰当的称呼,让朋友感觉不受尊重。

该事例告诉我们,人与人之间的交往开始于见面称呼,它直接决定了给人留下的第一印象,恰当的称呼有助于人际交往的发展,错误的称呼会带来意想不到的麻烦。

避免此类情况的发生,要事先了解交往对方的情况,选择适当的称呼。在该事例中,这位先生应该先弄清对方的情况,不能随意称呼。如果无法获取交往对象的身份信息,则选择常用的一般性称呼,称呼这位普通女性朋友为"女士"。

知识链接

称呼是指人们在交往过程中对彼此的称谓语。它表示着人与人之间的关系,反映着一个人的修养和品德。人际交往,礼貌为先,与人交往,称呼在前。称呼语是交际语言中的先行官,是人际交往的沟通桥梁。

得体而充满感情的称呼,不仅体现出称呼人的文化和礼仪修养,也会使交往对象感到愉快、亲切,促进双方感情的交融,为以后的深层交往打下良好基础。因此,有人把称呼比作人际交往的"敲门砖",它在一定程度上决定着人际交往的成功与否。

一 常用称呼

旅游从业人员在人际交往中,首先要选择合适的称呼,称呼对方时要主动、适当、大方。人们彼此间的称呼具有多样性,可以分为以下几类。

(一) 职务性称呼

职务性称呼是以对方所担任的职务作称呼。这种称呼常用于公务交往场合,以示郑重和尊敬。在一些正式场合,在职务前可以加上姓名。职务性称呼主要表现为以下三种形式。

1. 行政职务称呼

根据交往对象的行政职务称呼,以示身份有别,是对被称呼者的敬意。如"王经理""刘局长""张书记"等。

2. 专业技术职务称呼

对具有一定级别职称和学位者,在工作中直接以职称相称,表明其专业领域的权威。如"李教授""赵工程师""杨博士"等。

3. 职业尊称

根据从事的职业、工作来称呼。对于从事某些特定职业的人,可直接称呼对方的职业,表示尊重对方的职业和劳动。如"孙老师""陈医生""张会计""王律师"等。对军人一般称军衔,具体称呼为军衔加先生,也可在前面加上姓名,如"上校先生""布莱克中尉先生"等。对高级军官,如将军元帅等称"阁下"。

在旅游行业中,很多岗位都习惯以"师傅"相称,如旅游车司机、酒店工程部维修技工、餐饮业厨师等。对酒店服务人员,不论男女,一般可称服务员。

(二) 姓名性称呼

姓名称呼是比较普遍的一种称呼形式,用法有以下几种形式。

(1)全姓名称呼,就是直呼其姓和名。如"王小明""张建国"等。这种称呼有一种庄重严肃感,一般用于比较郑重的场合。

(2)名字称呼,就是省去姓氏,直呼其名。如"小明""建国"等。这种称呼显得亲切,运用比较广泛,如上级称呼下级、长辈称呼晚辈,以及关系比较密切的朋友或同事之间的日常称呼。

(3)姓氏前加修饰称呼。如"老李""小王""大徐"等。这种称呼亲切而真挚,常用于一起工作、比较熟悉的同事之间。

（三）性别式称呼

人际交往中，对一面之交、关系普通的对象，可以采用性别称呼。一般称呼男性为"先生"。称呼女性要区别对待，对未婚女性称"小姐"，对已婚女性称"夫人"或"太太"，对年长但不明婚姻状况的女性，或者比较成熟的职业女性称"女士"。

二 称呼的原则

（一）尊重原则

人际交往中的称呼要充分体现出对宾客的尊重。尊重原则主要体现在以下两个方面。

一方面，注意称呼的顺序。在公众场合，称呼一般遵循先长后幼、先上后下、先女后男、先疏后亲的原则。

另一方面，注意称呼内容的正确，避免称呼错误。常见的称呼错误，如念错了称呼对象的姓名，对被称呼者的年龄、身份做出错误判断，造成不尊重他人的误会。

（二）得体原则

旅游从业人员对宾客的称呼，要根据具体情况灵活变化。对特定群体宾客，可以直接称呼，如"同学们""老师们"等。旅游从业人员一般可以使用一些适应范围广泛、适应对象比较灵活的称呼，如导游经常称呼客人为"各位朋友""各位嘉宾"等。

（三）规避禁忌

在社交场合，称呼他人要入乡随俗，尽量避免触犯禁忌。

一方面，注意中西方文化差异。在我国称年长的人为"老人"，体现对长者的尊敬，西方人则忌讳别人称自己"老人"。在我国，夫妻配偶常被称作"爱人"，西方人则视"爱人"为"情人"。西方国家有重学衔轻职衔的习惯，如称呼"布朗博士"比称呼"布朗经理"更受肯定。

另一方面，在社交场合，注意不要随意称呼。如不用语气词"喂""哎"等称呼他人；不用替代性称呼，如"那个人""5号"；不用容易产生误会的地方性称呼，如"堂客"等；不随意称呼别人的绰号。

任务拓展

（1）有一位年轻人前往某地进行户外探险，途中人烟稀少，走了很长一段路，不知距离目的地还有多远，好不容易看见一位老人在路边休息，跑过去张口就问："喂，老头，某某地方还有多远啊？"老人家抬头望了年轻人一眼，说："五里。"年轻人大喜，也不道谢，急忙往前走，可走了很久，早就有几个五里了，还是不见目的地。年轻人不禁发起牢骚来。

请问：

这位年轻人的问题出在哪里？

（资料来源：于立新.国际商务礼仪实训［M］.北京：对外贸易经济大学出版社，2009.）

（2）在某旅游公司上班的王先生与公司门卫的关系很好，平时进出公司大门时，门卫都对王先生以王哥相称，王先生也觉得这种称呼很亲切。有一天，王先生陪同几位来自香港的客人一同进入公司，门卫看到王先生一行人，又热情地打招呼："王哥好！几位大哥好！"谁知随行的香港客人觉得很诧异，其中有一位还面露不悦之色。

（资料来源：https://wenku.baidu.com/view/fa15ed82b9d528ea81c77961.html？re＝view.）

请问：

为什么门卫平时亲切的称呼，在这时却让几位香港客人诧异甚至不悦？门卫的称呼有何不妥，应该如何称呼？

工作任务二　介　绍　礼　仪

◎ 任务导入

小李和朋友小赵一起去听旅游行业某位专家张教授的讲座。小赵对讲座很感兴趣，想与张教授有进一步的交流。由于张教授曾经是小李的大学老师，认识小李，因此小赵想让小李在会后把自己介绍给张教授。

如果你是小李，你会怎样介绍两人认识呢？请模拟介绍时的场景。

◎ 任务解析

这里需要运用介绍礼仪的相关知识。由小李担任介绍者，把朋友小赵介绍给张教授认识。

如果我是小李，我会等讲座结束之后，和朋友小赵一起走到张教授面前，面带微笑，自然大方地向张教授问好："张教授，您好！"

待张教授回应之后，自然伸出手臂指向小赵，注视着张教授，说："张教授，这是我的朋友赵波，他对您的讲座非常感兴趣。"

然后，将手臂指向张教授，面向小赵，说："赵波，这是著名的旅游专家张教授。"

介绍双方认识后，如果张教授与小赵握手问候，这时小赵可做自我介绍："张教授，您好！很高兴认识您！我叫赵波，是环球旅游公司的策划经理，今天听了您的讲座收获颇多，很希望与您有进一步的沟通和交流。"

知识链接

　　介绍是一切社交活动的开始,是人际交往不可缺少的桥梁,它使互不认识的人之间解除陌生感,缩短人与人之间的距离,是增进了解、建立信任和联系的一种较基本、较常见的方式。通过介绍沟通,可以扩大社交范围,有助于进行展示和宣传。

　　人际交往活动中,按照介绍人的不同,可以分为自我介绍和他人介绍。

一　自我介绍

　　自我介绍,就是自己担任介绍者,把自己介绍给他人。在人际交往中,若想结识某人,或希望大家认识自己,但又无人引荐时,自我介绍就显得十分必要了。自我介绍时,应注意以下要点。

(一)选择时机

　　自我介绍一般选择初次见面,对方有空闲、有结交兴趣时。如果自己有意结识对方,可采用主动的方式,引起对方回应。

(二)掌握要领

　　自我介绍时间不可过长,一般用半分钟时间即可结束,最多不要超过一分钟。

　　自我介绍的内容可灵活调整。根据不同场合、不同需要,选择不同的自我介绍内容。常见的自我介绍的方式有以下几种。

　　(1)应酬式自我介绍,也称寒暄式自我介绍。内容简单明了,只要介绍自己的姓名,如"您好,我叫李明"。

　　(2)公务式自我介绍。内容主要包括自己的姓名、工作单位、部门及工作的相关情况。这是职场交往中最常见的介绍方式。如"您好,我叫王婷,是四海国际旅行社的一名导游"。

　　(3)社交式自我介绍,又叫沟通式自我介绍。内容不仅包括自己的姓名、单位、工作内容等,还包括自己的兴趣爱好、经历、籍贯等,便于沟通,增进了解。如"您好,我叫张敏,是环球国旅的一名导游,很高兴认识大家,我出生在美丽的星城长沙,喜欢唱歌跳舞,喜欢结交朋友"。

(三)态度诚恳自信

　　自我介绍时,要态度诚恳友好,表情自然大方;要彬彬有礼,不要过于谦虚,也不要自吹自擂;不要不知所措,也不要满不在乎。

二　他人介绍

他人介绍,又叫居中介绍,即由第三方为彼此不认识的双方引见、介绍的交际方式。在人际交往中,经常需要第三方为互不相识的双方介绍,架起沟通的桥梁。

(一) 确认介绍者

在职场交往中,介绍者一般是公关人员、接待人员或文秘人员;在正式活动场合,介绍者应该是身份、地位较高者;在家庭聚会中,介绍者一般由女主人担任。

(二) 了解意愿

首先,了解双方是否有结识意愿,不可强人所难。其次,要了解被介绍双方的身份、地位等情况,避免出现尴尬局面。

(三) 遵循介绍顺序

他人介绍,遵循"尊者居后"的基本原则,体现尊者有优先了解情况的权利。介绍顺序应该是先介绍身份、地位低的一方,再介绍身份、地位高的一方。具体来说:先介绍下级,后介绍上级;先介绍晚辈,后介绍长辈;先介绍男士,后介绍女士;先介绍家人,后介绍同事或朋友;先介绍主人,后介绍客人;先介绍后来者,后介绍先到者。

图 3-1　介绍者介绍他人礼仪规范

(四) 把握介绍细节

一方面,介绍者在为他人介绍时,要举止大方,语言恰当。介绍人一般站在被介绍双方的中间,也可以与其中一方站在一起。一只手臂自然向前伸出,高度大致在腰部,掌心向上且稍微倾斜,四指自然并拢,指向被介绍的一方,眼睛要注视被介绍的另一方(见图 3-1)。

另一方面,他人介绍时,被介绍双方都应起立,以示尊重。介绍人介绍完毕后,被介绍双方应微笑点头示意或握手问候。但在宴会、会谈桌上,可不必起立。

任务拓展

(1)在一次宴会上,一位喝醉酒的客人指着对面桌子上的一位女性说:"那个女的长得太丑了。"主人生气地说:"那是我的夫人!"客人慌忙掩饰说:"不是她,是她旁边的那位。"主人愤怒地说:"那是我的女儿。"客人很尴尬,不知道怎么说了。

请问：

该案例中涉及哪些社交礼仪？为什么会出现这样的情况？喝醉酒的客人有哪些地方做得不对？

（2）有一位大学生在实习期间，实习单位让他到 A 公司去推销旅游产品，他到 A 公司以后，见人就介绍"我是××，××学校毕业，我的特长爱好是××××，我来你们公司是为了……"，说了很长一串，东西没有卖出去，还遭人白眼。他非常纳闷，不知道什么地方做得不妥。

请问：

该案例中，这位大学生的自我介绍有什么问题？

（资料来源：https://wenku.baidu.com/view/91c8beba83d049649a66581d.html.）

工作任务三 握手礼仪

任务导入

请问图 3-2 中人们使用的握手礼仪正确吗？如果不正确，请指出问题出在哪里？

(a) (b)

图 3-2 握手礼仪

任务解析

图 3-2 中人们使用的握手礼仪不正确。

图 3-2(a)中的两人坐在桌前握手，这是不对的。握手时双方应该面对面站立握手。

图 3-2(b)中的两人相对站立握手，但是双方都用左手握手，这是错误的。握手时应该用右手相握，这是国际惯例。

◎ **知识链接**

握手礼是现代社交场合中较常使用、适用范围较广的见面致意礼节。它可以表示致意、道别、祝贺、慰问、感谢等多种含义。握手礼最早可追溯到原始社会的触手礼,现在已成为较普遍的世界性见面礼节,是人类在长期的交往中逐渐形成的礼仪方式。在使用握手礼时要注意以下几点。

一　握手的方式

握手时,握手双方面对面站立,相距约一步左右,上体略前倾,伸出右手,手掌朝左,拇指与掌分开,其余四指自然并拢,双方手掌与地面垂直相握。

握手时间约为 3 秒左右,握手力度适度,以不握疼对方的手为限度,上下稍许晃动几下后松开。

握手时双目要注视对方,面带微笑,问候致意(见图 3-3)。

图 3-3　握手礼

握手礼仪

二　握手顺序

握手的顺序反映的是交往双方的地位尊卑,通常根据握手双方所处的社会地位、年龄、性别、身份来确定。

1. 尊者居先

尊者居先即由尊者优先决定是否行握手礼。一般只有身份地位高者先伸手,地位低者才可以伸手相握。握手的顺序具体表现为:上级在先,长辈在先,女士在先,而下级、晚辈、男士应先问候,见对方伸手后,再伸手与其相握。

2. 平辈之间,先伸为敬

如果两人身份、年龄、职务都相仿,则先伸手为礼。

3. 特殊场合,灵活应对

一人与多人握手时,同样应遵循尊者居先原则。例如做客时,客人到来时,应由主人先伸手,表示欢迎;客人要走时,应由客人先伸手,主人后伸手,表示欢送。

（三） 握手禁忌

1. 忌左手握手

握手要用右手,禁止用左手。因为左手会触犯宗教禁忌,伊斯兰教教义中,认为左手不洁净,只能做属于个人的事情,不能与人接触。

2. 忌坐着握手

握手时应站立相握,除年老体弱的人或残疾人以外,坐着握手很失礼。

3. 忌穿戴不当握手

忌戴着手套和帽子与人握手。握手是一种依靠身体接触来表示诚意的礼节,戴手套则表示不信任与拒绝,带帽子也是不礼貌的行为。但是一些女士在社交场合所戴的薄纱手套和礼帽除外,这些属于礼服的一部分,可以不取行握手礼。之外,穿制服者可不脱帽,先行举手礼,再行握手礼。

忌戴着墨镜握手。戴着墨镜握手时,没有了眼神的交流,缺乏诚意,也是不友好的行为。但是戴墨镜的盲人除外。

4. 忌时间不当握手

握手时间过短,会显得敷衍,缺乏诚意;握手时间过长,尤其与异性握手,可能会被怀疑居心不良。

5. 忌力度不适握手

握手时用力均匀,不可太重或太轻。握手用力太重,显得粗鲁、不礼貌;用力太轻,只握对方的指尖,会引起瞧不起对方、缺乏诚意的误会,避免出现"死鱼式"、抓指尖式等握手方式。

6. 忌傲慢无礼

要用干净、干爽的手与人握手,当手上有水或不干净时,应谢绝握手,同时必须解释并致歉。握手时,不要交叉相握,不要抢握;握手后,不要立即擦拭自己的手掌,表现出失礼。

任务拓展

(1)张先生与王小姐在路上相遇,由于好久没见,张先生大方、热情地向王小姐伸出手去,想与王小姐握手,谁知王小姐却不将手伸出来与之同握,甚至将手放进裤袋里。张先生只好尴尬地摸着自己的手。

请问:

如何避免这种尴尬情况发生?

(2)某商业代表团到另一个国家访问,该国的首脑人物接见商业代表团,这位首脑人物与代表团团长握手时,代表团团长心中不悦,因为对方戴着手套和他握手。他为了表示心中的不满,顺手摸出一块手帕,擦了擦刚握过的手,把手帕扔掉了。他认为对方嘲弄他和他的国家,这是不能容忍的。

请问:

该案例中有哪些失礼的地方? 正确做法应该如何?

工作任务四　名片礼仪

任务导入

某旅游公司王经理约见了一个重要的客户方总。见面之后,客户就将名片递上,王经理看完后随手将名片放在桌子上,两人继续谈事。过了一会儿,服务人员将咖啡端上桌,请两位慢用。王经理喝了一口,将咖啡杯放在了名片上,自己没有感觉到,客户方总皱了皱眉头,没有说什么。

请问:

客户方总为什么会皱眉头? 以上的社交礼仪中有哪些不妥的地方?

任务解析

方总看到自己的名片被压在了咖啡杯下,觉得自己没有受到尊重,因此会皱眉头。

名片如同持有者的颜面,案例中的王经理忽视了名片礼仪。他将客户的名片随意放置在桌上,而且还将其当成杯垫,放在咖啡杯下,这是对客户的不尊重。正确做法应该是收到名片后,仔细阅读,再放置到合适的位置,如放在名片夹或者公文包内,这样可以避免类似现象的发生。

名片在现代社会生活中是必不可少的交际工具,它是一个人身份的象征,如同一个人的脸面,它是"交际的使者",是一种自我的"介绍信"和"联络卡"。

名片不仅可以用作自我介绍,而且还可以用作祝贺、答谢、拜访、慰问、赠礼附言、广告宣传等。由于名片轻便小巧,易于携带,在社交场合使用广泛。

一 名片的准备与携带

名片按照用途来分,一般分为两种:一种是只印姓名、联系方式的普通社交名片;另一种是印有姓名、职衔、单位名称、地址、联系方式的公务名片。

出席社交场合之前,要记得携带名片。携带名片时应该注意以下几点。

1. 数量足够,确保够用

所带的名片要分门别类,要根据不同的交往对象使用不同名片。

2. 完好无损

名片要保持干净整洁,不要出现褶皱、破烂、肮脏、污损和涂改的情况。

3. 放置到位

一般把名片放在容易拿出的地方,不要与其他杂物混在一起,以免用时手忙脚乱。男士通常可以将名片放进西装的左上方口袋内,或者装进名片夹,放入公文包内;女士可将名片置于手提包内,不要把名片放在钱包、裤袋内。

二 名片的交换

(一) 交换名片的时机

交换名片要把握好时机。通常初次见面时,自我介绍或别人为你介绍时,可出示名片;当双方交谈融洽,表示愿意建立联系时应出示名片;当双方告辞时,可取出名片递给对方,表示愿意结识对方并希望再次相见,可加深印象。

(二) 呈递名片的礼节

1. 呈递姿态

呈递名片要起立,面带笑容,注视对方。将名片的正方朝向对方,用双手的拇指和食指握住名片上端的两角,然后递送给对方。递送同时,可以说"请笑纳""请多关照"等寒暄语(见图3-4)。

2. 呈递顺序

呈递名片顺序为由尊到卑、由近到远。一般是地位低的一方向地位高的一方递送名片,男性向女性递送名片。当对方有多人时,应先将名片递给职务较高或年龄较大者;也可由近到远,依次递送,切勿跳跃进行,以免对方产生厚此薄彼的感觉。

(三)接受名片的礼节

(1)接受名片时,要尽快起身站立,面带微笑,目视对方,用双手的拇指和食指接住名片的下方两角(见图3-5)。

图3-4　呈递名片　　　　　　　　图3-5　接受名片

(2)接到名片后,不可马上收藏,要认真看一遍,态度恭敬,让人感受到你对他的名片很感兴趣。如果有时间,最好选择名片上能让对方自豪的内容读一遍,以示尊重对方。

(3)认真收好对方的名片。接受名片后,要郑重地放入自己的名片夹、公文包等稳妥的地方。切忌接过对方的名片不看一眼就随手放一边,也不要拿着名片在手中把玩,或随意放在桌子及其他地方,否则会伤害对方的自尊,影响彼此的交往。

名片礼仪

三　名片的索要

社交场合中,需要向他人索要名片时,最好不要贸然开口,常见委婉的索要名片的方式有以下几种。

1. 直接主动法

直接主动法即直接提议,主动交换,如"王先生,我们交换一下名片吧"。

2. 暗示提议法

提议联络,是呼吁合作的信号,如可以说"请问以后如何与您联系?",希望对方留下名片。也可以谦虚请教,如"今后如何向您请教?",暗示对方来交换名片。

（四）名片的拒绝

在社交场合中,面对他人索要名片,有时不想满足对方要求时,不应直接拒绝,要委婉告知,且注意分寸。如告诉对方自己的名片刚用完,或说自己忘了带名片。要注意慎用这些婉拒语言,一旦说出口,就不可以再发出一张名片。因此,除非特殊情况,一般不拒绝送出自己的名片。

任务拓展

（1）张女士与孙先生相遇了,由于孙先生的工作有所变动,孙先生主动递出了自己的名片,张女士也打开自己的手提包,准备拿出自己的名片与之交换,可是一摸,首先摸出了一张健身卡,再一摸是一张名片,高兴地递给孙先生,孙先生接过低头一看,是别人的名片。张女士尴尬地笑着,继续在包里找着名片……

请问:

张女士为何会出现这种尴尬的情况？应如何避免？

（2）星城举行旅游产业博览会,各方旅游企业云集。××旅游公司的徐总经理在听说××集团的崔董事长也来了后,想利用这个机会认识这位素未谋面又久仰大名的业界同仁。午餐会上他们终于见面了,徐总彬彬有礼地走上前去,说道:"崔董事长,您好,我是××旅游公司的总经理,我叫徐刚,这是我的名片。"说着,便从随身携带的公文包里拿出名片,递给了对方。此时的崔董事长显然还沉浸在与他人谈话的情景中,他顺手接过徐刚的名片,说"你好",便将名片放进了自己包里,继续与旁边的人交谈。徐总在一旁站了一会儿,并未见崔董有交换名片的意思,失望地走开了……

请问:

为什么会出现这种尴尬的情况？应如何避免？

工作任务五　鞠躬礼仪

任务导入

"有个导游在讲解完后会给所有游客深深鞠一个躬,感谢他们前来这里参观,我觉得他这样的行为值得赞扬。"2014年7月6日,记者在银川水洞沟采访时,一位外地来旅游的游客告诉记者。这是一名什么样的导游,能在自己的工作完毕后对所有的游客鞠躬表示谢意? 在记者的要求下,一名水洞沟的保安去藏兵洞寻找这位导游。

不久,这位导游就来到记者面前,是一个很腼腆的小伙子,但脸上却带着灿烂的笑容。据了解,小伙姓张,刚从宁夏旅游学校毕业不久,2014年4月份才到这里上班,每天基本上接待游客在200人左右。是什么想法让他在每次讲解完毕后给游客深深地鞠一躬?

"我的讲解结束了,也就意味着他们在水洞沟的旅游行程结束了,感谢他们前来这里旅游,希望他们能带着好心情离开。"对于给游客鞠躬一事,小张这样解释。当然,他更希望通过这样的行为能让更多的游客记住宁夏,再次来宁夏游玩。

请谈一谈你对这则新闻的感想? 如果你是导游小张,你会这样做吗?

(资料来源:http://news.ifeng.com/a/20140706/41040721_0.shtml.)

◎ 任务解析

谈一谈对这则新闻的感想是一个开放式的命题,学生可以从导游小张的想法、游客反馈、媒体评价等多个视角各抒己见。

通过学生是否能够接受导游小张的做法,了解学生对鞠躬礼的理解和认同情况。

◎ 知识链接

鞠躬即曲身行礼,意为曲身以示谨敬,是我国的传统礼节,在日本、韩国等国家较为盛行。在我国,鞠躬礼可作为迎宾礼节,或用于向他人表示感谢、歉意、请求,以及用于婚礼和悼念等特殊活动等。旅游从业人员在日常交际活动中要根据环境、对象和事由恰当地运用鞠躬礼。

一　鞠躬礼的由来

鞠躬礼的由来,源自祭天仪式"鞠祭",祭品(猪、牛、羊等)不切成块,而将整体弯蜷成圆的鞠躬形,再放到祭处奉祭,以此来表达祭祀者的恭敬与虔诚。这种习俗一直保持到现在,不少地方逢年过节、祭拜祖宗天地时,人们把整鸡整鸭蜷成圆形,或把猪头猪尾放在一起,表示其头尾相接,这就是由鞠祭演变而来的。

在现实生活中,人们逐渐援引这种形式来表达自己对地位崇高的人、长辈等的崇敬,于是,弯一弯腰,象征性地表示愿把自己作为鞠祭的一个牺牲品而奉献给对方,这就是"鞠躬"的由来。

二　鞠躬礼的基本动作

鞠躬礼的基本动作要求:身体端正,面带微笑,立正面向受礼者站好;男士鞠躬时五指并拢垂放身体两侧或手掌贴于大腿上，女士则双手相握搭放身体前；以臀部为轴，头、颈、肩、背呈一条直线，身体前倾，目光随之自然下垂，同时致以问候或告别语，如"您好""欢迎光临"；身体前倾到位后停留两至三秒，随即恢复原态。

（三）鞠躬角度

在我国，鞠躬角度一般在 15—90 度，对于鞠躬角度的要求没有特别明确严格的界定，总体遵照的规律是，上身前倾的角度通常与对受礼人的尊重程度成正比，角度越大越恭敬，鞠躬所停留的时间也越长。

30 度鞠躬礼规范

15 度鞠躬礼适用于一般的日常交际，如问候、介绍、打招呼（见图 3-6）。

30—45 度鞠躬礼，使用较为广泛，适用于迎客、送客，下级对上级，晚辈对长辈，服务人员对来宾表示致意时使用（见图 3-7、图 3-8）。

　图 3-6　15 度鞠躬礼　　　　图 3-7　30 度鞠躬礼　　　　图 3-8　45 度鞠躬礼

90 度鞠躬礼，一般用于三鞠躬、悔过、谢罪、深深的感谢等感情强烈的特殊情况。

（四）注意事项

（一）行礼先后与还礼

通常情况下，地位较低者先鞠躬，且鞠躬幅度相对较大一些。

受鞠躬者一般应还以鞠躬礼，但受礼者若是长辈、女士、上级、宾客，则也可用欠身、点头、微笑致意以示还礼。

（二）目光

鞠躬时目光向下，不能翻起去看对方；鞠躬礼毕起身时，双目要有礼貌地注视对方。

（三）次数

大多数情况下的鞠躬只需行礼一次，只有少数极为庄严肃穆的情况才需三鞠躬。如追悼会、婚礼。

（四）姿态

鞠躬多是站立的，如果在座位上看到了领导、上级、长辈，应起立鞠躬。在日本，鞠躬还分为站式鞠躬和跪式鞠躬。

（五）脱帽

戴帽者行鞠躬礼时，须先脱帽，用右手握住帽檐中央，将帽子取下，左手下垂行礼。

（六）欠身礼

人们常常把小幅度躬身，或是小幅度鞠躬称作欠身礼。

五　错误的鞠躬方式（如图 3-9 和图 3-10 所示）

图 3-9　错误的鞠躬　　　　　图 3-10　错误的鞠躬

旅游从业人员在生活和工作中可能遇见不同国家和地区的人员，在日常交往中选择一种恰当的见面问候方式和沟通交往礼节，容易拉近人与人之间的距离，使交流和沟通更顺畅，让事情的开展和处理事半功倍。

任务拓展

（1）一天，一位留学生来到日航大阪饭店的前厅。那时，正是日本国内旅游旺季，大厅里宾客络绎不绝。一位手提皮箱的客人走进大厅，行李员立即微笑迎上前去，鞠躬问候，并跟在客人身后问客人是否需要帮忙提皮箱。这位客人也许有急事，嘴里说了声："不用，谢谢。"便头也不回径直朝电梯走去,那位行李员朝着匆匆离去的背影深深地鞠了一躬,嘴里还不断地说:"欢迎,欢迎。"这位留学生看到这幅情景困惑不解,便问身旁的日本经理:"当面给客人鞠躬是为了礼貌服务,可那位行李员朝客人的后背深鞠躬又是为什么?""既是为了这位客人,也是为了其他客人。"经理说,"如果此时那位客人突然回头,他会对我们的热情欢迎留下印象。同时,这也是给大堂里的其他客人看的,他们会想,当我转过身去,饭店的员工肯定对我一样礼貌。"

（资料来源：http：//www. docin. com/p-1106528317. html.）

请问：

①请你谈谈对日本"背后鞠躬"的认识。

②这个案例对旅游从业人员有何启示？

（2）在冲绳参加日本一日游的旅行团,每逢抵离景点上下车时,导游和司机都到车门外迎送,向游客问候"你好",并向游客鞠躬。

请问：

在图片中你还发现了什么细节服务？

（资料来源：http://blog. sina. com. cn/s/blog
535ffc570101a6xz. html.）

 工作任务六　引领礼仪

◎ **任务导入**

分析图 3-11 中的引领人员的方式正确么？如果存在问题应该如何纠正？

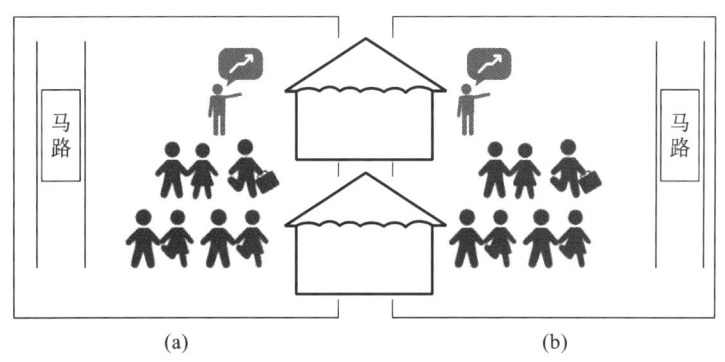

（a）　　　　　　　　　　　　　　（b）

图 3-11　引领人员方式

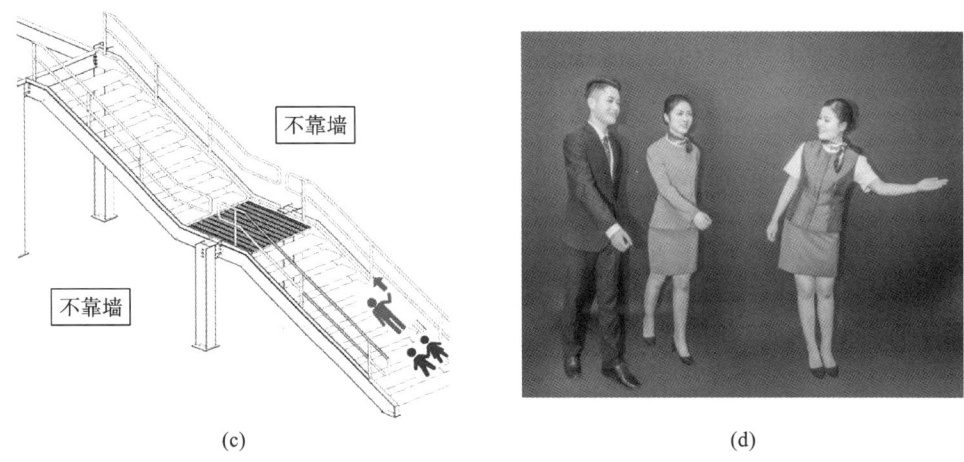

(c)　　　　　　　　　　　　　　(d)

续图 3-11

🌀 **任务解析**

　　图 3-11(a)中引领人员的方式不对,存在的问题是引领人员所站的方位是不对的。引领者不能站在被引领者的正前方。第一,在礼仪中,把背影留给他人是不礼貌的表现;第二,站在被引领者的正前方不便观察后面人员的情况。

　　图 3-11(b)中引领人员的方式不对,存在的问题同样是引领人员所站的方位不对。引领者站在被引领者的侧前方是正确的,但是,图中显示引领者站在靠建筑物的一侧,而被引领者站在靠近有危险的马路一侧。在引领礼仪中,引领者应该把安全留给被引领者。

　　图 3-11(c)中引领人员的方式正确,图片中显示的环境是引领者带着被引领者上楼梯,该楼梯的两侧扶手都不靠墙,在这种情况下,引领者站在被引领者的左前方或者右前方都是可以的。

　　图 3-11(d)中引领者的方式是正确的,引领者在被引领者侧前方并且向被引领者侧身,一手指引方向。

🌀 **知识链接**

一 引领礼仪

　　引领,通常是指工作人员在接待宾客时,为之提供指引或是陪同带领宾客到达目的地。旅游从业人员的工作中经常需要使用引领礼仪,掌握正确的引领方法和引领姿态既可以展示个人内心的尊重,也体现了优雅的外在气质,让宾客感受到高品质的服务。

（一）基本要领

1. 动作

引领礼仪规范的手势应当是手掌自然伸直，掌心向内向上，手指并拢，拇指自然稍稍分开，手腕伸直，使手与小臂成一条直线，肘关节自然弯曲，大小臂的弯曲以 140 度为宜。动作要讲究柔美、流畅，做到欲上先下，欲左先右。避免僵硬死板，过分做作。同时配合眼神、表情和其他姿态，注重协调、大方。

引领客人时，注意与宾客的步速一致，遇到路口或转弯处，应用手示意方向并加以提示，提醒注意安全。

2. 语言

在任何具体环境下的引领，引领者都应根据实际情况与宾客适当寒暄交流，多用语言提示，多用敬语，例如，问候"你好"，指示"这边请"，提醒"请注意台阶"等。口齿清晰，用语礼貌，声音亲切，音量适中。

（二）方位要求

运用引领礼仪的环境是多种多样的，宾客的身份、职业也是多种多样的，因此要根据实际情况把握引领时的正确方位。

1. 侧前方

引领即有引导带领之意，通常宾客不熟悉或不清楚所要前往的目的地时，需要他人的引领。在这种情况下，引领者需在宾客前方方能更好地指引，但由于礼仪中将背影留给他人是不礼貌的表现，同时也不便于为宾客提供指引和服务，因此，引领者通常是在宾客的侧前方，与宾客相距 0.5—1.5 米。国际礼仪中传达"以右为尊"，所以多数情况下引领者站在宾客的左前方，体现"以客为尊"的理念。

引领礼仪中还要体现的另一种理念是"把安全留给客人"。因此，在某些环境下，如果右侧是马路、悬空的楼梯等危险环境，这时，引领者就要位于宾客的右前方，把安全留给宾客。

2. 侧后方

引领还有陪同辅助之意，通常是宾客清楚所要前往的目的地或是宾客身份较尊贵已有主人方陪同，这时的引领者需站在宾客和主人的侧后方，主要是备不时之需提供服务，另外也是接待规格的需要。

（三）几种常见的引领手势

几种常见的引领手势包括横摆式手势、双臂横摆式手势、曲臂式手势、斜摆式手势和直臂式手势。这部分内容请参看项目二(旅游从业人员形象礼仪)工作任务三(仪态礼仪)。

(四) 几种常见场所的引领礼仪

1. 楼梯

引导宾客上楼梯时,应礼让宾客走靠墙的内侧,引领者走靠近扶手栏杆的外侧,这时可走在宾客的斜后方。但当引领的宾客中有女性且穿裙装的情况下,引领者可灵活处理走在宾客的斜前方,以免女性宾客觉得不便。下楼梯时,引领者应走在宾客斜前方。上下楼梯过程中应提醒宾客注意安全。

2. 电梯

引领宾客乘坐直升式电梯时,有专人驾驶的电梯,引领者"后入后出",因为这时有专人的操控可以确保宾客顺畅地进出电梯,且不用担心被电梯门挤到或夹到。坐无专人驾驶的电梯,引领者"先入后出"。先进入电梯后站立在靠电梯按钮面板的一侧位置,操作按键保障后面宾客的顺利进入,同时按到宾客所需前往的楼层。到达楼层后,一手按住开门按键,另一手做出请的动作,并说:"楼层已到,您先请。"

3. 走廊

引导人员应走在宾客一两步之前,让对方走道路的中央,自己走在走廊一侧。特别注意与来宾步调保持一致。

4. 会客厅

当宾客走入会客厅后,引领人员用前摆式手势指示,同时要说"请坐"等敬语。待宾客坐下后,行点头礼后退两步再转身离开。

5. 进出房门

朝外开的门:手拉门,引领人员应先拉开门说"请稍等"。再用靠近把手的手拉住门,站在门旁,用前摆式手势请大家进门,最后把门关上。

朝里开的门:手推门,引领人员推开门说"请稍等"。然后先进,握住门后把手,用横摆式手势请来宾进来。

旋转式大门:引领者先过去,在另一侧等候。

任务拓展

(1)一导游接待一个 4 人 VIP 团队参观某私家园林,导游按照常规路线引领游客欣赏游览,在一个三岔路口的地方,导游站在队伍斜前方,用横摆式手势请客人走右侧岔路,并说"请大家随我往这边继续参观"。但此时,有两位游客正对路边某种颜色奇特的植物好奇不已,还引得另外两位游客也上前拍照留念。导游提高了声调再次请各位客人跟随他走右侧岔路继续参观。这时有客人面露不悦。

请问:

①客人为什么对导游的工作感到不满意?

②导游在带领游客参观游览,提供引领服务时,应注意哪些细节?

(2) 旅行社接待一个欧洲来华团队,在游览某景点时,走在前方带队的地陪发现其中一名中年女性步速较缓,感觉行动吃力,于是她马上走到队伍中去搀扶该游客,并主动提出帮助客人拿随身携带的皮包、水壶等物品,被游客拒绝。

请问:

①客人为什么拒绝导游?

②导游遇见这种情况如何处理会让游客感觉良好?

工作任务七　电 话 礼 仪

任务导入

以下是一段电话对白记录。

秘书:您好。

客户:您好,麻烦您转接一下张总。

秘书:稍等……张总的电话没人接,可能出去了,要不您下午再打一下。

客户:好吧,我下午再打来。

秘书:好的,再见。

客户:再见。

分析这段对话,秘书接听电话的方式有哪些问题? 应如何纠正?

任务解析

秘书用以下方式接听电话可能会更有礼貌。

秘书:下午好,这里是××旅行社,很高兴为您服务,请讲。

客户:您好,麻烦您转一下张××张总。

秘书:先生您好,很高兴为您服务,我姓李,请问该怎么称呼您?

客户:我姓李。

秘书:李先生您好,请您稍等,我马上为您转张总。

客户:好的,谢谢。

秘书:李先生,非常抱歉,张总的电话现在没有应答,李先生,需要我帮您向张总留言吗?

客户:好的,你告诉他就说李聪来过电话了。

秘书:好的李先生,需要我记录一下您的电话号码吗?

客户:他知道的,你说李聪就可以了。

秘书:好的李先生,我已经记录下来了,我一定会尽快转告张总,李聪先生给他来过电话了。李先生,您还有其他的吩咐吗?

客户:没有了,谢谢你。

秘书:不客气,李先生,祝您下午愉快!再见。

客户:谢谢。再见。

◎ 知识链接

电话在生活和工作中使用日益频繁,已成为人们与外界进行联系沟通的基本工具。从礼仪规范的角度看,分别从打电话、接电话、移动电话三个方面讨论。

一 打电话礼仪

对于主动拨通电话的人而言,需注意以下基本礼仪。

(一) 时间

选择在合适的时间拨打电话很重要。一般情况而言,除非有紧急事宜,否则尽量不要在以下时间拨打电话。

1. 工作电话

尽量在上班时间拨打工作电话,以拨打办公室电话为佳。要主动回避对方精力可能松懈的时间。如周一上午、周五下午、法定节假日的前一天下午、刚上班的前半个小时、临下班的最后半个小时。

2. 私人电话

尽量在非工作时间拨打私人电话,特别注意不要拿单位电话拨打私人电话。但要注意回避以下时间,例如,工作日的早上七点以前,晚上九点以后;节假日的早上九点以前,晚上十点以后。

无论以上哪两种情况都要尽量避开影响对方生活、休息的时间。如用餐时间、午休时间。

(二) 内容

多数情况下,打电话是有缘由和目的的,特别是工作电话。因此,通话前要整理思路,明确通话目的,准备通话需要用到的资料和文件,打好"腹稿",尤其是对初次通话的对象、尊者、上级打电话时更应做好充分的准备。

打通电话后首先应致以问候"您好",然后确认对方的单位、姓名,以免打错电话。切勿冒冒失失将他人作为通话对象,对方会觉得打电话者做事不牢靠。得到答复确认无误后报自己的单位、姓名等。电话拨通后要善于观察对方的反应,如果发现对方声音异常或是旁边声音嘈杂,可询问对方通话是否方便;如若不方便,则应以商量的口吻另约时间,以对方方便的时间为宜。

通话时间不宜过长,尽量言简意赅,以短为佳,宁短勿长。一般控制在三分钟以内。忌讳没话找话、啰嗦拖沓、含糊不清。

通话过程中使用礼貌用语。如果发现拨错电话号码,应向对方表示歉意"对不起!""打扰了!"等,不要不做任何解释地挂断电话。如果要找的人不在,可请接电话的人代找或代为转告,留言时,要注意文明礼貌。通话完毕应说"再见"。

如果通话过程中出现意外情况而导致通话中断,应立即重拨过去,表示歉意,并说明原因。

(三) 举止

通话过程中注意面带微笑,音量适中,态度友善,让对方感受到你愉悦的心情。拨打电话时不要把话筒夹在脖子上,不要趴着、仰着打电话或坐在桌上打电话,不可边走边打电话。不要用笔或其他物品代手拨号。话筒与嘴保持约 3 厘米左右的距离,不要紧贴话筒。挂电话时要轻放话筒,若用力摔扣电话会让接听电话的人产生不被尊重的感觉。

二 接电话礼仪

接听电话体现自身教养,应注意以下几个方面的礼仪。

(一) 迅速接听

在工作环境下,无论工作多忙都要及时接听电话,即使当时不宜通话也应先接通电话,并说明情况,约定时间回拨过去。一般要求铃响三声内接通,这是工作人员专业、认真负责的一种表现。最好是响第二声后接通,因为在第一声响起时接通会让对方感觉有点突然。

（二）礼貌通话

旅游从业人员在工作环境下接到电话的第一句话应是："您好，这里是××旅行社，请问有什么可以帮到您的?"这里分别是问候、自报家门和表达提供帮助的意愿。要注意第一句话一定是问候而不是"喂"，"喂"是非礼貌用语。

在接听电话时，如果出现另一个电话响起，应选择先接听较重要的电话，尤其在办公环境做到"以公为主，以私为辅"。如果都是因公电话，可让先接通的那一方稍等一下，接听第二个电话并告知对方过会再打过来，或是告知自己过会回拨过去。

转接电话时，不要因为对方所找的人不是自己就表现得不耐烦，不能以所找的人"不在"为理由打发对方，而应友好地回复："对不起，他现在不在，需要我转告什么吗?"不要询问、打听对方与其所找之人的关系，当对方希望转达某事给某人时，不要把此事向他人传播。

如果对方要找的人暂时无法接听电话，接电话者要向对方解释，并征求意见是否等候，待要找的人接到电话，要表示感谢。

如果对方要找的人不能接听电话，对方提出留言时，要做好记录，包括来电人姓名、联系方式、来电时间、留言内容和记录人姓名。并且记录后要重复信息进行确认。

不要与对方玩猜谜游戏，很多通话对象一时无法想起打电话者的声音和名字，如果非要让对方猜，会让对方尴尬，甚至产生强烈反感。接电话的一方在猜的过程中容易暴露一些信息，而且猜不着也不免会令对方失望。因此，通话过程中，拨打电话的一方不要提出此类要求，接听电话的一方也要拒绝此类要求。

双方通话结束的时候，谁先挂断电话与谁主动拨打和谁接听没有直接关系。通常是以双方身份地位决定，尊者先挂电话。若通话双方为平辈，任意一方都可先挂断，但要注意在挂断前有结束语。

三　移动电话礼仪

工信部统计数据显示，2016 年 12 月我国移动电话用户数量达到 132193.4 万户，数据说明我国目前几乎人均一个移动电话。移动电话的普及量之广，使用量之大，使我们更应该重视移动电话礼仪。

移动电话礼仪既有电话礼仪的共同要求，又有因其移动的特点而具有的另外一些特殊的使用规范。

（一）保持畅通，及时回复

移动电话的最大优点就是便携性，随时保持联系。因此，在一般情况下，手机应保持畅通。除特殊情况，如乘坐飞机、开重要会议等，一般情况下不要随意关机。若发现有未接来电或各类信息,应及时回复处理。不能自己想联系别人的时候随时去找,而当别人希望联系你的时候却常常联系不上。这是任性和不尊重他人的表现。

(二)保持安静,养成习惯

在工作环境或某些公众环境,如剧院、影院、图书馆、教室等地方,应把手机调成振动模式,因为在安静的环境下突然响起铃声,会对他人产生不必要的打扰。此外,在进行一些重要工作的时候,如果手机铃声突然响起,也会让对方感到不被重视。因此,在某些场合保持手机的安静,是一个重要的良好习惯。

(三)注意保管,内容健康

在正式场合手机不能乱放。外出时手机应放在公文包内或上衣口袋,不要挂在胸前或是直接拿在手上。

手机信息或者是网络聊天工具中不要传播弄虚作假、低级趣味、封建、骚扰、欺诈等内容。

(四)遵纪守法,安全第一

智能手机逐渐普及,手机功能日益强大。未经允许的录音、拍照或是利用手机向外界传递他人隐私、保密信息、反动信息、负能量信息都是不当的。

在驾驶车辆、乘坐航班时,或是在加油站、医院停留时,应关闭手机或停止使用手机。此外,在一切标有文字或图示禁用手机的地方,都要关闭手机。

任务拓展

(1)有一天,办公室的龙经理收到一张留言条,上面是这样写的"龙经理:刚才一位姓陈的先生来电,让你晚上 8:30 在曹家坡那里等他。"

请问:

①以上留言有哪些不妥当的地方?

②做好电话留言记录要注意哪些要素?

(资料来源:http://wenku. baidu. com/view/257eae12bceb19e8b9f6ba38. html.)

(2)一位刚入职的旅行社计调接到一个电话,对话内容如下。

来电者:"是×××旅行社吗?"

计调:"是。"

来电者:"你们部门经理在吗?"

计调:"不在。"

来电者:"你们现在还有泰国包机线路吗?"

计调:"有。"

来电者:"几日游? 价格是多少? 是什么时间呢?"

计调:"6 日,3980 元,本月 20 日到 25 日。"

来电者:"下个月初还会有吗?"

计调:"不知道。"

说完,"啪"的一声挂断了电话。事后,计调也没有把该来电情况告知经理。

请问:

①以上对话有哪些不妥当的地方?

②计调如何回复这通电话才是规范的?

工作任务八　接待拜访礼仪

◎ 任务导入

新员工小王在前台负责接待来访的客人和转接电话。每天上班后的一到两个小时之内是她最忙的时候,电话不断,客人络绎不绝。

一天,有一位与市场部张经理预约好的客人提前 30 分钟到达,小王马上通知市场部张经理,张经理说自己正在进行一个重要的会谈,请客人等待。于是,小王转告客人:"张经理正在进行一个重要的会谈,请您等一下,请这里坐。"话音刚落电话又响起,小王匆匆用手指了一下椅子就赶紧接电话,客人面露不悦。小王接完电话赶紧为客人送上茶水,并且与其闲聊了几句,客人的神情大有好转。

这个案例中,小王的接待工作做的怎样? 有哪里是需要改进的地方?

(资料来源 https://wenku.baidu.com/view/9ebc348702d276a200292e90.html.)

◎ 任务解析

(1) 对来访者起身握手相迎,上级、长者、客户来访,起身上前迎候。

(2) 不能让来访者坐冷板凳。

(3) 认真倾听来访者的叙述。

(4) 对来访者的意见和观点应思考后再做答复。

(5) 能够马上答复或立即办理的事,应当场答复,迅速办理。

(6) 正在接待来访者时,有电话打来或有新的来访者,应避免中断正在进行的接待。

知识链接

孔子说:"有朋自远方来,不亦乐乎。"接待与拜访是人际交往中十分常见的社交活动,是密切多方联系、增进情感交流、加强工作合作的有效手段和途径。高朋满座,宾客如云是事业兴旺、人情练达的标志。迎来送往是旅游从业人员工作中常见的内容,而接待拜访工作烦躁琐碎,看似平凡却十分重要,因此要遵循其中的礼仪规范。

一　接待礼仪

接待又名迎访,即迎接招待宾客来访。在接待中,如何恰如其分地把握接待礼仪规范,可以从迎客、待客、送客三个方面进行规范。

(一) 迎客

古语道:"知己知彼,百战百胜。"接待中充分的准备要建立在对宾客的熟悉和了解的基础之上。

(1)首先要了解宾客的情况,包括宾客的单位、姓名、性别、职务、民族及到访的具体人数。其次,了解宾客抵达的具体时间、所乘交通工具、车次和地点。此外,对于重要宾客要了解其个人基本情况,如籍贯、主要成就和爱好等。也可酌情制订详尽的接待方案,包括接待工作的小组分工、食宿地点、房间安排、用餐标准和形式、车辆安排和调度、日程安排等。

(2)确定接待规格。接待规格一般应遵循对等原则,根据对方的身份、职务、年龄和此行的目的及双方的关系,安排相应级别的人员进行接待。在人数上也力求与宾客人数相近或相等。有时,为了体现对宾客的重视,提高接待规格也是可以的,但一般不宜多用。

(3)做好硬件准备。包括接待场所的准备和其他物品准备。接待场所如会议室要注意清洁卫生,美化环境,室内保持光线充足,空气清新,陈列雅致。待客的食品如茶水、水果点心、香烟和娱乐工具等要因人而异精心准备。例如,若接待规格较高,在茶水的准备上应在每个座位对应的位置备一瓶矿泉水,待客人来之后,再用瓷杯泡上一杯热茶敬给客人。若接待规格不高,酌情可用一次性纸杯替代瓷杯。水果点心尽量选择方便客人食用的,不选太硬或食用起来声音大的点心,不选难剥皮、难吐籽的水果,体积大的水果可处理成果盘,备好水果叉、牙签和纸巾。

(4)做好软件准备。这里的软件是指接待人员,前期方案和硬件方面的准备都需要通过接待人员具体实施和展示,她们的仪容仪表、言语动作都直接代表着接待方的形象。接待人员服饰要干净整洁、大方得体。在仪容仪表方面除了符合个人礼仪中的要求外,还需注意一些细节,如配饰不能过多、注意手部清洁和口腔卫生等。

（二）待客

1. 热情迎接

如果需要赴机场、车站或码头迎接宾客,要提前问询清楚交通工具抵达的时间和情况,接待人员务必提前抵达,绝不能出现让宾客等候无人接应的情况。接站时可制作接站牌或迎接横幅,标注"某某旅行社欢迎您""热烈欢迎某某考察团"等字样,方便认找避免错接。字体颜色要清晰醒目,切忌出现错别字,切忌白底黑字。

如果是在办公楼、会议室等场所迎接,需站在房间门外或楼梯口、电梯口位置等候,待宾客进入室内,要安顿好位置请其入座,还要协助宾客把携带的物品放好。

2. 周到待客

待客时要真诚热情,细致周到,做到"眼到、口到、意到"。事先准备的水果和点心应双手送上,茶具要清洁,茶水浓度要适中,依照"茶堪酒满"的习俗茶水倒七八分满即可,从宾客左侧敬茶,按照级别、长幼或顺时针、逆时针顺序依次递上,先宾客后主人。杯柄朝右,方便宾客拿杯子,手指不要触碰到杯子边缘。敬烟时,应用手指轻弹出几支让客人自取,不要用手指取烟递给客人。为客人点火,最好一个个点,打一次火最多不超过两个人。

语言方面做到"来有迎声,问有答声,去有送声",交谈时要以客人为中心,紧扣主题,认真聆听,并适时点头微笑或做出回应,不能无精打采、心不在焉,会让人产生逐客的感觉。若是闲聊,要注意话题的选择,避免谈论个人隐私,冷门生僻、沉重伤感的话题。

（三）送客

1. 道别

宾客告辞时,一般应婉言相留,若宾客执意要走,要等宾客起身离座后接待方再起身相送。双方握手道别时,应由客人先伸手,以免有逐客之嫌。若宾客拜访时带来了礼物,接待方应表示感谢,在送客时适当还礼,也可暂表谢意,待回访时回礼亦可。分别时应热情招呼宾客"欢迎再来""走好"等。

2. 送行

接待方送客时需注意,宾客一出门绝不能立马关门,这是极为失礼的。如果是较为熟悉的宾客或一般的到访者可送到门口、楼梯口、电梯口,帮客人按下按钮,待客人身影完全消失方可返回;如果是贵客或是有老幼,应扶送一程,送至楼下,帮其安排交通工具,待客人上车后,微笑向客人挥手致意,待车辆走远后再返回;如果是需要送至机场、车站或码头的客人,还可为其办理好搬运行李、托运行李等事宜,为其准备食品饮料之类的物品,待宾客安检完毕进入候机(车)区后再返回。无特殊情况不能把宾客丢下,自己提前离开。但若宾客坚持谢绝主人相送,可遵客意,不必"强行送客"。

（二）拜访礼仪

根据不同的标准可以把拜访划分为多种类型，但无论是何种目的的拜访，都要在礼节上多加注意，不做失礼之客。

（一）准备

1. 事先预约

无论是因公或因私拜访都要事先预约，约好时间并告知拜访目的和事由，以便对方有所准备，切勿做不速之客。时间方面，拜访者可主动提出两个或三个时间供对方选择，但最终以对方时间为准，充分体现尊重对方之意。到对方工作单位拜访，最好不要选择周一上午或周五下午，也不要选择在刚上班的一小时或临下班的一小时内。因为这些时段都是大家很忙、在做准备工作或总结整理工作的时间。若是到私人家里拜访，时间最好安排在节假日的下午或晚饭以后，尽量避免对方的用餐时间，除非是被对方邀请赴宴。晚上访友不宜太晚，以免影响主人家休息。在确定好拜访时间后，应在拜访的前一天或者当天再次确定，以防主人忘记。

2. 精心准备

在拜访之前，应根据访问的对象、目的和场所等，修饰衣饰和容颜，呈现出良好的精神风貌，这既是对自身形象的注重也是对主人的尊重。整理好拜访内容所需的相应资料，如名片、宣传册。若是初次拜访或是贵宾，还可适当挑选礼品。提前查询规划交通路线，方便安排时间，避免不熟悉路线而导致的迟到。

（二）赴约

1. 礼貌登门

守时是人际交往中基本的原则和礼貌，拜访他人时，一定要遵守约定的时间，最好提前5分钟左右抵达，但也不要提早太多，因为过早抵达有可能影响主人的准备工作，使其措手不及。万一因故不能准时到达，务必第一时间通知对方，并在到达时郑重向对方说明致歉。进门前无论门是关闭、虚掩还是敞开都要先敲门或按门铃，等到有人应声允许或出来迎接方可进入。要讲究敲门的细节，用食指敲门，力度适中，间隔有序地敲三下，用心等待回应。若无回应，可再稍加力度，再敲三声；若有应声，可自觉后退几步以便里面的人开门。进门时应礼貌询问是否需要换鞋或是戴鞋套。随身的外衣、雨具和携带的礼品或其他物品要征询主人意见放在合适的位置。

2. 有礼之客

进门后，主动打招呼问好。进入会客厅如果还有其他客人，主人没有介绍自己不要随便打听其他人员的情况,也不要主动与他人攀谈,以免喧宾夺主。待主人邀请坐下再入座,不要自己寻找座位急于坐下。如果主人是年长者或位高者,应待其坐下后再落座。主人送上的茶水点心,应欠身双手接过并致谢。主人递烟时,如果不会抽或不想抽也要致谢。吸烟者应避免在公众场合吸烟,若实在需要吸烟也要征得主人和在场女士的同意。在主人家中或是办公室内不要东张西望,不要四处走动,未经主人允许不要触碰主人的任何东西,包括书籍文件、陈设物品和电子物品。事先未经许可不要自行开窗开门,要考虑到其他人的需求。交谈中要谈吐文雅,表述清晰准确,注意言简意赅,把握好谈话时间。不要"一言堂"滔滔不绝,要留心观察主人反应,适时调整谈话节奏,不要随意打断他人发言。

(三)告辞

1. 适时告辞

拜访时间不宜过长,完成拜访主题内容后,应及时起身告辞,或依照事先预约的时间准时离开或提前5分钟离开,不做难辞之客。特别是当主人流露出兴致不高、心中有事等情绪时要主动告辞。如果主人诚意挽留用餐,客人在餐后还要停留一会再走,不能酒足饭饱便抹嘴走人。

2. 礼貌辞行

告辞前要与主人话别,不能显得突然或是急不可耐。主人若是客气挽留,客人也要态度坚决,切不可犹豫不决,迟迟不走。应向主人和在场其他人员握手道别或是微笑点头致意,并向主人致谢。出门后主动请主人留步,礼谢远送。出门后不要在电梯或走廊中窃窃私语,以免主人误会在被议论,离开一段距离后,应回首再向送行的主人致意,不要匆匆离去。回到家中还可给主人致电、发信息或邮件表示感谢。

⚙ 任务拓展

(1)小杨在工作中一直积极主动,领导看起来对他很器重,他自己也认为是领导赏识的红人而沾沾自喜。一次大会上又受到了领导嘉奖,于是他觉得领导真是自己的伯乐和知己,油然而生一个念头,要和领导像哥们一样聊聊。

当天晚上,小杨兴致勃勃直接跑到领导家,敲开门后,领导不在家,其夫人客气地问他有什么事情,他支支吾吾说就是来看望一下领导,坐了半小时后,他越发觉得拘谨便离开了。

没有见到领导的小杨过了几天又跑到了领导家,这次领导夫人看到这位不速之客说:"又来了?"这时,领导从书房出来看到他,脸上露出一丝尴尬的微笑,与在单位的热情完全不一样。不咸不淡的交谈中,小杨如坐针毡。告辞时,领导委婉地告诉他,以后有工作尽量在工作环境下谈。

(资料来源:https://wenku.baidu.com/view/2f99010ccc1755270722086a.html.)

请问：

①案例中小杨哪些地方做错了？

②他应该怎么做？

(2)小张是旅行社的一名导游员，伶牙俐齿，能说会道。一次公司领导带她拜访一个老客户，约定会面时间约四十分钟。小张虽是一名不错的导游，但还未接触过洽谈业务类型的工作，于是她特意提前做了许多准备工作。会面当天，领导将小张介绍给客户认识，小张觉得这是初次拜访，为了给客户留下深刻美好的印象，于是天南海北、饶有兴致地狂侃一通，说到高兴之处还情不自禁手舞足蹈起来。领导几次暗示、明示提醒她回归主题，她才反应过来。原本领导是想将小张引荐给老客户，让小张向业务工作上发展，结果小张的表现让客户和领导都颇感失望。

请问：

①案例中小张的表现有什么不妥之处？

②小张的表现应如何纠正？

项目四
旅游从业人员网络沟通礼仪

◇知识目标

1. 了解微信、QQ、电子邮件等网络媒体的特点。

2. 了解使用微信、QQ、电子邮件沟通的区别与注意事项。

3. 掌握使用微信、QQ、电子邮件进行沟通时的礼仪原则。

◇能力目标

1. 能使用微信、QQ、电子邮件与客户进行有效的沟通。

2. 能运用微信、QQ、电子邮件解决旅游服务中的问题。

◇素质目标

1. 培养互相尊重的礼仪素养。

2. 培养换位思考的职场思维。

3. 培养关注细节的职业精神。

工作任务一　微信礼仪

任务导入

　　吕游是今年刚刚毕业的大学生,目前在一家旅行社从事门店接待工作,处在实习试用期。小吕每天的工作内容是对到店咨询或者来电咨询的顾客进行登记,并且将其加入到旅行社的微信客户群或 QQ 群进行统一管理。

　　周一上午,有位刘女士来到门店咨询邮轮旅游线路,吕游热情接待了刘女士,在门店的桌面上放有旅行社微信公众号的二维码,吕游希望刘女士能扫码关注微信公众号,同时也希望加刘女士为微信好友,便于后续的跟踪服务。

　　情境一:

　　吕游的微信昵称叫"跟我去看世界",进入旅行社工作后,根据公司的要求将微信昵称改成了"乐游旅行社吕游",刘女士的微信昵称则是"等待一个不回家的人",吕游加完刘女士的微信后,直接回了一句:"等待一个不回家的人,您好!"

　　发现刘女士没有回复,吕游又接着发了三遍:

　　"等待一个不回家的人,我把邮轮旅行线路发给您,在吗?

　　等待一个不回家的人,我把邮轮旅行线路发给您,在吗?

　　等待一个不回家的人,我把邮轮旅行线路发给您,在吗?"

　　情境二:

　　吕游是公司的新人,工作一个多月的时间里加了不少客户的微信,很希望尽快做出业绩,于是吕游一有空闲就把公司里的旅行线路转发到自己的朋友圈,少的时候一天发七八条,多的时候一天发十几条,但是在微信里咨询和报名的客户却很少。

　　情境三:

　　吕游的门店经理高芳建了一个门店员工微信群,每天早上七点半准时会在微信群里发送一条当天的新闻摘要和天气预报,并且附上一句温馨提示的话语作为结尾。同时,高芳经理还制定了一个群公约,建议同事们不要在工作时间段在群里发与工作无关的闲聊或者广告。每天工作结束之后,高芳经理都会在群里发一个小红包作为对大家工作一天的鼓励。

　　请问:

　　①如果你是吕游,请刘女士扫码关注微信公众号和互加微信好友的过程中要注意哪些礼仪细节?

②根据以上三个情境，在使用微信沟通的过程中应该遵循哪些原则？

任务解析

在平日的工作和生活中互加微信好友是一件非常普遍的事，但如何在这一过程中让彼此感觉到被尊重，避免产生被微信骚扰的误解，就显得尤为重要。

用微信聊天或者互动同样也需要注意礼仪细节，如微信昵称的使用，如添加微信备注信息，如选择发文字还是发语音，都需要事先考量，尤其是在职场与工作中，微信聊天的对象应是客户、同事或者领导。

朋友圈和微信群作为微信的特有功能，一方面拓展了微信互动的范围，另一方面也扩大了微信互动的影响，如果不注重礼仪细节，会放大不良影响，使个人形象和企业形象受损。

知识链接

一　微信移动互联网时代的新媒体

微信是腾讯公司于2011年1月21日推出的一个为智能终端提供即时通迅服务的免费应用程序。微信支持跨通信运营商、跨操作系统平台通过网络快速发送免费（需消耗少量网络流量）语音短信、视频、图片和文字，同时，也可以使用通过共享流媒体内容的资料和基于位置的社交插件"摇一摇""漂流瓶""朋友圈""公众平台""语音记事本"等服务插件。

随着信息技术的日益发展，微信也日益成为人们沟通交流的一个重要平台。对于从事旅游服务的工作者来说，熟练使用微信并且掌握微信的使用方法和沟通礼仪是非常重要的。

二　加微信好友的过程中要注意的礼仪细节

首先，主动申请加对方为微信好友，以示真诚。把添加微信好友的决定权给予对方，例如，与客户互加微信时，应该主动把微信公众号的二维码拿给客户扫码，同时，主动问询客户的微信号，用自己的手机添加对方，并发出好友申请，让客户来决定是否通过。而这也取决于自身是否获得客户的好感和信任，真诚、用心、敬业、专业才能赢得客户的信任。

其次，在添加微信的过程中，把便利让给对方。例如，担心加客户微信号后，对方一直不通过申请，可以在互加微信之前，先将自己的微信设置为"无需验证"模式，打开自己的微信二维码递给对方，让对方扫码便可以直接成为微信好友了。把麻烦的程序留给自己，把微信添加好友过程的轻松便利让给顾客。

最后,在添加微信好友之后,记得在微信备注一栏里备注顾客的信息,例如,姓名和手机号码,刘女士 139＊＊＊＊6234,或者是与顾客聊天的过程中了解到的顾客的个人信息,如咨询邮轮线路、家庭旅游需求等,便于今后提供有针对性的服务。

三 沟通的礼仪原则

(一) 尊重

在交往过程中要重视、尊敬对方,尊重上级是一种天职,尊重同事是一种本分,尊重下级是一种美德,尊重客户是一种常识,尊重所有人是一种教养。

(二) 自律

自律就是在交往过程中要克己、慎重、积极主动、自觉自愿、礼貌待人、自我约束,不能随心所欲、妄自菲薄。

(三) 适度

适度得体,掌握分寸。既不能过分热情,也不能以自己为中心,强行用自己的想法或者行为标准要求他人。

(四) 真诚

诚心诚意,以诚待人。能够换位思考,站在对方的角度考虑问题,理解他人,能拥有宽容坦诚的胸怀。

四 微信沟通的 10 个礼仪细节

(1) 微信加好友需要验证,加别人好友时请表明身份。加微信好友时,若第一次没有通过,第二次最好说明自己是谁,加好友的目的或者原因;若第二次还没有通过,就另外再找合适的机会,避免让对方产生被打扰的感觉。加好友时备注上自己的身份,不仅是对自己的尊重也是对别人的尊重。

(2) 微信收到对方的消息要及时回复,休息时间段除外。如果微信好友给你发了消息,而你又有空,最好及时回复。如果确实因为种种原因没能及时回复,那么也应在回复时先说明一下原因,以得到对方的谅解。微信对话要直截了当,有事说事。在互联网时代,工作生活节奏快,没有人会想浪费时间。休息时间早上 6 点以前,晚上 10 点以后,都不适合发微信消息,以免打扰他人休息。

(3) 慎用微信视频功能。微信视频涉及个人隐私,在没有得到对方允许的情况下,不要开启微信视频功能,以免造成对方拒绝视频的尴尬。

(4)慎用语音聊天功能。在公共场合,最好开启"听筒模式",避免商业信息或个人隐私的泄露。

(5)微信群聊不要发语音,听语音消息让人感觉既浪费流量又不方便接收信息。微信群比 PC 时代的 QQ 群更优化了,群里的信息在大家互动的时候呈现瀑布流的形式,而语音不像文字或者图片直观又方便获取,如果在群里发语音,必须点击播放听取。这样,动作太多,比较麻烦,又会浪费时间错过群聊的新内容。群聊发语音仅限于群内培训或会议主讲发言,开启禁言,语音信息方便回放。

(6)修改自己在群里的昵称和开启群消息免打扰功能。建群或者进群以后的第一件事情就是修改群昵称,一则方便让大家记住彼此的名字和身份,二则也是便于微信群的管理和交流,通常建议将群昵称改成"地区+称谓+联系电话"的形式。此外,由于群消息的频繁性,建议开启"消息免打扰"模式,这样,即便在公共场合也不会因为群消息过多而打扰到周围的人。

(7)拉人进群首先应征求群主和被邀请人的意见,以示尊重。人最看重知情权和别人对自己的尊重,微信就是一个虚拟社会,不打招呼就拉人进群是不尊重群主,不打招呼就把别人拉进一个群就是不尊重别人。

(8)不要公群私聊,不要在群里刷屏。在群里刷屏有三种情况:第一种,群里没有人说话,突然有一个人冒泡,然后另一个人接话,其他人就静静地看他们在微信群里私聊,而他们完全没有考虑到这是一个公共的微信群。第二种,一开始大家都在说话,慢慢只剩两个人对话,没人接得上对话,其他人就静静地看两人在微信群里私聊。最好的做法应该是怎样的呢?最好的做法应该是两人在群里互加好友之后,转到群外私聊。第三种,一个人在群里连续发文字、语音、图片或表情包,这样的行为,只会被其他人认为是在刷存在感,也是非常无礼的。

(9)避免各种求点赞、求评论、求投票,把微信好友当"点赞机"和"投票机"的行为。有的人使用群发助手,一遍一遍地群发,要求微信好友帮其点赞而获取奖品和福利,不考虑对方的需求或感受,反复要求微信好友连续几天投票。这种没有任何感谢或者实质意义的投票,容易引发对方的反感和为难。

(10)不要运用群发功能发删除或拉黑微信好友的测试消息。对方收到这样的微信,第一次可能会理解,第二次可能就会产生被轻视的感觉,或者感到反感和厌恶。所以,最好的方式就是谨慎加微信好友,与好友保持互动,拉黑删除的行为只针对真正需要被拉黑删除的对象。

综上所述,微信的出现带来了沟通的便利和多样化,但遇到重要而紧急的事情,拨打对方的电话进行沟通是效率最高的方式。

任务拓展

假如你与刘女士互加微信,那么第一次沟通该怎样开始才能拥有良好的第一印象呢?请与你的小组成员一起讨论,写下你们与刘女士微信互动的开场白。

工作任务二 QQ 礼仪

任务导入

高芳是吕游所在门店的经理,为了方便门店日常的管理和工作上的沟通,高芳建立了QQ 工作群,有关门店的新线路和业务报表也会在 QQ 群里发布和上传。此外,高芳建议吕游也建立 QQ 群,把参加过旅行社旅游的客户汇集在群里,便于公司旅游新产品的发布和售后服务。

如果你是门店经理高芳,请给门店的 QQ 工作群制定群公约。

任务解析

QQ 和 QQ 群在职场中是重要的沟通工具之一,在工作和职场中,QQ 几乎实施了实名制,在 QQ 上或者 QQ 群里聊天或者互动,也需要用到沟通的礼仪原则。客户 QQ 群和工作 QQ 群的性质不一样,为了保证 QQ 群的活跃度,聊天的内容和范围也有区别,若不注意礼仪细节,有时候会发生意想不到的状况,给工作和人际沟通带来麻烦。

因此,在 QQ 聊天中注意礼仪细节,制定和遵守 QQ 群的聊天规则或者群公约显得尤为重要,涉及政治、宗教的内容应遵守国家关于网络管理的相关法律法规,涉及色情、暴力、谣言等内容应予以严厉制止。

知识链接

(一) QQ 常用的网络社交和沟通工具

QQ 是腾讯 QQ 的简称,是腾讯公司开发的一款基于 Internet 的即时通信软件。目前QQ 已经覆盖 Microsoft Windows、OS X、Android、iOS、Windows Phone 等多种主流平台,其标志是一只戴着红色围巾的小企鹅。

腾讯 QQ 支持在线聊天、视频通话、点对点断点续传文件、共享文件、网络硬盘、自定义面板、QQ 邮箱等多种功能,并可与多种通讯终端相连。

（二）使用 QQ 的十个礼仪

中国是礼仪之邦，虽然 QQ 聊天具有很大的随意性和不确定性，属于自由度较大的散文式"闲谈"。但正因为如此，参与者可以将自己的所见、所闻、所想、所感毫无拘束地"聊"出来。所以它已成为人们加强联系、传播和获取信息的重要途径之一。但是，QQ 聊天同样要遵循以下礼节礼仪。

（一）记住他人的存在

互联网给予来自五湖四海的人们一个共同的地方聚集，这是高科技的优点，但往往也使我们面对着电脑荧屏忘了我们是在跟其他人打交道，我们的行为也因此容易变得粗劣和无礼。因此，网络礼节第一条就是"记住人的存在"。如果当着面不会说的话在网上也不要说。

（二）网上网下行为一致

在现实生活中大多数人都是遵法守纪的，同样地，在网上也应如此。网上的道德和法律与现实生活中是相同的，不要认为在网上交流就可以降低道德标准。

（三）入"群"随俗

不同的群（论坛）有不同的规则。在一个群（论坛）可以做的事情可能在另一个群（论坛）不能做。比如说在一个兴趣爱好群（论坛）聊天和在一个工作群（论坛）发布信息是不同的。最好的建议是先在 QQ 群里观察一段时间再发言，这样可以知道 QQ 群的氛围和可以接受的言论。

（四）尊重别人的时间

在群里提问题之前，先自己花些时间去搜索答案或者翻阅聊天记录，有可能同样的问题以前已经被问过多次，现成的答案随手可及。不要以自我为中心，尤其在工作群，每个人的时间都是宝贵的。

（五）在网上给别人留个好印象

因为网络的匿名性质，别人无法从你的外观来判断你的个性，因此，你的一言一语成为别人对你印象的唯一判断。如果你对某个方面不是很了解，找几本书看看再开口，无的放矢只能落个灌水王帽子。同样地，发帖之前仔细检查语法和用词，不要故意挑衅和使用脏话。若是在工作群或者客户群，自己的言论更是要注意，这涉及个人的职业形象和专业形象。

（六）分享你的资讯

根据 QQ 群的性质，可以将你觉得对大家有益的资讯进行分享，当你的分享内容让大家觉得有意思或者有意义,这也会为你的个人形象加分。

(七) 平心静气地陈述

在群里发生争论与辩论是正常的现象。要以理服人,不要人身攻击,任何时候不要丢掉自身的修养。

(八) 尊重他人的隐私

别人与你私聊的记录应该是隐私的一部分。如果你认识某个人,知道他匿名上网,未经同意将他的真名公开也不是一个好的行为。如果不小心看到别人电脑上的 QQ 聊天记录,也不应该到处传播。

(九) 不要滥用权利

如果你是群管理员,相比其他用户会有更多权利,应该珍惜这些权利,维护 QQ 群的健康与和谐。

(十) 宽容

我们都会有犯错误的时候,当看到别人打错字、用错词、问一个低级问题或者发表长篇大论时,不要在意。如果你真的想给他建议,最好私聊。

任务拓展

吕游根据高芳经理的建议,将自己的 QQ 好友做了分组,同时也建了一个 QQ 群,把之前参加过旅游的客户聚集在 QQ 群里,请与你的小组讨论:

①QQ 好友应该怎样分组? 哪些 QQ 好友应该列入黑名单或者删除?

②请你为国庆节草拟一段 QQ 好友问候,并向 QQ 客户群推介国庆节的旅游热门线路或酒店。

知识拓展

(1) QQ 百度百科。

https://baike.baidu.com/item/QQ/111306? fr=aladdin.

(2) 微信聊天和 QQ 聊天有什么区别,各自的优点?

https://jingyan.baidu.com/article/e73e26c0b2706a24adb6a7c5.html.

(3) 青少年网络文明公约。

要善于网上学习,不浏览不良信息;要诚实友好交流,不侮辱欺诈他人;要增强自我保护意识,不随意约会网友;要维护网络安全,不破坏网络秩序;要有益身心健康,不沉溺虚拟时空。

 # 工作任务三　电子邮件礼仪

任务导入

每天门店的工作结束后,吕游都会将当天到店咨询的客户的情况制成汇总表,通过邮件发送给高芳经理,高芳经理也会把已经成团的线路和游客整理成汇总表,并通过邮件发给旅行社计调部。同时,对于集团客户和大客户,高芳经理也经常以邮件的方式联络对方。

请你拟一份电子邮件,收件人为高芳经理,邮件附件为当天到店咨询的客户汇总表,邮件内容该怎么写呢?

任务解析

新员工通过电子邮件向上级报送工作总结或者业务报表是一项日常工作,定期打开邮箱查阅、回复和清理邮件也是一项良好的工作习惯。

电子邮件的行文需要与自己的职级、岗位职责和邮件内容相符合,使人见字如面,从邮件中也能感觉到对方的敬业和专业。

知识链接

电子邮件是现代社会交流和沟通的一种新形式,而且在目前的商界,习惯使用电子邮件的常常是思维新、商务活动频繁的人,在职场办公里也常常需要使用电子邮件发送重要文件和资料,方便整理和保存。尤其当对方不方便采用电话、微信或者 QQ 联系时,可以通过电子邮件进行沟通和交流。

一　电子邮件沟通方式的特点

(1)不受时间的限制。不会像微信、QQ 那样可能会在对方的休息时间造成打扰。

(2)写邮件比通电话显得更从容坦然、表达得更充分,写邮件可以掩饰语言交流上的弱点,给对方留下良好的第一印象。

(3)由于人们常常选择一个较轻松的时间接收邮件,所以较少地受到其他事物的干扰,对对方的交流可能产生更大的兴趣。

但是,通过电子邮件沟通的方式不可随便使用。因为电子邮件沟通不如电话和见面沟通更直接,此外,有的客户并不习惯及时接收邮件,有时可能会耽误事情。

二　使用电子邮件的技巧

尽管电子邮件在形式上比较自由，是一种方便快捷的媒介，但是绝不能以草率的态度使用它。使用电子邮件同样需要注意礼仪。

（一）要有一个明确的主题

电子邮件的标题很重要，要一目了然。尤其是第一次和对方接触，最好在标题里标注自己的姓名，让对方在打开邮件前就有一个印象，便于快速地了解邮件的内容。有些人不写邮件名直接回复对方的邮件，这都是不礼貌的。

（二）内容简洁，语句流畅通顺

第一次给客户发送电子邮件，可以比电话沟通多一些内容，但一定不要长篇大论。要简洁紧凑，不要重复。语言不要求精彩，但一定要语句流畅通顺，尤其注意不要有错别字。

（三）格式规范，内容严谨

用于营销沟通的电子邮件一定要按照规范的信函格式来写，不可随意涂鸦。要多使用敬语，避免使用网络缩写文字。署名要真实，不可使用网名。在电子邮件里尽量避免讲笑话和俏皮话。

（四）经常浏览收件箱

不管对方是否经常接收电子邮件，养成每天浏览自己的收件箱的工作习惯，注意及时查看有无回复邮件，并尽量在第一时间与对方进行深入交流。

（五）不过分依赖电子邮件

电子邮件是一种好的沟通和交流方式，但它只是一个辅助性交流工具，既不可把它作为唯一的一种方式，也不能借电子邮件逃避一些直接交流。平时应更多地通过直接沟通和交流来建立与客户或同事的密切关系，倾听对方的需求，为对方解决问题。

（六）准备一些有意思的图文或者电子贺卡

收集一些有趣的图片、节日或者纪念日的电子贺卡，定时或者不定时地发给客户，对于繁忙的都市人和上班族来说，收到这些邮件会使他们感觉轻松愉快，也是一种较好的、有利于人际交往的方式。

◎ 知识链接

职场干货：最全的电子邮件礼仪详解

http://www.sohu.com/a/125193354_509923.

任务拓展

为了提前做好春节旅游季的安排,高芳经理准备给几个集团客户和 VIP 客户推介春节期间的泰国包机游和邮轮旅游产品,但是为了不给人派发广告的感觉,高芳经理决定发送一些有意思的推广软文。请你以高芳经理的身份,草拟一份电子邮件,达到既联络客户感情又推荐春节旅游产品的目的。

项目五
旅行社服务礼仪

◇知识目标

1. 了解旅行社话务人员、外联人员、计调人员、导游人员的基本工作职能。

2. 掌握旅行社话务人员、外联人员、计调人员、导游人员的服务礼仪规范要求。

◇能力目标

1. 能正确运用话务礼仪办理咨询、客户回访、产品销售等业务。

2. 能合理运用日常交际礼仪销售产品和招徕客源。

3. 能灵活将办公室礼仪、商务礼仪等运用到计调工作中。

4. 能恰当展现导游人员的仪容仪表、语言表述、服饰、导游服务礼仪规范。

◇素质目标

1. 培养学生具备良好的礼仪行为意识。

2. 增强学生的职场道德感。

# 工作任务一　话务人员服务礼仪

任务导入

某旅行社王经理有事外出,不在办公室,由前台张小姐代接电话。恰好有人打电话来找经理,此时,张小姐正在接待几位客户的咨询,比较忙。电话响铃很久之后,张小姐才拿起听筒问道:"喂,你是谁?"待对方回答后,便说了一句:"我们经理不在,出去了。"对方询问经理什么时候回来,张小姐很不耐烦地说:"不知道!"然后就"啪"的一声挂断了电话……

分析案例中前台话务员张小姐在电话应答中存在哪些问题? 应如何纠正?

任务解析

案例中张小姐在电话应答中存在的问题及改进方式如下。

(1) 电话响铃许久张小姐才接电话,在电话铃声响起三声后仍未迅速接听电话,这样会给客户留下该社无人正常工作的坏印象。因此,接听电话时,当电话铃声响起之后,应在响铃三声之内应答。如手头正在处理事务,可礼貌地向对方解释说明,请对方稍等片刻。

(2) 铃响接听后没有问候、自报家门。接到电话时,应先报出所在门店和自己的姓名,并对客户致以问候,然后询问对方的要求。如果由于线路繁忙导致接听延误,应在接听电话后首先向客户致歉。

(3) 接电话时出现"喂"或"你找谁"等非话务用语。特别是一开口就毫不客气地查问对方,如"你是谁?"回答问题用"不知道",在语气上出现因接待客户过多而烦躁的态度。整个通话过程无一句礼貌用语。接听电话时,必须礼貌、友善、愉快而且面带笑容,使用标准普通话,语音语调应不高不低,语速应快慢适中。

(4) 通话过程中该记的没有记录(对方的姓名、公司、电话号码),没有询问客人是否需要留言。如果客人要找的对象不在,必须向客户说明:"对不起,经理外出办事,请问您是一会打来还是需要留言?"如果客户需要留言,话务人员需要清楚记录留言内容,并且和客户重复留言内容,确保信息记录无误。

(5) 在客户挂断电话前就挂断电话,这样会让客户听到电话"嘟嘟"声,使客户认为旅行社的服务意识不强。处理完客户的要求后适当使用祝福语,如"祝您工作顺利""希望您能拥有美妙的旅程"等,道别结束之后等待对方先挂断电话。

知识链接

一　旅行社话务部门职能简介

旅行社的话务部门是通过电话及微信平台进行客户拜访,及时有效地与客户沟通,并

追踪结果、整理数据、维护数据库完整性、提供客户服务的部门。它不仅可以提供基本电话服务,还可以通过社交媒体向客户提供旅游信息、产品咨询、产品销售及接受投诉等扩展服务。

旅行社的话务人员的客户群主要分为两类:一类是旅行社为其提供服务的团队客人和散客;另一类是为旅行社提供景点、住宿、交通等旅游产品服务的旅游批发商以及导游服务人员。

话务人员为团队客人及散客提供旅游信息及咨询服务,咨询内容包括景点、风景区资料、查询旅游线路、旅游日程细节、费用、服务特色及国家相关旅游法规等;提供产品销售服务,如接受散客或团体对各种游行团队的报名和业务洽谈、旅行确认受理、团队订票业务、退订处理、订票业务、订房业务、国际机票处理、定制散拼团和订房订餐受理等,以及建议与投诉服务和回访服务。

话务人员为旅游批发商以及导游服务人员提供信息资料查询服务(如查询各部门、营业部的电话号码)、转接其他部门及为其他部门同事提供语音信箱留言等基本的电话服务。

二 话务人员服务礼仪规范

旅行社的话务人员被称为“看不见的接待人员”,代表着“旅行社的形象”。话务人员通过电话及微信平台对客服务,虽然服务形式较为单一,但是话务人员通过与客户的电话沟通达到树立旅行社形象、促销、收集市场信息及服务反馈信息的目的,在对客服务过程中扮演着不可替代的角色。

旅行社话务人员的礼仪主要体现在电话沟通礼仪上,这要求话务人员将其服务意识通过电话传达给客户,在与客户进行沟通时以热情的态度、礼貌的语言、甜美的嗓音、清晰的口齿、快速的反应高效地为客户提供服务。让客人能通过电话或者社交媒体感受到你的微笑、热情和礼貌。同时,话务人员要熟悉旅行社各类旅游产品的相关信息,要有较强的对客沟通能力。

(一) 电话接听与转接服务礼仪规范

(1) 当电话铃声响起时,应在响铃三声之内应答。

(2) 接听电话时,必须礼貌、友善、愉快而且面带笑容。使用标准普通话,语音语调应不高不低,语速应快慢适中。

(3) 接到电话时,先报出所在门店和自己的姓名,并对客户致以问候,然后询问对方要求,如果由于线路繁忙导致接听延误,应在接听电话后首先向客户致歉:

您好! 我是 XX 旅游 XX 店的 XXX,很高兴为您服务。请问有什么可以帮您的吗?

您好! 我是 XX 旅游 XX 店的 XXX,抱歉让您久等了。很高兴为您服务。请问有什么可以帮您的吗?

（4）接听电话时，话务人员要集中精神，用事先准备好的纸笔随时记录电话要点，对客户的咨询给予相应的回答，对客户提出的要求给予迅速处理。

（5）接听电话时，原则上对客户使用尊称，例如，"XX 先生/XX 女士"。但是对于一些进行转接电话等简单业务的，如果客户没有自报家门，话务人员一般不需要进行询问；对于进行业务咨询或进行产品推销等需要长时间交流的客户，应询问其姓氏，例如，"请问您贵姓？"；在为客户进行代办业务受理过程中，若需要客户的真实姓名，须在进行说明以后询问其姓名，例如，"代订酒店需要留下您的真实姓名和联系方式，请告诉我您的姓名和电话，我帮您记录下来"。

（6）话务人员处理转接服务应做到迅速、高效。首先要认真聆听客户要求再转接，并说"请您稍等"，并且给予客户适当的说明；转接时播出悦耳的音乐；转接之后，如果对方无人接听，必须向客户说明："对不起，电话暂时无人接听，请问您是一会打来还是需要留言？"如果客户需要留言，话务人员需清楚记录留言内容，并且向客户重复留言内容，确保信息记录无误。

（7）处理完客户的要求后适当使用祝福语，如"祝您工作顺利""希望您能拥有美妙的旅程"等。道别结束之后等待对方先挂断电话。

（二）旅游产品咨询服务礼仪规范

（1）话务人员必须熟练掌握旅行社主推的旅游产品线路，对整个线路的各个环节了如指掌。针对客户提出的要求能够推荐相应的旅游产品，也可以根据客户的特殊要求准确迅速地提供可供选择的旅游产品或者是重新组合旅游线路。

（2）话务人员必须熟悉办公自动化操作，可以熟练操作电脑，运用电脑的业务终端，根据客户需求查找相应的旅游产品。

（3）话务人员在接听电话咨询时要善于倾听，力求听清客户的要求。接听过程中及时记录要点，搜索相应信息。等客户叙述完毕后，再进行必要的询问。对说方言或说话过快，或者表述不清楚而导致无法听清其需求的客户，可以使用"对不起，请您重复一下好吗？""和您确认一下，您的意思是不是……"等礼貌用语确定客户需求。

（4）处理业务咨询应首先询问客户对旅游产品的要求，如喜好、价格、时间等，然后迅速综合这些信息，给客户提供可选择的路线。在描述旅游产品时，语言一定要简洁、清楚，回答客户咨询应对答如流。

（5）话务人员在接听电话咨询时，应注重"问"的礼仪。首先可以以一个开放式的方式询问客户的需求，如"请问您此次出游有什么要求呢？""您需要什么类型的旅游线路呢？"在客户阐述之后可以采用引导的方式，如"双飞或者双卧，您喜欢哪种方式呢？""期间的住宿您是需要豪华型还是经济型？"询问过程中用语要礼貌，态度要热情。尽可能全面搜集客户需要的信息。在推荐旅游产品给客户之后，需要询问客户是否满意，是否需要进行相关的更改。

（三）旅游产品销售服务礼仪规范

（1）话务人员在进行电话销售前，首先要熟悉旅游产品的情况，以便向客户进行介绍。此外，说话时要面带微笑，态度热情，积极主动，这些都是进行成功销售的前提和必要保障之一。

（2）接通客户电话之后要问候，表明身份。如"您好，我是××旅游的×××，是您的一对一旅游顾问，专门为您提供旅游咨询或预订等服务，很高兴为您服务！"

（3）要善于针对不同的客户类型，制订有针对性的电话销售计划。如针对教师群体可以说，"请问您暑期有没有安排出游的计划呢？我们公司最近有很多产品在做活动，尤其是暑期的亲子游特别火爆，我可以帮您筛选或者对比一下。"

（4）电话销售中注意销售技巧，善于用描述性语言向客户说明几种旅游方案各自的优势，供客人选择适合自己的旅游产品。

（5）电话交流中揣摩客户心理，弄清楚客户的要求和愿望，有目的地销售适合客户需要的产品，确保所销售的产品是客户真正需要的。

（6）不要放弃对潜在客户的销售。如果在通话过程中没有达成意向，可以通过添加客户微信等方式保持与客户的联系，帮助客户了解更多的产品信息，通过增进彼此的信任来促成销售。

（四）处理电话投诉服务礼仪规范

（1）目前接受客户投诉的对象主要是话务人员。话务人员在接受电话投诉时要展现出高质量的服务水平，运用处理投诉的技巧使客户的心里得到安慰，确保客户满意。

（2）客户投诉产生的主要原因。

①对设施设备的投诉。

设施设备的投诉主要是由于旅游产品的相关设施设备，如住宿标准、用餐标准、交通工具的安排等未能满足客户的要求。处理这类投诉时，应再次确认客户需求并及时联系相关旅游供应商核实情况，视具体情况采取相应的措施。在问题解决之后再次与客户联系，询问是否改进，以表示对客户的尊重。

②对导游人员服务态度的投诉。

对导游人员服务态度的投诉主要是反映导游人员对客户服务过程中态度不佳、待客不主动、语言生硬、态度冷漠、强制旅游消费等。处理这类投诉时，责成相关部门联系导游核实情况，根据具体情况采取相应的整改措施，确保客户满意。

（3）处理客户投诉的原则。

①理解、宽容、真诚、关心是赢得客户谅解的法宝。

"将心比心"理解客户,站在客户的立场想客户之所想,急客户之所急。以博大的胸怀去宽容客户,给予客户尊重,为客户解决问题。

②坚持"客人永远是对的"。

客户是旅游企业效益的源泉,是企业生存和发展的推动力,投诉一方面可以反映旅游企业存在的问题,通过及时地改进相关服务,可以在客人满意的基础上带来良好的口碑效益;另一方面,如果客人错了,不能与客人发生争执,要做到"得理让人",把"对"让给客人,让客人受到尊重,企业得到效益。

③从大局出发,不推诿责任。

在处理投诉的过程中,必须尊重事实,不能推卸责任或者随意贬低其他人或者部门,要从大局出发,从整体利益出发,为客人解决问题,否则客人会更加反感。

(4)处理电话投诉的程序。

①耐心倾听,弄清真相。接听投诉电话时保持镇定、冷静,认真听取客户的意见,不要急于辩解,及时记录要点。

②表示同情和理解并真诚致歉。客人倾诉完之后,用诚恳的语言向客户表示歉意和同情。如"这位先生/女士,我很理解你现在的心情,换作是我可能会更加气愤!"并表示感谢客户的投诉。

③认真解释。针对客户的投诉原因,不推卸责任,表示会积极跟进,想办法解决问题。另外要给自己留有余地,不要随意答应客户自己权限以外的任何要求。

④提出解决方案。主动与客户再次联系,反馈问题解决的进程和结果,争取获得客户的满意。

⑤礼貌的结束。感谢客户的理解与信任,表示未来会为客户提供更加优质的服务。

(五)电话回访服务礼仪规范

(1)旅行社通过话务人员进行电话回访是为了了解客户在接受服务中的感受,调查客户的满意度,对旅行社的服务做相应的评估,提高和改善服务质量和水平,便于日后工作的改进,增进与客人之间的关系,为以后的合作奠定基础。

(2)电话回访时间建议在旅游结束后的第2天进行。此外,在节假日如元旦、春节、清明节、"五一"节、端午节、中秋节、国庆节或在客户生日、客户公司的重大节日时问候客户。回访时间段一般是 9:00—11:30、15:00—17:30(周一至周五),10:00—11:30、15:00—17:30(周六、周日)。

(3)电话回访内容包括以下几个方面:①对旅游中客人的行程安排、酒店住宿、司机导游服务等进行了解,并征求改进建议。对于反馈的意见一定要认真对待,对于投诉意见需要认真协调解决。②了解客户对酒店产品的看法和最近一次消费的时间与感受。③了解客户近期有无新的需求,以便发现新的销售机会。④向客户宣传、推介新产品,创造再次销售。

（4）电话回访服务礼仪。

①选择一个良好的开始，以第一印象打动客人。

拿起话筒前要调整好情绪，确认电话号码准确无误，拨错号码会直接影响下一次的情绪，把需要回访的内容重温一遍，保证语句、内容通顺连贯，要能够准确而得体地称呼客人，传递给客户的情绪要饱满热情，对客户充满关切。要有针对性地选择回访时间，避开客户休息和业务繁忙的时间。

②注意讲话的音质。

语音力求清晰优美，悦耳动听，给客户赏心悦目的感觉，使客户能够愉快地听下去。要做到语音清晰，冷冰冰、模糊不清的声音往往会使客户失去耐心。要保持嘴与话筒之间的距离。一般以 10 厘米为宜，说话声音小的人嘴与话筒之间的距离可以小于 10 厘米，否则应大于 10 厘米。习惯大声讲话的人要有意识地把音量降低一些。习惯说话声音小的人不要勉强大声说话，应尽量离话筒近一点，切忌大喊大叫似地与对方通话。同样，也不要用特别小的声音打电话。

③说话语速尽量放慢，语气温和。

要注意语气和节奏，没有抑扬顿挫的节奏，客户会有冷冰冰的感觉。注意语言简洁，不要占用客户太多时间，以免引起反感。

④学会倾听，多听少说，多让客户说话，对于客户要有及时、热情的回应，让客户感受到你在用心地倾听。

⑤如遇本人不在，应向其家人询问并保持同等的尊重和礼貌。

⑥结束时务必有祝福语，如"祝您节日愉快"等。

⑦及时记录回访内容，并加以总结提高。

任务拓展

（1）假如你是旅行社市场部经理，此时正在办公室接待一位重要客户（××集团王总经理），突然电话铃响，从来电显示上你得知这也是旅行社的一位忠实客户（××公司李经理）。这时，你该怎么办呢？

（资料来源：王春林. 旅游职业礼仪规范与训练［M］. 上海：华东理工大学出版社，2010.）

请问：

你该不该接电话？如何接这个电话呢？

（2）北京某饭店的一位问讯员，每天都要接到若干问讯电话。有一次，接到一位驻外地的外商打来的长途电话,询问他夫人所住该饭店的房间号,称有急事要联系他的夫人。几经翻阅登记簿,未发现有其人,便如实相告。不料这位外商竟用不怎么熟练的中国话骂了起来。问讯员感到十分委屈,但考虑到对方可能确有急事,为急宾客之所急,便采取了宽容态度,强忍委屈,继续查找。后来终于知道,原来那位外商的夫人是用不同的姓名登记的。当外商谈完事后,又专门打电话给问讯员表示道歉,请求原谅。可以试想,如果当时问讯员得理不让人,对外商的无理之举穷追不放,或是采取对骂的方法,那么也许是挽回了面子,至少心理上感到一些平衡,出了一口气,但却会使对方易产生强烈的逆反心理,不但不会承认自己有错,而且也无益于事情的圆满解决。问讯员的做法,维护了自身乃至整个饭店的良好形象。

(资料来源:http://www.docin.com/p-483244202.html.)

请问:

案例中问讯员对待"委屈"的处理方式给你怎样的启发?

工作任务二　外联人员服务礼仪

任务导入

石磊是阳光国际旅行社一位刚入职的外联部人员,某天准备去拜访某公司的王经理,给王经理介绍旅行社新推出的旅游产品。由于没有王经理的电话,所以石磊没有进行预约就直接去了王经理的公司。由于时间仓促,石磊穿着运动装就出门了,胡须也没有剃。到达王经理办公室时,刚好王经理正在接电话,就示意让他在沙发上坐下等。石磊便往沙发上一靠,跷起二郎腿,一边吸烟一边悠闲地环视着王经理的办公室。在等待的时间里不时地看表,不时地从沙发上站起来在办公室里走来走去,还随手翻了一下放在茶几上的一些资料。

分析案例中外联人员小石在此次拜访中存在哪些问题? 应如何纠正?

任务解析

存在的问题和纠正方法:

(1) 小石外出拜访没有注意自身的仪容仪表。拜访客户前要做好仪容仪表的准备,做到仪容端庄大方,仪表整洁,着装得体。到客户办公室前再行整装一次,整理情绪,调整微笑。

(2) 小石外出拜访没有事先同客户进行预约。首次拜访前要了解客户或者客户企业的基本情况,事先预约客户,与客户商量好时间之后准时赴约。一般提前 5 分钟到达或准时到达是符合礼仪规范的。

（3）小石在等候王经理接待的过程中有失礼仪，不能吸烟、跷二郎腿；时不时地看手表、在房间里踱步、随手翻阅物件会让人觉得其很不耐烦、很随意。这些细节会让客户产生不信任感，造成拜访失败。因此，等候过程中需要时刻注意自身的仪态，应安静等候王经理通话结束后再进行拜访。

◎ 知识链接

一　旅行社外联部职能简介

外联部是旅行社的业务职能部门，它的正常运转直接影响和决定旅行社旅游市场的开拓及发展。

旅行社外联部的职能主要包括负责旅行社的对外宣传，提高旅行社的影响力与知名度；联络优质旅游产品，并获得具有竞争力的价格，发展旅行社现有业务；及时反馈旅游市场信息，开拓未来旅游市场；深入旅游市场及客户，不断扩大客源，巩固与老客户的关系等。

二　外联人员服务礼仪规范

外联人员是旅行社委派在客源地、负责旅行社产品宣传的旅游销售和客源招徕的人员。外联人员的服务礼仪对于外联人员业务的发展和增进有极大的促进作用。外联人员服务礼仪主要体现在仪容、仪表、仪态、拜访、业务洽谈等方面。要求外联人员热情友好，爱岗敬业，仪表端庄，举止大方，坚定果断，诚实守信，善于应变。

（一）仪容仪表、仪态礼仪规范

仪容仪表、仪态礼仪反映出一个人的精神状态和礼仪素养，是人们交往中的"第一形象"。外联人员端庄整洁的仪容仪表和良好得体的仪态举止，可以给客户留下深刻的印象和美好的回忆，从而产生亲切感和信任感，为顺利开展外联工作创造了有利条件。

（1）外联人员要注意面部修饰，皮肤要经常护理和保养。同时，要注意皮肤的保健，保持良好的精神状态、充足的睡眠和合理的饮食，保持皮肤的健康。

（2）女性外联人员应该化妆上岗，一般以淡妆为宜。要求妆容少而精，能够突出和强调自己的自然美，做到"饰而无痕"，追求自然美和修饰美的和谐统一。得体的妆容不但可以使自身变得更加漂亮，也是对他人尊重的一种礼貌表现。

（3）外联人员的发型要体现职业特点，体现活泼开朗、朝气蓬勃、干净利落、端庄持重的基调，避免过于时尚、前卫的发型，避免染过于鲜艳的颜色和使用过于夸张的头饰。

（4）养成良好的卫生习惯，勤洗手，勤洗澡，勤换衣。确保身上无烟味，无酒味，无汗酸味。保持牙齿的整洁干净，保持口气清新。

（5）外联人员的衣着要求整洁大方，搭配得体，穿着规范，鞋袜合适。避免过分裸露、薄透。

（6）饰品的选择要求少而精，与自身相协调，与服饰相协调。应当起到"画龙点睛"的作用，避免过分炫耀。

（7）外联人员的举止要大方得体、稳重优雅。避免不良习惯和小动作，给客户留下踏实可靠的印象。

（8）微笑待客，真诚待人。与客户沟通时面带微笑，热情诚恳。对初次见面的人还应微微点一下头部，行注目礼，表示尊敬和礼貌；与人洽谈业务时，应当通过目光与对方交流，调整交谈的气氛；交谈过程中，应始终保持与对方的目光接触，表示自己对话题很感兴趣；道别时，注视着对方的眼睛，表现惜别之情。通过真诚打动客户，赢得客户的好感和信任。

（二）拜访与推销礼仪规范

外联人员为了拓展旅行社的业务，加强旅行社与相关企业的合作关系，经常需要对相关企业进行拜访，商讨事宜，争取业务合作和友好往来，并建立起良好的合作伙伴关系。同时，还要将旅游产品推销给大客户，巩固客源。外联人员在工作拜访和推销过程中应表现出良好的礼仪，为外联工作奠定良好的基础，为旅行社赢得商机。简而言之，外联人员在进行拜访和推销时要注重礼仪，表现出良好的礼仪礼节，给对方留下一个好印象，从而促进双方合作的顺利开展。

1. 拜访与推销前的准备工作

（1）首次拜访前要了解客户或者客户企业的基本情况，事先预约客户，可以选择通过电话或信函等较为正式的方式约定时间及地点，并准时赴约。一般提前5分钟到达或准时到达是符合礼仪规范的。

（2）准备好旅行社相关资料和客户需要的资料，携带好名片、笔、笔记本等。明确拜访目的，对自身产品的特点及优势要熟悉。

（3）拜访客户前要做好仪容仪表的准备，做到仪容端庄大方，仪表整洁，着装得体。到客户办公室前再整装一次，整理情绪，调整微笑。

2. 拜访与推销时的仪态

（1）进入室内要面带笑容，向接待人员说明身份、拜访目的及拜访对象，从容安稳地等接待人员将自己引导至会客室或拜访对象办公室。

（2）见到拜访对象时要主动握手、行礼、自我介绍、交换名片、寒暄。客户请人奉上茶或咖啡时，不要忘了轻声道谢。对方送上的香烟应双手接过，并主动帮助对方点烟，若拜访的客户是女士或不吸烟者则不可在室内吸烟。

3. 拜访与推销时的称呼与洽谈

（1）要注意遣词用句，注意礼貌。与客户洽谈要有技巧，营造良好的谈话氛围，使对方自然而然地接受商谈或推销的内容。要根据不同客户的特点选择不同的说话内容与方式，可以从对方感兴趣的话题展开谈话。

（2）交谈中保持微笑，体现友好、真诚的态度。认真倾听对方的意见和要求，不可随意打断或插话，以示尊重。弄清客户的真正需要，寻求双方的一致之处。

（3）不论推销成功与否，外联人员要保持良好的心态，不卑不亢，从容不迫，心平气和。

4. 拜访与推销结束后的仪态

拜访结束应诚恳地向客户表示感谢，感谢对方抽出时间接待。面对拜访对象告退，行礼后，轻轻关上办公室的门。若对方要相送，礼貌地请对方留步。

（三）业务洽谈礼仪规范

1. 洽谈前的礼仪规范

（1）在仪容仪表上，着装一般不应太个性化，通常是西装打扮。男士应剃须，穿西装打领带，领带不宜太花哨或太过休闲；女士应穿套装，化淡妆，不宜穿过高、过细的高跟鞋。

（2）彼此见面后应按照握手礼仪规范热情握手、请入座，可不用先切入主题，而是寒暄一番，如询问对方的身体状况等，使双方在轻松、友好的气氛中进入主题。既可依据介绍礼仪规范做自我介绍，也可做引见介绍。

（3）介绍与被介绍时应遵循介绍的基本礼仪，双方均要以和善友好的态度见面，行握手礼，面露微笑并说一声"您好"，在需要表示庄重或客气时，还可略施一躬。

2. 洽谈中的礼仪规范

（1）洽谈过程中，发言时应当尽可能简短、清晰、准确，避免含糊不清和转弯抹角，并且要善于向对方表示友善的情感，言辞和态度尽量不要引起对方的焦虑和愤怒。一方发言时，另一方应认真倾听，尽量不要中间插话打断别人的发言。

（2）洽谈中要采用审慎的、实事求是的态度，讲究信誉，注重自己的形象。要注意洽谈礼节，要礼敬对手。要排除一切干扰，始终如一地对洽谈对手讲究礼貌，时时、处处、事事表现出对对方真诚的敬意。

（3）在洽谈过程中，遵循平等互利的原则，以平等协商的态度达成谅解，不允许采用强制、欺骗的手段仗势压人，要时刻注意维护自身与企业的信誉和形象。

3. 洽谈后的礼仪规范

对洽谈中达成的协议，要信守诺言、认真履行；若洽谈得不成功，也应礼貌分手。

任务拓展

（1）王莉在某旅行社外联部工作,她准备去拜访顺达公司的市场部经理马先生。王莉预约的时间是周三下午三点。事先,王莉准备好了有关的资料、名片,并对顺达公司及马先生进行了了解。拜访前王莉对自己的仪容、仪表进行了精心、得体的修饰。到了周三,王莉提前五分钟到达顺达公司。在与马先生的交谈过程中,王莉简明扼要地表达了拜访的来意,交谈中能始终紧扣主题,给马先生留下了很好的印象,最终促成了合作。

（资料来源:https://wenku.baidu.com/view/c733dc290066f5335a8121f4.html.）

请问:

王莉在拜访顺达公司马经理时,在哪些方面做得比较成功,从而最终促成与顺达公司的合作?

（2）有一次,一位顾客去买车,推销员乔·吉拉德接待了这位顾客,吉拉德向他推荐了一种新车型,顾客对车很满意,打算付定金,一切进行得非常顺利,眼看就要成交了,但是对方突然决定不买了。吉拉德百思不得其解,懊恼了一下午。夜深了,他忍不住给那位顾客打电话询问原因。谁知顾客说:"今天下午你为什么不用心听我说话? 就在签字前,我提到我的儿子即将进入密歇根大学读书,我还对你说他的运动成绩和将来的抱负。我以他为荣,可是你根本没有听我说什么! 我不愿意从一个不尊重我的人手里买东西!"

（资料来源:王春林.旅游职业礼仪规范与训练[M].上海:华东理工大学出版社,2010.）

请问:

乔·吉拉德的失误在哪里? 你从中得到什么启发?

工作任务三　计调人员服务礼仪

任务导入

某旅行社计调部经理在为一日本团派车时,只考虑到车况还可以,司机也经常做外团,就派了一辆较新的金龙车。等到地陪上团时,发现该旅游车是一辆黄色的旅游车,客人准备上车时,露出了不悦的神情,要求换车。可是,当地陪联系计调部换车时,负责该项目的计调人员小王却怪地陪不早说,现在换车很麻烦……

分析案例中计调员小王在此次出团安排中存在哪些问题? 应如何纠正?

任务解析

存在的问题和纠正方法:

（1）计调员小王不清楚我国主要旅游客源国的概况及其忌讳，日本人忌讳黄色，给客人安排出行的车辆是黄色，必然导致客人的不满意。一名合格的计调人员要善于与外联人员沟通，弄清楚旅游团队的喜好和习惯，还需要掌握我国主要旅游客源国客人的特点和喜好，不能犯客人的忌讳。

（2）地陪与计调员小王沟通换车时，小王责怪地陪没有早点提醒，还嫌事情麻烦。小王的职业素质有待进一步提高，平时要加强学习，及时掌握不断变化的新动态、新信息，以提高业务水平。

◎ 知识链接

一　旅行社计调部门职能简介

计调是计划调度的简称，担任计划调度工作的人员，在岗位识别上被称为计调人员、线控、团控和担当等，业内简称"计调"。

计调是旅行社完成地接、落实发团计划的总调度、总指挥、总设计，是旅行社内部专职为旅行团、散客的运行走向安排接待计划、统计与之相关的信息，并承担与接待相关的旅游服务采购和有关业务调度工作的岗位。

另外，计调人员要当好"管家"，在每次旅游团回团后，要严格把关导游、司机报账，并与财务部仔细核对账目，确保准确无误。在工作中，计调人员应按季节及时掌握各条线路的成本及报价，以确保对外报价的可靠性、可行性及准确性。

二　计调人员服务礼仪规范

计调人员的工作"事无巨细，大权在握"，具有较强的专业性、自主性、灵活性。如果说外联人员是辛勤的采购员，那么计调人员就是"烹饪大师"，经他们的巧手要把"酸、甜、苦、麻、辣、咸"的不同滋味调制出来以满足不同团队的"口味"，需要一定的技巧，而不是一个简单重复的技术性劳动。一个优秀的、高素质、高水平的计调人员是旅行社经营运作的一个重要元素。

（一）计调人员日常办公礼仪规范

（1）计调人员仪表要端庄、整洁、朴素、得体。日常行为大方，干练，保持优雅的体态。同事见面应点头微笑示意。不允许在工作场所大声喧哗、歌唱、吹口哨、奔跑追逐、嬉笑打闹。

（2）计调人员应自觉维护办公场所清洁卫生，每天到岗后应立即对个人所负责的公共办公区域进行清理。

（3）计调人员在讲话和接电话时应客气、礼貌、谦虚、简洁、利索、大方、善解人意、体贴对方，养成使用"多关照""马上办""请放心""多合作"等"谦词"的习惯，给人亲密无间、春风拂面之感。每个电话，每个确认，每个报价，每个说明都要充满感情，以体现合作的诚意，表达作业的信心，显示准备的实力。

（4）书写信函、公文要规范化，字面要干净利落、清楚漂亮，内容要简明扼要、准确鲜明，以赢得对方的好感，以换取对方的信任与合作。一个优秀的计调人员，一定是这个旅行社多彩"窗口"的展示。

（5）计调人员承接各社交来的所有传真件和电子邮件，收到计划后应认真阅读，以书面形式回执确认，及时将计划输入电脑。做到明确信息、行文礼貌、操作规范和注意保密。

（6）计调人员既要具有业务能力，还要善于学习，肯于钻研，及时掌握不断变化的新动态、新信息，以提高业务水平。同时，要肯下功夫学习新的工作方法，不断进行"自我充电"。

（二）计调工作前期准备礼仪规范

1．接团后的准备工作礼仪

（1）一名合格的计调人员要善于与外联人员沟通，弄清楚旅游团队的喜好和习惯。还需要掌握我国主要旅游客源国客人的特点和喜好。

（2）在旅游团确认之后，计调人员一定要细致地阅读对方发来的接待计划，重点要弄清楚人数，用房数，入住单间还是标间，小孩是否占床；抵达交通的准确时间和抵达地点，核查中发现问题及时通知对方，迅速进行更改。确认无误之后进行旅游产品的搜索，将整个行程安排好后，就开始安排接待单位。

（3）找出与旅行社已有业务约定的接待单位的电话及服务合同，熟悉双方约定的所有事宜。

2．车辆预订礼仪

打电话进行车辆预订时一定要表达清晰、准确。计调人员根据旅游团的人数以及对车辆的要求，联系旅游汽车公司安排好相应车辆及数量，核对预订价格、确定用车时间与付款方式，并且记录汽车运行情况。

3．酒店预订礼仪

掌握旅游团对住宿的要求，根据住宿要求搜索符合要求的酒店。预订房间时要表达清晰，准确告知需使用房间的数量及使用时间，并确定价格与合约中的价格无出入。

4．餐饮预订礼仪

掌握旅游团对餐饮的要求。向提供团队餐的酒店进行预订，向对方提供团队餐的要求及餐标。此外,还要看人员中是否有少数民族或宗教信徒,饮食上有无特殊要求,以便提前通知餐厅。有些餐厅还需专门确定司陪餐的供应情况,协商付款方式。将协商好的用餐情况记录好,包括餐标、人数、付款方式、预订人姓名及联系方式。

5. 景点门票预订礼仪

根据旅游团行程安排,预订相关景点门票。计调人员预订门票时要注意礼貌,准确告知购票人数,旅行社名称以及付款方式、预订人姓名、联系方式等。

(三) 计调服务礼仪规范

1. 准确制定并按规范书写团单,向导游告知线路安排

(1) 需将整个旅行中的吃、住、行、游、购、娱各个环节的预订人姓名及联系方式写入团单,将各个环节的结算方式及结算款数额清楚地标注。书写团单时一定要字迹清楚、用词简练。

(2) 将整个旅行中各个环节的服务要求告知导游,要求其严格遵守。主要告知特殊成员的用车、住宿、用餐、门票情况及款项结算情况。

2. 协助导游领取团款及导游用具

计调人员仔细核算团单中由导游现金支付的款项总金额,并填写好借款单,签字后交由导游人员借款。

3. 指导处理突发事件或者意外事件

计调人员在出团前应详细告知导游人员出团过程中需要注意的事项。计调人员保持24 小时通讯通畅,如遇突发事件或意外事件,能及时知晓并协助处理。

4. 报账登账

一般在送团后的1—3 天内,导游向计调人员进行报账。计调人员将导游写好的报账单进行审核,询问事先无预算的款项支出。

⚙ 任务拓展

(1)有个旅游团的线路是去内蒙古和山西的,因团队价位较高,计调部经理想安排好一点,于是决定在内蒙古安排游客住豪华蒙古包,即二人一包,和星级饭店一样有独立卫生间;在山西省则住太原的四星级饭店。结果团队对住房并不满意。他们说在内蒙古还不如住六人一包的普包,这样才像住蒙古包,大家济济一堂,那才热闹,才有来到内蒙古的感觉;对于在太原安排住四星级饭店,他们更愿意住在平遥古城,第二天早晨也不必赶时间,又能在平遥城好好逛逛。这算不算"赔了夫人又折兵"呢?

请问：

客人为什么会对这次的住宿安排不满意？

（2）在一个旅游黄金周，因旅游车故障，旅游团必须在外多停留一宿。因黄金周住房相当紧张，计调部被迫临时决定在某市找住房，而这个旅游团又比较大，计调人员当天下午联系饭店，不得不分两处住宿。计调人员在告知全陪饭店的地址时，误把"青年"路，说成"青春"路，结果导致全陪和司机在陌生的城市到处找，耽误了游客的时间。这个旅游团恰巧又是个教师团，非常重视语言表达问题。游客说："你们计调经理怎么出现这么重大的失误，太差劲了！"可想而知，全陪导游无言以对，只得暗暗叫苦。

（资料来源：https://wenku.baidu.com/view/c6b4168bcc22bcd126ff0c67.html.）

请问：

计调人员应该具备怎样的素质？

工作任务四　导游人员服务礼仪

◎ 任务导入

"十一"黄金周期间，阳光国际旅行社派卢导带一个32人的旅游团参加广州一日游，本来行程安排里有去上下九步行街参观，参观时间为1小时，考虑到人多又怕堵车，卢导就决定带团去广州大学城参观，一来节约时间，二来这是一个新景点。卢导没有和游客商量就直接去了大学城参观，虽然游客们玩得很开心，但在回来的路上还是有人抱怨卢导没有按合同执行。原以为客人玩得开心就会满意，但是当卢导听到这样的投诉时，心里很不是滋味……

分析案例中导游员小卢在带团过程中存在哪些问题？应如何纠正？

◎ 任务解析

（1）导游员小卢擅自改变了行程，没有按合同进行旅游活动。在导游服务过程中，如果有必要改变旅游路线，应与领队或全陪商讨决定，或与游客商量征得绝大部分人的同意才行。

（2）导游上团前要做好承受抱怨和投诉的心理准备，面对游客的抱怨要微笑倾听、耐心解释和妥善处理，多使用柔性语言。确实是自身的错误要及时道歉，采取补救措施。

◎ 知识链接

一 旅行社导游人员工作职责简介

导游员是旅行社的核心，是旅游接待服务工作中的一线工作人员。导游人员工作涉面广、工作量大,与旅游者的交往、接触时间长,给旅游者留下的印象最为深刻,是旅行社的窗口和灵魂。

导游员的工作职责主要是按照接待计划安排和组织客人参观、游览;负责向旅游者提供向导、讲解、介绍旅游资源等相关服务;配合和督促有关单位安排旅游者的交通、食宿等,保护客人的人身和财物安全;耐心解答旅游者的问询,协助处理旅途中遇到的问题,反映旅游者的意见和要求等。

(二) 导游人员服务礼仪规范

导游服务是旅游服务中一个重要的组成部分,既是一门专业又是一门艺术。导游服务和服务礼仪的表现对整个旅游接待工作的成败起着至关重要的作用。因此,导游人员要有良好的职业素质,在为旅游者提供服务时必须有强烈的责任感和服务热情,在对旅游者的迎送、与旅游者的沟通协调、游览服务、讲解和处理突发事件的过程中注重礼节礼仪,行为举止要规范,服务周到,努力使旅游者在整个旅游过程中有亲切、愉悦感和宾至如归感。

(一) 导游人员的基本礼仪

1. 导游人员的仪容仪表礼仪

(1) 在日常生活中养成讲卫生、爱清洁的习惯,这不仅是导游人员个人文明的表现,也是导游职业礼仪的基本要求。上岗时,导游员更应保持良好的仪容修饰。女导游人员不要浓妆艳抹;男导游人员应避免蓄长发、染发、剃光头、留胡须。导游人员佩戴饰物要适度、适当,带团时,一般除了代表本人婚姻状况的指环外,导游人员佩戴的饰物不宜过多。

(2) 导游人员在着装上要遵循职业工作者的基本服饰礼仪的规范要求,着装以朴素、整洁、大方且便于行动的休闲服装为宜。带团时,导游人员的服装穿着不能只是一味追求舒适和方便,更不能一味强调自己的习惯,一定要注意自己着装的美观和标识的意义,注重着装对客人情绪的影响,着装不可过于时尚、怪异或花俏,以免喧宾夺主,使客人产生不必要的反感。

2. 导游人员的仪态礼仪

带团过程中,导游人员保持合乎规范、优雅大方的工作仪态是带团的基本礼仪要求。

(1) 站姿。导游人员的站姿应稳重、自然。站立时,身体直立,挺胸收腹,双肩后展,两臂自然下垂(除手持话筒外),两脚打开或与肩等宽,或呈"V"字形,身体重心可轮流置于左右两脚之上。若无特殊情况,双手忌叉腰,或插在衣裤袋中,或将双臂相绕置于胸前。

(2) 坐姿。端正是导游人员坐姿的基本要求。即便是在行进的汽车上,导游人员也应注意保持规范的坐姿,双手可搭放在座位的扶手上,或交叉于腹部前,或左右手分放于左右腿之上。双腿自然弯曲,男士两膝距离以一拳为宜;女士双膝应并拢,切忌分腿而坐。此外,无论男女,坐姿均不可前倾后仰、东倒西歪,不跷二郎腿,以脚底示众,不随意抖动腿脚。

(3)步态。步态是导游人员最主要的一种工作姿态,导游人员前行引导、登山涉水,无不靠行走来完成其导游工作。带团时,导游人员的步态应从容、轻快,即上体挺直,收腹挺胸,身体重心略向前倾;双肩放松,两臂前后自然摆动;步幅适中、均匀,步位平直。行进中,避免弓背、哈腰、斜肩、左右晃动、双手插袋、步伐滞重,更不得随意慌张奔跑。

(4)交谈时的体态。与人交谈,注意体态的适当配合,要避免手舞足蹈,不要用手指指人,双手不能交叉于胸前或背后,不要手插裤袋,更不要攥紧拳头,不要疯笑,切忌对人动手动脚。

3. 导游人员的语言表达礼仪

语言是导游服务的重要手段和工具,导游人员的服务效果在很大程度上取决于其语言的表达能力。导游人员驾驭语言的能力越强,信息传递的障碍就越小,旅游者满意的程度也就越高。导游人员在服务过程中,必须讲究语言艺术,力求表达得体,要善于运用礼貌语言并注意表情、目光、手势等身体语言的适当配合。准确的语言、彬彬有礼的态度、潇洒的风度是导游人员服务成功的保证。

导游人员在服务过程中要注意时刻使用礼貌用语,使用礼貌用语的态度一定要诚恳。同时,导游人员在语言表达方面应力求做到达意、流畅、得体、生动和灵活。

(1)达意。语言的达意是要求导游人员所传递的信息不仅要准确,而且要被客人所理解。导游语言的达意主要表现在三个方面:一是发音正确、清楚;二是遣词造句准确、简洁;三是表达有序,条理清晰。切忌空洞无物、言过其实,更不该无中生有、胡编乱造。

(2)流畅。流畅即要求导游人员的语言表达连贯。若无特殊情况,一般言语中间不作较长时间的停顿,语速适中,快而不乱,慢而不滞。口语表达中过多的重复和停顿以及不良的习惯无疑都会影响客人的倾听效果。

(3)得体。所谓得体就是言语运用要妥当、有分寸。导游语言必须符合导游人员的角色身份,以真正体现对客人的尊重为前提。在带团过程中,应多用敬语、服从语以及委婉、征询的句式与客人交流。此外,还应避免客人的言谈忌讳。

(4)生动。生动是导游语言较突出的特点。导游人员在讲解内容准确的前提下,应以生动、有趣且具感染力的语言活跃气氛,增强客人的游兴,以趣逗人。照本宣科、死板老套的表达方式不可取,"黄色幽默"、低级趣味的笑话更应杜绝。

(5)灵活。灵活强调导游人员的语言表达应做到因人、因地、因时而异,导游人员在讲解时必须充分考虑客人的文化背景、认知水平、兴趣爱好及职业特点等因素,并据此有针对性地选择内容和表达方式,以提高客人的接受能力和理解能力。

4. 导游人员遵守的基本原则

(1)守时守信。遵守时间是导游人员应遵循的最基本的礼仪规范。导游人员应按照规定的时间提前到达会合地点与客人会面。若有特殊情况，必须耐心地向客人解释，以取得谅解。导游人员还应该做到诚实守信，答应客人办理的事情，必须尽力帮助客人处理并及时告知处理结果。

（2）尊重客人。导游人员在带团过程中，应尊重旅游者的宗教信仰、风俗习惯，要特别注意他们的宗教习惯和禁忌。对客人应一视同仁，不厚此薄彼，对于旅游团中的长者、女士、幼童及残疾客人等特殊人员应给予更多的关照，做到体贴而非同情、怜悯。对重要客人的接待服务应把握好分寸，做到不卑不亢。对随团的其他工作人员也应给予应有的尊重。遇事多沟通，多主动听取意见，以礼待人。

（3）互敬互谅。导游工作只是整体旅游接待工作的一个组成部分。如果没有其他相关人员，尤其是随团的汽车司机，旅游景点、购物商场以及酒店等一系列为客人提供直接和间接服务的工作者的大力支持与通力合作，导游服务接待工作就无法圆满完成。

（二）导游人员的迎送服务礼仪

1. 旅游团到达前的准备工作

接到接团任务后，做好仪表仪容准备，带好各种导游必需品，包括导游 IC 卡、行李牌、导游喇叭、导游旗和接站牌等，做到仪容仪表整洁大方。

接团前一天熟悉接待计划，了解旅游团的基本情况和行程安排。仔细核对、落实接待车辆，就餐安排和住房情况等。

2. 导游人员接站服务礼仪

（1）热情迎接。导游人员应佩戴导游胸卡、打社旗及持接站牌至少提前 30 分钟到达机场、车站或码头迎接客人。客人抵达后，导游人员要主动、热情地上前迎接，先做自我介绍，再确认对方身份，寒暄问候，核对团号、实际抵达人数、名单及特殊要求等。导游应协助客人将行李集中放在指定位置，进行清点和检查，如果发现有丢失、损坏等现象，应积极向航空公司或其他相关部门报告、登记，如果行李没有丢失或损坏，则移交给行李员，办好交接手续。

（2）有序乘车。迅速引导客人来到已经安排妥当的交通车旁，指导客人有秩序地将行李放置于行李箱后，再招呼客人有秩序地上车。客人上车时，导游人员应主动、恭敬地站立于车门口，欢迎每一位客人，并协助其上车，待客人上齐后方可上车。客人落座后及时清点人数，清点人数时，有条件者可使用计数器清点，亦可用默数法或标准点人数法清点，即右手自然垂直向下，以弯曲手指来记数。忌用社旗来回比划，也不能用手拍打客人的肩背部位，更不得用单手手指对客人头部或脸部指指点点。

（3）致欢迎辞。车启动之后，待客人坐稳，导游人员致欢迎辞，对客人的到来表示热烈的欢迎，提前将即将进行的活动安排、集会时间和地点等相关信息明白无误地向全体客人通告，并再次告知旅游车的车牌号码及司机姓名，以方便掉队者的寻找。致欢迎辞时，导游人员站姿要到位,表情自然,与客人保持良好的"视觉交流",目光应关照全体在场者,以示一视同仁。手持话筒,音量适当,规范讲解。手势力求到位,动作不宜过多,幅度不宜过大。

3. 导游员送客服务礼仪

(1)送客前的准备。客人离开的前一天,导游人员要核实旅游团团名、代号、人数、去向、航班号、起飞时间和机场(车站、码头)名称等。与全陪、领队一起商定行李出房时间、用餐和离开酒店的时间,并将之告知所有旅游者。

(2)离店安排。提醒客人携带好行李物品,协助客人办理退房手续。礼貌等候客人上车,并清点行李件数和人数,再次提醒客人不要遗忘随身物品和证件。

(3)致欢送词。在送行途中要致欢送词,使客人感受到自己的热情、诚恳、礼貌和教养,并预祝大家旅途愉快,向客人表达希望再次为其服务的愿望。即使在旅游活动中,出现过导游人员与客人之间的摩擦或误会,在送别客人时,导游人员也要表现出应有的礼貌、礼节和礼仪。尽量做到旅游活动的善始善终,尽一切努力让客人满意。

(4)离别礼仪。到达机场(车站、码头)后,要协助旅游者下车,提醒其带好随身物品,检查车内有无遗留物品。协助旅游者办理好离站手续,与全陪做好交接工作,将旅游者送至站台或机场安检处。待汽车(火车、轮船)启动或飞机起飞后,导游人员方可离开。

若自己确实有其他事情不得不提前离开,一定要向客人说明缘由并真诚地向客人致歉。若客人乘坐的车、船、飞机晚点,应主动关心客人,必要时留下与领队共同处理有关事宜。

(三)导游人员游览服务礼仪

1. 出发前的准备工作

导游人员在出发前要注意自身的仪容仪表,提前10分钟到达集合地点。应将表明自己工作身份的胸牌或胸卡,如导游证或领队证,按有关规定佩戴在上衣胸前指定的位置。主动热情地向客人打招呼,准备集合登车。

2. 途中讲解服务礼仪

(1)仪容仪表良好。导游人员的着装应得体、整洁,做到持证上岗、挂牌服务。在为客人提供服务时,做到微笑迎客、主动热情、端庄大方。

(2)讲解准确顺畅。导游人员应熟悉业务,具备广泛的知识面。讲解内容应健康,不掺杂封建迷信、低级庸俗的内容。要注意讲解的针对性、科学性,应根据不同的景点进行详略不同的介绍,如有的介绍可以具体详尽,有的可以活泼流畅,有的可以通俗易懂。此外,还应注意给客人留有摄影时间。

(3)热情答复客人的提问或咨询。对客人的提问,尽量做到有问必答、有问能答;对回答不了的问题,致以歉意,表示下次再来时给予满意回答;与客人进行沟通时,说话态度诚恳谦逊,表达得体,例如,"请您随我参观""请您抓紧时间,闭馆时间到了""欢迎您下次再来"等。

3.游览服务注意事项

(1)服务主动热情,安排的旅游行程、生活起居要满足客人的需求。主动关心和帮助老人、小孩、残疾人等有特殊需要的客人,积极帮助他们解决旅行中的实际困难。

(2)行走的过程中若遇到难以行走或拐弯之处,应及早提醒客人多加注意,导游人员的行走速度不宜过急过快,以免客人掉队或走失。行走时不应与人勾肩搭背候车,等人时不宜蹲歇。

(3)尊重旅游者的宗教信仰、民族风俗和生活习惯,并主动使用他们的礼节、礼仪,表示对他们的友好和敬重。路遇危险状况时,主动提醒,并按规程及时对客人进行安全疏散,保证客人的安全。

(4)不介绍客人参加不健康的娱乐活动。旅行中,不诱导、强拉客人购物;不擅自改变计划,降低服务标准。善意提醒客人文明旅游。

(5)当遇到客人投诉时,应保持谦逊、克制的态度,认真倾听对方的要求,对其合理的要求应及时予以解决,对其不合理的要求应该礼貌而委婉地拒绝。

(6)游览行进中,导游人员左手持旗,举过头顶,保持正直,以便队尾的团友及时跟进。将社旗拖于地面或扛于肩头都是不合乎规范的做法。

(7)导游人员手持话筒讲解时,话筒不应离嘴过近,也不要遮住口部。

(8)团队离开活动场所之前,应及时提醒客人注意安全,随身携带好自己的贵重物品。

(9)带团购物必须到旅游定点商店,客人下车前,要向客人讲清停留时间和有关购物的注意事项。

(四)导游人员对客沟通协调礼仪

1.善于洞悉游客心理

导游人员应对客人的姓名、国籍、种族、年龄、性别、职业等方面的资料进行详细了解,并对他们的旅游动机、心理需求、游览偏好等情况做出大致的预测,从而对合理安排旅游线路、合理分配景点停留时间、确定景点介绍的侧重点有一个全面的把握,使每位游客玩得开心、游得满意。

2.与客交谈有分寸

导游人员在与客人的谈话过程中态度要认真、诚恳,表情自然,语调亲切,目光坦率诚实,目视游客,语言文雅得体,表达恰如其分、简洁明了。与国外旅游者交谈时,要避免涉及个人、身体、宗教信仰、对方国家内政等话题。谈话最好从天气、新闻、娱乐等中性话题谈起。在客人进行谈话时,要多留时间让对方说话,以获取更多的信息,同时注意观察对方的表情和态度。

3. 及时消除与客人的分歧

当与客人发生分歧时应及时消除,导游人员应把自己的意图明确地表达出来让旅游者了解,同时还要设法让旅游者说出自己的真实想法,以相互了解,以求得与旅游者的意见一致。

4. 认真对待游客的抱怨、投诉

当遇到游客抱怨、投诉时,不管是主观原因还是客观原因,不论责任是否与自身有关,导游人员要保持冷静,耐心倾听。应采用恰当、合理的语言,真诚及时地向旅游者道歉,但不能盲目做承诺。导游人员要协同有关部门一并获得客人的谅解,并对旅游者在投诉中反映的意见向其表示感谢。对于一些重要的投诉或无法解决的问题导游人员要及时报告旅行社。

5. 有技巧地回答客人的问题

有技巧地回答客人的问题主要遵循两个原则:一是原则问题是非分明。当客人提出的某些问题涉及一定的原则立场时,导游人员一定要给予明确的回答。例如,有些问题涉及民族尊严,有些涉及中国的国际形象,对于这些问题,导游人员要是非分明、毫不隐讳,力求用正确的回答澄清对方的误解和模糊认识。二是诱导否定。对方提出问题以后,导游人员不马上回答,而是先讲一点理由,提出一些条件或反问一个问题,诱使对方自我否定,放弃原来提出的问题。

6. 礼貌拒绝客人不合理的要求

导游人员对客人的合理要求应当尽量予以满足,若有些要求不尽合理,导游人员要学会几种符合礼貌服务的拒绝技巧。

(1)微笑不语。满怀歉意地微笑不语,本身就向客人传达了一种"我真的想帮你,但是我无能为力"的信号。微笑不语有时含有不置可否的意味。

(2)先是后非。在必须就某个问题向客人表示拒绝时,导游人员可以先肯定对方的动机,或表明自己与对方在主观上是一致的愿望,然后再以无可奈何的客观理由予以回绝。

(3)婉言谢绝。对于客人不尽合理的要求,导游人员可以运用模糊语言暗示客人,或从侧面提示客人其要求虽然可以理解,但却由于某些客观原因无法满足其要求,为此只能表示遗憾和歉意,并感谢大家的理解和支持。

(五)旅游过程中突发事件的处理礼仪

1. 预防突发事件

(1)导游人员在带团出游前,应对游览计划、交通工具、线路设计、停留时间和用餐地点等做好周密的安排,并根据以往的带团经验充分考虑容易出现问题的环节,提前考虑好万一出现事故时所采取的对策和应急措施。

(2)准备一些常用药品。导游人员在出发前一天应做好天气预报工作,遇到天气变化时要提醒旅游者增减衣服、做好防雨雪工作。行程安排上要留有余地,重点照顾团内的老年旅游者。与司机配合好,提醒司机安全行驶。

(3)进入有危险因素的景点或进行危险的游览活动时,导游人员一定要向旅游者强调安全问题,并备好应急措施,做好相应的应急准备。导游人员在带团过程中要随时注意团内情况,以防外人随团及团内旅游者走失。当旅游者下车时,要提醒其带好随身物品。入住宾馆后向旅游者告知安全须知。

(4)到达用餐地点后,带旅游者通过餐厅通道、楼梯时,导游人员要注意地面是否油腻、湿滑,适时提醒旅游者注意脚下安全。用餐时要及时了解旅游者对菜品的意见和建议,若发现饭菜有不洁、变质、发霉等现象,应及时处理。注意不要因为撤换菜品耽误了行程时间。

2. 处理突发事件

(1)处理漏接和错接。

若出现漏接事故,不管原因是什么,都是旅行社工作上的失误,都是服务质量上的缺陷。旅游者可能会抱怨、发火甚至投诉,此时导游人员应耐心地向旅游者说明情况,诚恳地赔礼道歉,用自己的实际行动和更为热情周到的服务来取得旅游者的谅解。及时采取弥补措施,高质量地完成计划内的各项旅游活动,将旅游者的损失降到最低。

若发生错接事故,而错接所涉及的两个旅游团是同一家旅行社接待的旅游团时,导游人员应立即报告旅行社。经旅行社同意,可不再交换旅游团,两位导游人员交换接待计划即可。交换接待计划后,导游人员应尽快熟悉该团的所有情况、接待要求和预订情况。

若错接的是另一家旅行社的旅游团,导游人员也应立即报告旅行社,经两家旅行社协商,尽快交换旅游团,并向客人实事求是地说明情况,诚恳地进行道歉。

(2)处理行李丢失和损坏。

若在机场发现行李丢失,导游人员应凭机票及行李牌在机场行李查询处挂失,并保存好挂失单和行李单,与机场密切联系。若抵达酒店后才发现行李丢失,应按行李交接手续从最近环节查起。若行李损坏,导游人员应按照"谁损坏谁赔偿"的原则进行处理。一时查不清责任,导游人员应答应遭受损失者予以修理或赔偿,费用掌握在规定标准内,请损失者留下书面说明,发票由地陪签字,以便向保险公司办理索赔。

(3)处理路线与日程变更。

凡是改变旅游路线的要求,包括增减或变更参观地、增减旅行天数或改变交通工具等要求,必须由领队提出,经与接团社研究,认为有可能变更,提出意见请示组团社后,导游人员才可实施新的旅游计划。

接待外国旅游团时,若个别旅游者要求在全团旅行结束后延长在华时间,如果无需延长签证期限,经请示接团社、组团社获得许可后,可同意延长;若需要延长签证期限,由接团社办妥签证手续,延长期间费用由旅游者本人自理。若全团持集体签证,而有客人要求延长旅游时间或中途离团,必须在出境前一站城市办妥分离签证,以免在抵达出境城市时因时间仓促而耽误全团出境。

若接团社没有预订上规定航班机票或规定车次的车票,而更改了航班、车次或日期,导游人员应向客人做好解释,及时通知下站接团社,并安排好旅游者当天的食宿。若因天气或其他原因,航班被临时取消,致使旅游团不能按时离开所在城市时,导游人员应注意争取与领队合作,稳定旅游者情绪,并立即与内勤联系,安排好旅游者当天的食宿。

（4）处理旅游者伤病。

若在旅游过程中,旅游者出现身体不适或患病,导游人员要沉着冷静,及时处理,对于一般性疾病要劝其及早就医并多休息。

如果旅游者留在饭店休息,不参加当天的游览活动,导游要前去询问其身体状况并安排好用餐等事宜。

若旅游者患重病,导游人员应将旅游者及时送至医院或急救中心治疗（一般由全陪送旅游者去医院）,并及时将情况报告旅行社。同时安排好其他旅游者的活动,努力使旅游活动正常进行。

旅游者病危时,导游人员要及时向接团社汇报,积极组织抢救。如旅游者在乘火车途中发生急症,导游人员应及时与乘务员联系,进行抢救或通知前方站准备抢救。如旅游者突然死亡,导游人员应沉着冷静,立即报告接团社、组团社和保险公司。按旅行社的意见和有关规定办理相关事宜,不得自作主张。死亡过程中每个环节的处理都应有文字依据,以备需要时查证,同时做好其他旅游者的安抚和服务工作。

（5）处理旅游者财物被诈骗、偷盗、抢劫,遭遇行凶。

若旅游者丢失了护照,导游人员应首先详细了解丢失情况,找出有关线索,努力寻觅。若确实找不回,应尽快报告当地旅行社开具证明,到当地公安机关开具出境证明。处理旅游者物品丢失问题时,应迅速了解物品丢失前后的经过,做出正确判断,弄清是遗失还是被盗。若是被盗,要注意保护好现场,迅速向公安部门报告。

若旅游者在旅游过程中遇到行凶、财物被诈骗、偷盗、抢劫等治安事故时,导游人员不能置身事外,更不能临阵脱逃。一旦发生这种突发状况,导游人员要挺身而出,采取行动保护旅游者的人身安全和财物安全。若有人员受伤,应迅速抢救伤员,及时报警并报告旅行社,采取措施稳定旅游者的情绪,做好善后处理工作。

（6）处理交通事故。

在旅行途中若突发交通事故,如撞车、翻车等,旅行社必须迅速派人前往出事地点,指挥现场救护,及时处理事故。

导游人员要立即将伤员送往距出事地点最近的医院抢救,同时,向接团社和组团社汇报,并请示事后处理意见。导游人员要做好现场保护工作,并尽快报告交通警察和治安部门相关人员;做好全团人员的安全工作,事故发生后,除有关人员留在医院外,应尽可能使其他旅游者按原定日程继续活动。

导游人员还要做好事故善后工作。交通事故的善后工作应由交通、公安部门和旅行社出面处理,导游人员应照顾好受伤的旅游者,写好事后情况报告,请医院开具诊断和治疗书,请公安局开出交通事故证明书,以供旅游者向保险公司索赔。

交通事故处理就绪或该团接待工作结束后,导游人员应立即上交事故发生原因及相关处理的书面报告。

(7)处理自然灾害。

若在旅游过程中遇到自然灾难,如火灾、地震、台风及海啸等,导游人员要沉着冷静,应立即报警或请求救助,迅速通知领队及全团旅游者,配合工作人员,听从统一指挥,迅速疏散旅游者,设法将旅游者带至安全地带。旅游者得救后,导游人员应立即组织抢救受伤者,采取各种措施安定旅游者的情绪,解决因灾难带来的生活困难,并在安全的情况下设法使旅游活动继续进行。

(8)其他特殊情况

若发现客人就餐后出现头晕、头痛、恶心、呕吐等不适症状,导游人员除了应立即劝阻客人进餐外,还应迅速护送客人前往医院就诊,同时,尽快报告接团社和卫生检疫部门,妥善安排善后处理事宜。

任务拓展

(1)一个旅游团因订不到火车卧铺票而改乘轮船,游客十分不满,在情绪上与导游形成了强烈的对立。导游面带微笑,一方面向游客道歉,请大家谅解因旅游旺季火车的紧张状况导致了计划的临时改变;另一方面,耐心开导游客乘轮船虽然速度慢一些,但提前一天上船,并未影响整个游程,并且在船上还能够欣赏到两岸的风光,相当于增加了一个旅游项目……游客听完导游的解释,最后还是欣然接受。

请问:

导游是如何化解了游客的不满情绪的?

(2)有一位美国游客问一位导游员:"你认为是毛泽东好,还是邓小平好?"导游巧妙地避开话锋,反问道:"您能先告诉我是华盛顿好还是林肯好吗?"客人哑然。

请问:

导游员的回答客人会满意吗?

项目六
酒店住宿服务礼仪

◇知识目标

1. 了解酒店住宿服务礼仪的相关知识。

2. 了解酒店住宿服务人员对客服务的礼仪规范。

◇能力目标

1. 能规范完成酒店住宿服务礼仪实操。

2. 能熟练运用住宿服务礼仪知识,为客人提供优质服务。

◇素质目标

1. 树立良好的酒店住宿服务人员形象。

2. 能够运用住宿服务礼仪知识提供优质的服务。

3. 培养学生良好的职业规范和职业道德。

工作任务一　前厅服务礼仪

任务导入

在某热播影视剧的某一集中，一位满面笑容、具有绅士风范的酒店大龄门童（即礼宾员）为安某开车门。虽然镜头一闪而过，但很多眼尖的人依然认出了他，他就是酒店业广为熟知的"微笑达人"——陆翯恒。他曾在长沙通程国际大酒店当礼宾员，很多进出酒店的顾客无不被他那发自内心的微笑和热情所打动。他穿着燕尾服，打着领结站在酒店门口，微笑着接待客人，一句句流利的"Good morning""May I help you?"不时从口中蹦出。

2006 年两岸文化交流会期间，香港行政长官曾荫权入住通程国际大酒店，陆翯恒负责为曾荫权开门，下车后，曾荫权主动与他握手，并称赞他的笑容"有如春天般温暖"。2009 年，他由网民提名参选"湖南省礼宾明星"，网络得票数位列榜首。外国客人也称赞他是这家五星级酒店"五星中的一颗"。由于他出色的礼宾水平，受上海虹口喜来登酒店的邀请，做了该酒店的礼宾顾问。之后，某剧组入驻喜来登酒店，陆翯恒像以往一样用微笑和热情去迎宾，他感染每一位客人的礼宾风采通过该电视剧展现在了亿万观众的面前（见图 6-1）。

问题：请结合"微笑达人"陆翯恒的故事，分析一名优秀的酒店大堂员工应该具备哪些礼仪素养？

图 6-1　"微笑达人"——陆翯恒

任务解析

酒店大堂员工的精神面貌和工作状态，直接反映出酒店的管理和服务形象。一般而言，一进入酒店前厅，只要看一下员工的形象，再询问其客房数量，得到准确回复，基本就能评估出这家酒店的营业收入和利润。所以前厅部要有一支礼仪素养高、业务能力强的队伍，才能给客人留下良好的第一印象，为之后的接待服务工作奠定基础。

知识链接

一　大堂副理服务礼仪

大堂副理也称"大堂值班经理"，在许多酒店又被叫作"宾客服务经理"，其受酒店委托代表总经理处理宾客投诉,听取客人的各类意见和建议,督导酒店前台与后台区域的运行情况,协调各部门关系,力争通过各部门的共同努力向客人提供优质满意的服务(见图6-2)。

图 6-2   大堂副理

(一) 处理客人投诉服务礼仪

1. 态度诚挚,立场客观

投诉在酒店运营过程中是不可避免的,客人不管出于什么原因和目的投诉,都能对酒店今后不断改进服务策略、提高服务质量提供可借鉴的地方。因此,大堂副理在遇到投诉时,应抱有积极的心态,真诚为客人解决问题,立场客观,不能消极应付或一味迁就。

2. 耐心倾听,做好记录

客人在投诉的过程中会不可避免地出现情绪激动、言语过激的情况,大堂副理要有充分的思想准备,心平气和、善解人意,逐步引导,充分尊重投诉者的心情;要保持冷静,耐心倾听,捕捉客人投诉的目的;在倾听过程中,不要随意插话或打断客人,让其在平静的氛围中发泄,以便缓和矛盾,也可使投诉者获得心理的平衡;要适时点头附和,与客人产生情感共鸣。大堂副理在听取客人投诉时,应对问题要点进行书面记录,表示酒店方对事情的重视,避免客人误认为在敷衍了事,也可作为后期处理投诉的参考依据。

3. 征求意见,解决问题

大堂副理对宾客的投诉,除表示理解、同情、重视、关心外,要迅速根据实际情况做出必要的核查,拿出妥善的解决方案。在处理问题时不能主观武断,不得轻易表态,不要简单地回答"是"或"非",更不可擅自做不合实际的承诺,以免酒店遭受不必要的名誉和经济损失。

4. 加强跟踪,及时反馈

大堂副理与客人达成投诉处理意见后,应当协调相关部门快速采取措施。根据客人留下的联络方式,将处理结果反馈给客人,在最短的时间内消除客人的不满。必要时,通过赠送花篮、果篮或其他小礼品,表示对客人投诉意见的感谢,或对酒店服务不周全表示歉意。

（二）处理突发情况服务礼仪

紧急情况主要指意外停电、客人突发急病或受伤、自然灾害等事先无法预测的事情，它们能考验酒店处理应急事件和复杂问题的能力和水平。大堂副理处理这些问题时，不能仅追求处理结果，还应注意处理过程的礼仪和风度。

1. 保持镇静，理智分析

大堂副理遇到此类事件时，首先应保持镇静，准确判断发生了什么事情，千万不可惊慌失措、东奔西跑，以致引发更多的慌乱。

2. 快速反应，妥善处理

大堂副理要快速反应，采取妥当的措施，根据事件的不同性质采取与之相适应的手段和方法，有序地组织相关人员和客人配合处理。

3. 安抚客人，监控结果

在事情的处理过程中，大堂副理要时刻关注客人的情绪，安抚客人，监控结果，并随时向高层领导反映事情的进展情况，寻求更多的支持和帮助，更快更好地处理紧急事务，恢复酒店的正常运营，保证酒店的利益。

（三）婉拒客人服务礼仪

客人对酒店的要求各不相同，有合理的，也有不合理的；有能满足的，也有不能满足的。大堂副理要巧于周旋，善于沟通，有节奏地满足客人的合理需求，礼貌婉拒客人不合理、非正当的需求。掌握婉拒的服务礼仪，对平衡客人心态、维护酒店声誉和礼仪尤为重要。

1. 态度友善，措辞文明

对于客人提出的有一定合理性，但是受条件限制，无法满足的要求，大堂副理不能态度生硬地直接拒绝，而应态度友善，选择适当的措辞婉言拒绝客人的要求，不让客人觉得没面子。

2. 理由充分，建议合理

对于客人提出的不合理、不正当的要求，大堂副理要保持冷静，鲜明又不失礼节地婉拒客人，建议客人可通过其他途径获得更多的利益。

二 礼宾部服务礼仪

（一）饭店代表服务礼仪

因客人搭乘飞机、火车、汽车或其他交通工具抵达酒店所在城市，酒店就需要提供外接服务,这一工作由饭店代表完成。饭店代表的服务礼仪直接影响着客人对酒店服务水平的感受与评价。因此,饭店代表在外接服务时要注意以下礼仪事项。

1. 准备好外接客人需要的工具

酒店外接客人时,接站人员所需要的工具有车辆和标志牌。接站前,接站人员应根据客人身份、人数、行李数量、喜好与禁忌、天气状况及其他特殊要求提前准备好车辆,并制作好标志牌。标志牌是酒店接站人员与客人联系的纽带,所以标志牌的制作十分重要。标志牌的制作要满足以下几个方面的要求。

(1)标志牌的制作应与酒店的档次和风格相适应,规范而美观。

(2)标志牌上的内容应包括酒店的名称、标志、被接站客人的名字等,字体要规范清晰。

(3)标志牌的材质应为专用材料,不能仅以纸张代替。

(4)标志牌的尺寸应大小适宜,方便识别、拿取和存放。

2. 提前到达指定地点并做好准备

酒店接站人员应至少提前半个小时到达接站地点,不能让客人等待。到达后准备好接站工作,站在方便客人看到的地方等候客人。接站期间若有突发状况,接站人员应及时联系客人进行沟通,并与酒店礼宾部及时互通消息。

3. 热情欢迎,主动帮客人拿取行李

当客人走向标志牌时,接站人员应主动上前问候,自我介绍,并礼貌地确认客人身份。确认无误后,接站人员应征询客人意见,主动为其拿取行李。拿取过程中行李要轻拿、轻放,保持在客人的视线内,以免客人担心。对于客人随手携带的手提包或贵重物品,原则上不要主动拿取。

4. 规范引领,服务客人安全上车

在妥善安排客人的行李后,服务人员应积极规范地引导客人乘车前往酒店。在引领过程中,具体应达到以下规范要求。

(1)根据客人的身份、性别、路况等选择适合的站立位置和行走位置。

(2)引领人员应走在客人的左前方,距离客人1—1.5米,配合规范的手势动作,指引方向。

(3)因道路原因只能与客人并行时,引领人要走道路的外侧,以示尊重;若需接站的客人较多时,应以尊者为中心,内侧次之,外侧最低。

(4)遇到道路转弯或上下楼梯、电梯时,引领人员应及时以手势示意,并提醒客人。

(5)遇到厅堂大门,引领人员应主动上前为客人开门,请客人先行。

（6）到达车辆旁边后，引领人员应提前打开车门并护顶，请客人安全上车。

5．周到服务，送客人抵达酒店

客人上车坐稳后，接站员应对客人表示欢迎。车辆行进过程中，接站员应告知客人行程、所需时间等，也可征得客人同意后，为客人做沿途导游。车辆到达酒店后，提醒客人拿好随身携带物品下车，安排行李员接行李。

（二）门童服务礼仪

门童的工作岗位位于酒店正大门口，位置醒目，所以门童的仪容仪表、体态举止和服务礼仪尤为重要（见图6-3和图6-4）。

图 6-3 开启车门服务　　　　　　　　图 6-4 开门服务

1．文明礼貌地引导车辆

酒店门前空间有限，抵店客人多乘坐车辆而来，若门童引导车辆不及时或不到位，就可能引起酒店门前交通混乱。因此，门童在岗时，应站位合理，姿势规范，眼观六路，积极主动，指挥到位，服务周全。不管工作多么繁忙，门童都要注意服务用语，音量舒适，态度热情而有礼。

2．及时礼貌地迎送客人

客人到店时，门童要做好迎接工作。对于步行到店的客人，门童应主动问好，提供开门服务（自动门除外）。客人乘车到店时，门童引导车辆停稳后，及时协助客人下车。具体应做到以下几个方面的工作。

（1）站位合理，提前观察客人所坐的位置，从而确定站在何处为客人提供开车门服务。

（2）注意开车门时动作规范，左手拉开车门至客人能够轻松跨出为宜，右手挡在车门上方，为客人护顶，以免客人碰头，但对于有禁忌的客人则无需如此。

（3）主动问候客人，最好向客人行注目礼，提醒客人带好随身物品。

（4）礼貌询问客人是否有行李，主动帮客人拿取行李或招呼行李员拿取。

（5）填写客人所乘车辆的号码牌，并交予客人，以便后续查找。

（6）提供特殊服务，如雨天为客人准备雨伞、搀扶老人、进行温馨提示等。

当客人从大堂走出时，门童应主动提供开门服务；若是客人结账离店，门童还应主动告别，并祝客人旅途愉快。

3. 耐心细致地回答客人的问询

当客人问询时，门童应认真倾听，耐心讲解；若遇到自己不清楚或不熟悉的问题，不能直接说"不知道""不清楚"来搪塞客人，应先向客人致歉，然后寻求同事或上级的帮助，尽量帮助客人解决问题。

4. 主动热心地协助行李员

门童和行李员是礼宾部的两个核心岗位的工作人员，两个岗位的工作职责有所不同。但是在很多酒店中，为了节省劳力和提高服务质量，两个岗位会合岗，或者分岗不分家。所以，门童不但要熟悉行李员的服务，在高峰期还要协助行李员提供行李服务。

5. 认真负责地做好门前工作

门童在岗时，还要做好门前保卫、大门卫生保养等工作。若酒店门口悬挂旗帜，还要按酒店规定定期升旗。

（三）行李员服务礼仪

行李员主要提供行李相关服务，如客人入店和离店时的行李搬运、寄存和发放，还提供递送信件、包裹、留言单和公共区域找人等服务。每一种服务既要标准规范，又要符合服务礼仪要求（见图 6-5）。

（a）

（b）

图 6-5　行李服务

1. 行李入店搬运服务礼仪

（1）情绪饱满，站位适宜。行李员作为酒店的又一门面岗位，其仪容仪表、仪态举止的重要性如同门童。行李员还要调整好自己的精神状态，展现积极、主动、热情的一面，视客人抵达时的具体情况灵活地选择站位，方便及时上前提供行李服务。

（2）礼貌热情，操作规范。行李员在拿取行李时，与客人核实行李的件数，主动帮客人拿行李，但也要尊重客人的意愿，热情有度。引客人到前台办理入住手续时，行李员拿取行李站在客人身后1—1.5米处等候。客人办完手续后，礼貌接过客人房卡并引领客人上楼。到达楼层后，按规范程序开门，行李员先进房间检查一切正常后，方可请客人进入，然后把行李放在行李架上或客人指定的地方，并再次确认件数。在征得客人同意后，行李员简单介绍房间的设施设备和服务项目。确认客人无其他需求后，礼貌地与客人道别，面向客人退出房间，轻轻关上房门，返回工作岗位并及时进行信息登记。

2. 行李离店搬运服务礼仪

（1）取送行李规范、及时。当行李员接到客人要求提供行李服务的电话时，一定要与客人核对房号、行李件数、拿取时间等，及时拿取行李。

（2）摆放有序。客人行李较多时，行李员应使用行李车搬运。在摆放行李时，要按规范操作，将重的、大的行李放在下面，并注意保证行李的完好性。行李交接完毕后，返回工作岗位并填写"行李出店登记表"。

3. 客人换房的行李搬运服务礼仪

行李员在接到客人换房后要求提供行李服务的通知时，要先与客人核对原房间号、新房间号、行李件数等，及时提供服务。行李员进出客人房间和行李取放礼仪要求同上。退出房间前要收回客人原有的房卡，将新卡交给客人，返回大堂后将收回的房卡交于前厅接待员，并填写"换房行李登记表"。

4. 行李存取服务礼仪

酒店礼宾部免费为住店客人提供行李存取服务。行李的寄存和发放要符合规范。

（1）行李寄存服务礼仪。当客人提出需寄存行李时，行李员应礼貌地核实客人的身份和行李的件数，主动向客人申明酒店有关行李寄存的规定，询问并检查客人所要寄存的物品是否符合酒店的规定，请客人按要求填写"行李寄存单"。接收客人行李时，按行李大小、存取时间等将行李放置在行李房的合适位置。同一客人的多件行李应串联在一起存放，将行李寄存牌上联挂在行李上，下联交于客人，并告知客人凭借行李寄存牌领取行李，提醒客人小心保管，行李寄存好后，向客人道别。

（2）行李发放服务礼仪。当客人前来领取寄存的行李时，行李员要核实客人的身份，确认行李件数，收取并核对行李寄存牌，确认无误后从行李房中取出行李，交于客人查验。

客人确认后,礼貌地向客人道别。

(四)"金钥匙"服务礼仪

"金钥匙"是一种"委托代办"的服务概念,既是一种专业化的饭店服务,也是一个国际化的民间专业组织,又是对具有国际金钥匙组织会员资格的饭店礼宾部职员的特殊称谓(见图6-6、图6-7)。其服务水准是酒店业的标杆和典范,它是酒店服务质量和管理水平的象征。在现代酒店业中,"金钥匙"已成为为客人提供全方位"一条龙"服务的岗位,只要不违反道德和法律,任何事情"金钥匙"都会尽力办好。"金钥匙"的服务礼仪包括电话礼仪、迎送礼仪、问候礼仪、介绍礼仪、沟通礼仪、陪同礼仪、物品递送礼仪、委托代办礼仪等。与前面章节重复的内容本章不再陈述,这里主要介绍委托代办礼仪。

图 6-6   国际饭店金钥匙组织徽章

图 6-7   中国饭店金钥匙组织徽章

1. 详细了解客人的要求

礼宾员接到客人的委托代办事项时,要尽可能详细地了解客人的具体要求,特别是细节内容,它决定着礼宾员的行动,也是礼宾员能否完成委托代办事项的重要前提。

2. 及时回复,竭尽全力办好委托事项

礼宾员一旦确认在酒店和自己的努力范围内能够满足客人的需求,就应及时行动,实时与客人联系,沟通事项的进展情况,争取在最短的时间内完成客人交办的事情。

3. 量力而行,诚实守信

对于一些的确无法满足的事宜,礼宾员应量力而行,耐心解释,不可盲目承诺;对于向客人承诺的事宜应本着诚实守信的原则,按时保质完成。在服务过程中,礼宾员应遵从酒店的服务礼仪规范,面对客人的不满或投诉时,要调整心态,真诚耐心地听取客人的意见,做好解释和跟进工作,不能与客人争执、辩解,更不能避而不见,消极对待。

(三)　总服务台服务礼仪

总服务台简称总台或前台,位于酒店大堂,是前厅部为宾客提供服务的中心。酒店总台被誉为酒店的"窗口"。前台接待人员的服务礼仪水平如何,对于前台服务形象的塑造意义重大,客人也通过与接待人员的直接接触评判酒店的服务水平。

(一)　预订服务礼仪

(1)客人到服务台预订时,预订员要热情接待,主动询问需求及细节,并及时予以答复。若有客人要求的房间,要主动介绍设施、价格,并帮助客人填写订房单;若没有客人要求的房间,应表示歉意,并推荐其他房间;若因客满无法接受预订,应表示歉意,并热心为客人介绍其他饭店。

(2)客人电话预订时,要及时礼貌地接听,主动询问客人的需求,帮助落实订房。订房的内容必须认真记录,并向客人复述一遍,以免出现差错。因各种原因无法接受预订时,应表示歉意,并热心为客人介绍其他饭店。

(3)受理预订时应做到报价准确、记录清楚、手续完善、处理快速、信息资料准确。

(4)接受预订后应信守订房承诺,切实做好客人来店前的核对工作和接待安排,以免出现差错。

(二)　入住服务礼仪

(1)接待员应着装整洁、仪容端庄、优雅站立、精神饱满地恭候客人的到来。客人离总台3米远时,应给予目光的注视。客人来到台前,应面带微笑热情问候,然后询问客人的需要,并主动为客人提供帮助。若客人需要住宿,应礼貌询问客人有无预订。

(2)高峰时段接待的客人较多时,要按顺序依次办理,做到"接一顾二招呼三",即当下接待一位客人,嘴里招呼另一位客人,通过眼神、表情等向第三位客人传递信息,使顾客感受到尊重,不被冷落。

(3)验看、核对客人的证件与登记单时要注意礼貌,"请""谢谢"要常挂在嘴边。确认无误后,要迅速交还证件并表示感谢。当知道客人的姓氏后,应尽早称呼姓氏,让客人感受到热情、亲切和尊重。

(4)给客人递送单据、证件时,应上身前倾,将单据、证件文字正对着客人,双手递上;若需客人签单,应把笔套打开,笔尖对着自己,右手递单,左手送笔。

(5)敬请客人填写住宿登记单后,应尽可能按客人要求安排好房间。把客房钥匙交给客人时,应有礼貌地介绍房间情况,并祝客人住店愉快。

(6)如果客房已客满,要耐心解释,并请客人稍等,看能否还有机会预订。此外,还可为客人推荐其他酒店,主动打电话联系,以热忱的帮助欢迎客人下次光临。

(7)重要客人进房后,要及时用电话询问客人:"这个房间您觉得满意吗?""您还有什么事情,请尽管吩咐,我们随时为您服务。"以体现对客人的尊重。

(8)客人对酒店有意见到总台陈述时,要微笑接待,以真诚的态度表示欢迎,在客人说话时应凝神倾听,绝不能与客人争辩或反驳,要以真挚的歉意妥善处理。

(9)及时做好宾客资料的存档工作,以便在下次接待时能有针对性地提供服务(见图6-8和图6-9)。

图6-8　收取宾客证件

图6-9　请客人签字

(三)换房服务礼仪

1. 聆听要求,及时回复

客人入住后会因为卫生、朝向、噪音、设备、楼层等各种原因提出换房要求。不管客人的要求是否合理,接待员都应该认真聆听客人的换房要求。同时,对于超出自己的权限范围和酒店政策规定的换房要求,可以向上级领导汇报;对于的确无法满足的要求,应耐心向客人说明解释;对于马上能够做到的要求,应及时给予回复,并告知客人需要配合的事项。

2. 快速安排,减少等待

客人的换房要求能够满足时,应快速安排行李员到楼层协助客人搬拿行李,引领客人到达所换房间,办理好房卡交接。对于因房间清扫等原因即刻不能满足的换房要求,应告知客人大概时间,以消除客人心中的疑虑。

3. 适时回访,征求意见

当客人换至新客房后,为了解客人的满意程度,体现对客人的尊重之意,前台接待人员应主动打电话到房间询问客人感受。时间一般在客人进房间的5—10分钟,时间过短,客人还没有来得及观察和感受客房;时间过长,客人觉得酒店的服务不够及时,对客人的重视程度不够。

(四)退房服务礼仪

(1)客人来总台结账退房时,收银员应微笑问候。为客人提供高效、快捷而准确的服务。切忌漫不经心,造成客人久等的难堪局面。

(2)确认客人的姓名和房号,当场核对住店日期和收款项目,以免客人有被酒店多收费的猜疑。

(3)递送账单给客人时,应将账单文字正对着客人;若需客人签单,应把笔套打开,笔尖对着自己,右手递单,左手送笔。

(4)当客人提出酒店无法满足的要求时,不要生硬拒绝,应解释后委婉地拒绝。

(5)如结账客人较多时,要礼貌示意客人排队等候,依次进行,以避免因客人一拥而上,引起收银处混乱、造成结算差错等情况的发生。

(6)结账完毕,要向客人礼貌致谢,并欢迎客人再次光临。

(四) 总机服务礼仪

(一) 接听服务礼仪

1. 声音明润,精神饱满

接听人员应始终保持良好的精神状态,语音清晰,态度亲切,晚班期间接听电话也不例外。

2. 及时接听,自报家门

接听人员应在电话铃声响起10秒内接听应答,并主动、清晰地问候,根据内外线情况,报出酒店名称或酒店部门。

3. 准确称呼,主动问候

接听人员应采用"有什么可以帮助到您"的语言形式,主动表示提供服务的意愿;来电方说出具体事宜后,接听人员在提供服务前,以"先生/女士,贵姓?"的语言形式礼貌问询对方的称呼方式,在后续的服务中,应准确称呼。

4. 及时回应,正确处理

接听人员根据对方的要求和酒店的服务规程,对其要求做出回应和处理。来电等待较久时,要及时致歉,通过努力却依旧不能满足对方的要求时,也应主动解释和致歉;比较复杂的要求需要总机服务员直接进行处理时,要进行要点记录,并向对方进行复述确认;如果对方是老年人或是语言表达不顺畅的客人,总机服务员应适当放慢语速,并适当安慰对方不要着急,慢慢讲清;对于拨错电话的来电,也应以礼相待。

5. 礼貌告别,适时挂断

通话结束时,总机服务员应主动感谢对方来电,礼貌告别,并在对方挂断电话后,或者说出告别语 3 秒后挂断电话(见图 6-10 和图 6-11)。

图 6-10　微笑接听来电

图 6-11　微笑应答电话

(二)转接服务礼仪

接听需要转接的电话时,总机服务员应准确、及时、无差错(无人接听时,15 秒后转回总机),并做好以下服务工作。

1. 住客电话处理

对于打给住客的电话,总机服务员必须问清来电人姓名,向住客确认是否转接接听,住客同意转接则迅速办理转接服务,若住客不想受到打扰,则帮住客婉言拒绝。

2. 查询住客房间

若有来电查询住客房间号码,总机服务员也需征得住客同意才能告知来电人,住客在酒店内的相关信息要保密,一般不允许私自告诉外人。

3. 转接电话服务

转接电话中,设置轻柔舒缓的等待背景音乐,转接电话 15 秒内没有接听,总机服务员应重新转回总机,对来电人进行说明,请其稍后再打过来;若转接电话需要留言,则将来电的主要信息(来电人姓名、电话号码、来电时间、主要事宜及住客房号等)记录下来,稍后转告住客。

4. 找寻工作人员

工作时间内,若有外来电话需要联系酒店工作人员,一般不转,若有特殊事宜,可转所在部门办公室或部门负责人接听。

(三)叫醒服务礼仪

1. 确认叫醒信息

总机服务员要准确记录好宾客叫醒服务的时间、房间等具体要求,并对宾客的要求进行复述,确保信息准确。

2．设定叫醒程序

如果是电脑自动叫醒服务,应根据记录准确设定叫醒程序。

3．人工叫醒服务

人工叫醒是指员工电话打进宾客房间以叫醒宾客的一种饭店服务的个性化方式。其内容包括问候宾客、告知时间、通报天气情况及询问是否需要再次提醒。

4．未接听的服务

若宾客没有接听叫醒电话,一般五分钟左右再进行一次叫醒,若仍无人接听,应立即联系客房服务人员实地查看,以便不耽误宾客行程,并防止其出现意外。

5．记录叫醒过程

对叫醒服务进行必要记录,尤其是出现叫醒晚起的情况时,要逐次将叫醒记录进行登记,以便出现投诉纠纷时查证。

（四）咨询服务礼仪

（1）总机服务员应掌握酒店产品的基本信息,以便进行电话咨询的直接服务。

（2）总机服务员还应了解和熟知酒店所在地游览胜地、商业中心、重要单位地址等信息,当宾客来电咨询时,方可热情地进行介绍。

（3）来电需要进行酒店产品的预订时,总机服务员应告知对方相应的预订部门,并将电话进行转接。

五　商务中心服务礼仪

商务中心被客人称为"办公室外的办公室",主要为客人提供传真、复印、文字编辑、收发邮件、翻译等秘书性的工作。商务中心服务员不仅要掌握日常服务礼仪,还要懂得打印、复印、文字编辑等接待服务礼仪。

（一）环境整洁,设备完好

作为一线服务部门,商务中心不能以任何理由降低服务质量,应按酒店规定时刻保证卫生清洁、设施设备完好,随时准备为客人服务。

（二）主动热情,服务规范

当客人到来时,服务员应面带微笑,主动问候,热情地接待客人,礼貌地询问客人的需求,详细了解客人对服务的具体要求,并记录后与客人确认。告知客人此项服务的费用及完成时间。如有疑问,及时与客人商定。

(三)保证质量,按时完成

接受客人的服务委托后,服务员要保证质量,按时完成。处理完成后,及时反馈或让客人审阅,如有问题,诚信致歉并及时处理,保证服务质量。

任务拓展

(1)一天,杭州某饭店大堂内有 20 位宾客集中在大堂副理面前,要求立即开启空调。他们是该饭店接待的中国旅行社的马来西亚系列团之一的宾客,大多数人第一次来到中国,宾客投诉房间太闷热。他们在国内时旅行社承诺是入住四星级饭店,他们认为,四星级饭店就应该开空调,这下可使大堂副理犯难了。因为在接待这批宾客之前,有一位从荷兰来的有 80 位退休教师的大团领队刚来大堂副理处反映房间内太凉,希望能开暖气,因为这批退休教师都在 60 岁以上,身体不是很好,当时室内温度是 18℃,室外是 15℃,不开空调尚且如此,更不要提开了冷气会导致什么后果,可是前述 20 位宾客的不满态度及一副不开冷气誓不罢休的架势,又让大堂副理不知所措。

(资料来源:花立明,张艳平. 前厅客房部运行与管理[M]. 北京:北京大学出版社,2013.)

请问:

大堂副理该如何同时解决两批宾客截然相反的要求呢?

(2)三年前,韩国一家大集团副总裁到澳大利亚出差。当他住进里兹·卡尔顿饭店后,他打电话给该饭店客房服务部门,要求将浴室内放置的润肤乳液换成另一种婴儿牌的产品。服务人员很快满足了他的要求。

在那的三周后,当这位副总裁住进美国新墨西哥州里兹·卡尔顿饭店时,他发现浴室的架子上已经摆着他所熟悉的乳液,一种回到家的感觉在他心中油然而生。

"凭借信息技术和多一点点的用心,里兹·卡尔顿饭店使宾至如归不再是口号。"里兹·卡尔顿饭店澳大利亚地区品质训练负责人琴·道顿女士道出了里兹·卡尔顿饭店成功的秘密,"在里兹·卡尔顿全球联网的电脑档案中,详细记载了超过 24 万个客户的个人资料。这是每一个顾客和卡尔顿员工共同拥有的秘密,使顾客满意在他乡。"

(资料来源:花立明,张艳平. 前厅客房部运行与管理[M]. 北京:北京大学出版社,2013.)

请问:

读过案例之后,你有何启示?

工作任务二　客房服务礼仪

 **任务导入**

某五星级酒店,客房服务员小张正在楼层做清洁,一位喝醉酒的客人回到酒店见到小张就叫道:"服务员,帮我开这个房间!"小张基于对客人的热心,在未核实客人身份的情况下,没有按服务规范先敲门,立即就帮客人打开了房门;而后,又没有按操作规范先将门打开一部分,自己先进房查看,而是直接把门打开后,转身离去。可就在小张离开后,这位醉酒的客人进到房间突然傻眼了,里面还住着另外一位客人,里面的客人同时也惊呆了,两位客人突然陷入了尴尬的局面。

第二天一早,这两位客人在结账时,都向酒店提出了投诉。

(资料来源:https://wenku.baidu.com/view/07eec654b90d6c85ed3ac660.html.)

请问:

小张在整个服务过程中犯了哪些礼仪错误?

任务解析

小张在整个服务过程中,犯了以下几个礼仪错误。

(1)当客人叫小张开门时,首先,小张应该有礼貌地委婉地请客人出示房卡以核实身份;其次,若客人醉酒没带房卡,小张也应该呼叫房务中心或总台核实情况。

(2)小张在开门时,没有按服务规范操作,在开启房门前应先敲门2—3次并报"服务员"。

(3)小张在开门后,并没有按操作规范,即先将门开启一部分,自己先进房确认,而是直接将门打开,转身离去。

知识链接

客房是酒店为客人提供的下榻或暂时居住的场所,是客人在酒店停留时间最长的地方,客房服务质量是酒店服务质量的主要标志。作为酒店最主要的产品,酒店不仅要为客人创造清洁、美观、舒适、安全的理想住宿环境,还要提供细致、周到、礼貌的客房服务。所以,酒店既要按标准提供良好的客房空间和配套的设备用品,还要按规范和礼仪提供客房对客服务。

一 迎接客人服务礼仪

客房部的对客服务多为"暗"服务,只有楼层服务岗为客人提供面对面的服务。楼层服务员在对客服务中,不仅要有扎实的服务技能,还要懂得规范的对客服务礼仪,真正为客人创造一个"宾至如归"的住宿环境,让客人住得舒心愉快。

1. 梯口迎宾

楼层服务员应着饭店要求的着装,礼貌规范站立,面带微笑,客人到达楼层后,热情招呼客人。若事先知道客人的姓名,在招呼时应以姓氏尊称客人,如"欢迎您,某某先生/女士!"服务员应主动询问客人房间号,并请客人出示房卡,征求客人同意后接过客人房卡,引领客人到客房门口,开门后先进房间检查,无误后退出客房,请客人进入。

2. 介绍客房

客人进入客房后,服务员应根据客人对酒店的熟悉程度决定是否向客人介绍。对于初到酒店的客人,服务员应向其介绍房间的设施设备及使用方法、酒店服务设施及营业时间等。介绍要征得客人同意或视情况进行,过多的介绍和过度的服务反而会引起客人的不满和反感。

3. 端茶送巾

如果是重要客人,在客人进入客房后,要随即送上茶水和毛巾。形成"客到、微笑到、敬语到、香巾到、茶到"的入门系列服务。

二 日常服务礼仪

(一)进出客房服务礼仪

服务员不得擅自随意进入客人房间。客人在时,必须征得客人同意后才能进房。每次进入客房前都必须轻轻敲门,其礼仪规范如表 6-1 所示。

表 6-1　进入客房服务礼仪

步　骤	礼 仪 规 范
1. 观察	①客房门外各部位的清洁程度; ②有无破损等异常情况; ③是否显示"勿扰"指示灯或门上挂有"勿扰"牌
2. 第一次敲门通报	①站在离房门 40 厘米远的居中位置; ②食指或中指第二指关节轻敲门三下; ③通报"客房服务员"或"house-keeping"

续表

步　骤	礼　仪　规　范
3. 等候	①站在门前 40 厘米远的居中位置； ②仪态自然大方，面带微笑，眼望窥视镜
4. 第二次敲门通报	①与第一次敲门间隔 5 秒； ②操作规范同第一次敲门通报方法相同； ③适当提高敲门通报的声音
5. 第二次等候	与第一次等候相同，以便给客人充分的时间
6. 开锁	①操作时，身体与门保持 30 厘米的距离； ②手持磁卡，对读卡芯，停留约 1 秒，门锁显示绿灯亮方可向下转动门把手
7. 开门	①开左边门用左手，开右边门用右手； ②将房门轻轻推开至 45°角
8. 再次敲门通报	①房门打开 45°角后再次敲门通报； ②通报自己的身份； ③注意观察室内情况
9. 进入房间	①将房门推开靠定； ②房卡插入取电孔取电； ③房门全部敞开，直至服务完毕

（二）整理客房服务礼仪

客房的整理一般一天至少三次，上午、中午、晚上各一次，同时，应尽量避免客人在房间时进行整理。服务时应讲究以下礼仪规范。

（1）打扫客房之前，要先轻轻敲门，征得客人同意后方可进入。

（2）打扫客房时，不能随意翻动宾客的物品。若打扫时需要移动物品，清扫完后，应把物品放回原位。应保证整理房间前后客人留在房里的零钱和首饰未被移动位置。打扫客房时，若宾客在房内工作、读书、会客，不能在旁边窥视、插话；不能利用工作之便探听宾客的私人情况，如年龄、收入、婚姻状况等；不能向宾客索取任何物品；不能拿宾客丢弃的任何物品。

（3）工作中不慎打坏杯盘时，应表示歉意并马上清扫。若宾客不慎损坏易耗品，应给予安慰并马上更换，不能流露厌烦情绪和责备口气（见图 6-12）。

（三）洗衣服务礼仪

1. 核对宾客需求

服务员要了解宾客需要在什么时间内完成衣物洗涤，如果在正常的洗涤工作时间内，

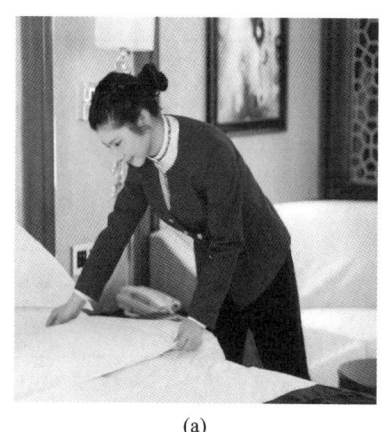
(a)

(b)

图 6-12　整理客房

应尽快将宾客衣物送至酒店洗衣房；如果宾客要求衣物洗涤在很短的时间内完成，应先与洗衣房联系，确认能完成衣物洗涤再接收宾客衣物送洗；如果洗衣房不能提供相关服务，应向宾客礼貌致歉并解释说明。

2. 校对检查衣物

对于宾客需要送洗的衣物，服务员应认真校对件数、质料、送洗项目和时间，检查口袋里有无物品、纽扣是否脱落、衣物有无破损或严重污点等。如有上述情况应及时当面向宾客指明，并在洗衣单上注明。

3. 明确相关信息

洗衣单上应明确服务时间、价格、服务电话及送回方式等有关信息，配备饭店专用环保洗衣袋。

4. 送回洗烫衣物

服务员应在规定时间内送还衣物，将衣物悬挂整齐。对显示"请勿打扰"的房间，可设置留言，告知宾客送洗的衣物已完成洗涤，请宾客方便时通知服务员送进房间。如果宾客提前离开饭店而衣服还未洗好时，不管是何种原因，服务员均应该向宾客道歉，将衣服的洗涤情况向宾客说明；如果时间来得及，应该马上洗好送到宾客房间；如果时间来不及，也应该包装好衣服送到宾客的房间，根据衣服洗涤情况给客人酌情减免洗衣费；如果污渍不能被清除，应书面告知宾客。

（四）访客接待服务礼仪

访客接待工作也是客房部的一项很重要的工作，虽然不直接创造收益，但却是体现对住客尊重、彰显酒店服务品质、吸引潜在客源的重要环节。优质的访客接待服务既要遵守当地公安机关的规定，也要遵循规范的服务程序和礼仪。

1．直接访客接待服务

（1）礼貌地询问登记。当有访客出现在楼层时,服务员应热情地接待,问清楚访客姓名、有无预约及待访住客的姓名、房号等并登记。

（2）巧妙地致电住客。礼貌地请来访者稍等,根据情况巧妙地打电话给待访客人,说明有关情况并听其意见。

（3）酌情处理。如果住客不在房内,应向访客说明,并提示其去总台办理留言手续;如果住客不愿接见访客,应先向访客致歉,然后委婉地请其离开,不得擅自将住客情况告知访客;如果住客同意会见,按住客的意思为访客引路;如果住客事先要求服务人员为来访客人开门,要请住客去总台办理有关手续,来访客人抵达时,服务人员须与总台联系,证实无误后方可开门。

（4）热心服务。若会客地点在客房,服务员将访客引领进房后,礼貌地询问住客是否需要茶水、毛巾;若访客超过 3 人,还要询问住客是否需要座椅,并主动询问住客有无其他服务要求;若会客时间较长或人员较多,应及时为客人补充茶水;会客完毕后如有需要,应再次整理好房间。

（5）发现情况,及时汇报。对于晚间来访客人,服务员应事先礼貌地告知住客会客时间;若过了会客时间,服务员应通知总台或大堂经理,由其打电话礼貌地提示该房住客。在会客过程中发现异常情况,服务员应立即汇报上级。访客离开后,服务员完善登记记录,包括访客的抵离时间、拜访住客的房号、访客人数等。

2．预订访客接待服务

若客人事先通知总台或直接通知楼层服务员会前来拜访,楼层服务员要了解来访客人的人数、时间以及是否有特殊服务要求,在客人到访前做好准备工作。访客抵达后的接待服务礼仪同上。

（五）租借物品服务礼仪

一般来说,酒店客房除了配置必需的客房设施设备之外,都会根据目标客源市场的需求和酒店的档次,配置一些常用物品租借给客人,以满足各种客人的需求。

1．客人提出租借物品要求

客人提出租借物品要求时,接待员应询问客人租借物品的种类、型号、客人房号等。确定客人所需物品是否可以租借,无法租借的应向客人解释说明,可以租借的要问清楚借用期限、归还日期,还要告知收费情况并请客人到前台交押金。

2．递送租借物品

若物品可以租借,服务员在接到客人电话 5 分钟内,应将客人所需租借的物品送到客人房间。服务员填写租借凭单或协议交于客人确认签字后,将物品交给客人。服务员在楼层租借物品登记表上注明房号、租借时间、租借物品名称、型号等,并在电脑的"退房留言"栏内输入客人借用信息,作为结账时的提示。工作交接时,交代清楚情况,请同事在归还时间内跟办。对于已退房但仍未归还物品的,由客房服务员协助在房内查找。

3. 收回租借物品

服务员应随时了解客人使用物品的情况,到归还时间或退房当天仍未归还,主动与客人联系,礼貌问询客人是否继续使用。若客人继续使用,则通知前厅收银处结账时加以关注。客人使用完毕后,服务员应及时收回,并在楼层租借物品登记表上注明已归还,下班时送回保管处。客人归还物品时,若发现租借物品有损坏,应及时上报,尽快维修。如果是客人损坏或遗失物品,要请其按规定赔偿。物品归还后,将借条当面撕毁或还给客人并立即把"退房留言"取消。

(六) 托婴服务礼仪

托婴服务是为住店客人提供短时间照管婴幼儿的有偿服务。随着亲子游市场的日益壮大,托婴服务已不仅仅停留在创收上,更重要的是完善服务项目,通过提供特色服务增强竞争力。酒店一般不设专职人员负责托婴服务,多由客房部有育儿经验的服务员来承担。

1. 接受委托

托婴服务要求客人提前3个小时通知客房服务中心,以便安排人手。接到客人要求后,请客人填写托婴申请表,当班主管安排服务员看护。看护的服务员要详细核对客人交代的事项,特别是婴幼儿的生活习惯、特殊要求等,客人外出时,请客人留下联系方式,以便发生突发状况时联系客人。

2. 认真看护

服务员在看护婴幼儿时,要严格按照客人嘱托照看,不能离开孩子,不能随意给孩子吃东西,不能把孩子带离指定地点或让孩子接近容易碰伤的东西,务必小心谨慎,保证孩子安全。

3. 交接规范

服务员将婴幼儿安全地交还给客人后,请客人签单确认付费。完成托婴服务后,服务员要及时通知客房服务中心,并由客房服务中心处理有关费用结算问题。

(七) 重要客人茶水服务礼仪

酒店接待重要客人或访客,应客人要求提供茶水服务时,服务员的操作也要符合服务礼仪规范要求。

1. 真诚问候

服务员接到送茶水服务要求时,问清楚客人茶水的品种、数量、房号等。

2. 规范服务

沏茶前,服务员应用规范的手势请客人选择茶叶的种类,根据客人所选茶的种类选择合适的茶具,并检查茶杯、茶具的卫生和破损状况。沏茶时,服务员应注意干净、卫生、洗净双手。沏散茶时,应使用茶匙取茶叶,不能徒手操作。茶叶量适中,斟茶七八分满。敬茶时,面向客人,左手托茶托,右手递茶,先给客人上茶,再给主人上茶,客人较多时,可先给主人上茶,再给客人上茶。使用小茶杯上茶时,服务员可站在茶几适当距离处,身体前倾,腰略弯。茶几较低时,服务员应单膝弯曲,保持与客人平视,从客人靠近茶几一侧将茶杯放在茶几上。若有茶托,要将茶杯连同茶托一起放在茶几上,杯柄朝向客人方便拿取的位置,微笑目视客人说:"请用茶。"若客人正忙,服务员应用右手示意客人喝茶。

(八) 其他服务礼仪

(1) 客人要求擦鞋服务时,服务员应及时收取鞋子。鞋子的收取和送还都要使用鞋筐,鞋筐上有客房号,服务员不能混用。擦鞋服务要在 30 分钟内完成并送还。送还时,进出客房按规范操作。

(2) 对于客人委托代订、代购和代修的事项,服务员要询问清楚,详细登记并重复确认,及时为客人服务。对于客人合理的服务要求,服务员要快捷、高效地完成,不可无故拖延。

(3) 服务员不得先伸手与客人握手,不抱玩客人的孩子,不与客人过分亲热。与客人接触应注意文明礼貌,有礼有节,不卑不亢。

三 特殊情况服务礼仪

(1) 若宾客在住宿期间生病,服务员应主动询问是否需要到医院就诊,并给予热情关照,切不可自行给客人用药或代客买药。若客人患突发性疾病,应立即报告上司与大堂副理,联系急救站或附近医院,不可拖延时间;若发现客人已死亡,应注意保护现场并立即报告保安部,并协助公安、医务部门调查。

(2) 宾客住店期间,若发生酗酒现象,服务员应理智、机警地处理,尽量安置酗酒客人回房休息,并注意房内动静,必要时应采取措施。对醉酒吵闹的客人,要留意其动静,避免出现损坏客房设备、卧床吸烟而引起火灾、扰乱其他住客或自伤等事件,必要时通知上司和保安部人员。对于醉酒酣睡的客人,服务员要同保安人员一起扶客人进房,同时报告上司,切不可单独搀扶客人进房或为客人解衣就寝,以防客人醒后产生不必要的误会。对于醉客的纠缠不休,服务员要机警应付,礼貌回避。对醉客的呕吐物要及时清扫,并设法保持房内空气清新。

（3）客人称钥匙遗忘在客房，要求服务员为其开房门时，应请客人出示住房卡，核对日期、房号、姓名等无误后，方可为其开门。若客人没有住房卡，应请客人到总台核对身份无误后，方可为其开门。

（4）若客人在客房内丢失财物，服务员应安慰并帮助客人回忆财物丢失的过程，同时向上司和保安部报告，协助有关人员进行调查，不能对实情隐瞒不报。

（四）送别客人服务礼仪

（1）得知客人离店的日期后，服务员要热情关照客人，仔细检查客人委托代办的项目是否已经办妥，主动询问是否需要提供用餐、叫醒、出租车等服务，并认真记录，衷心感谢，但不要过多耽误客人时间。

（2）客人离房时，服务员要将其送至电梯口，礼貌道别，并欢迎客人下次光临。对重要客人和老、弱、病、残者要送到前厅，并给予特别照顾。

（3）客人离房后，服务员要迅速检查房间，查看有无遗留物品，房间内的各种配备用品有无损坏或缺失，各种需要收费的饮料食品和物品有无消耗。如果发现遗留物品应尽可能归还客人，如果客人已走，则按酒店的遗留物品处理规定保管和处理。如果发现物品缺失或损坏，应立即打电话与总台联系，机智灵活处理，不可伤害客人的感情和自尊心。如果发现有收费物品的消耗，应立即打电话与总台联系结算。

任务拓展

（1）"铛铛铛，铛铛铛"，服务员小陈小心地敲着1605的门。小陈刚想第三次敲门，门突然打开了。一张充满怒气的脸出现在眼前。"没看到'请勿打扰'的灯亮着吗？敲什么门啦？我刚躺下一会儿就被你吵醒。真是的！"小陈连忙看了一下手表说："先生，对不起，现在已经是下午2点40分，按规定长时间亮着"请勿打扰"灯的房间，我们是要敲门的，以防止客人发生意外。如果您不需要整理房间，那我就不整理了。对不起，打扰了。"

"你说什么？怕我出意外？我中午刚刚睡下，休息一会儿就会出意外？你胡说什么呀？！"客人怒气更盛，声音也更大了。

"您的房间上午不是就亮着'请勿打扰'灯吗？1605，没错，我的卫生整理报告表上明明做着记号表明上午还亮着'请勿打扰'灯的呀。"小陈还在申辩着。

"上午我没睡觉，你不来做卫生。下午刚睡下，你就来敲门。真是的！算了，没时间跟你啰嗦。"说完门"砰"的一声重重地关上了。小陈一下子呆住了，眼睛还直愣愣地望着门，似乎那张愤怒的脸还印在门上。

（资料来源：http://ishare.iask.sina.com.cn/f/2ZUCosbQt6n.html.）

请问：

客房服务员如何做到既遵循酒店规定又避免客人投诉？

（2）一位台湾客人住进一家大酒店，在即将离店时找到客房部经理投诉，说他在客房丢了一包黄土，这对他很重要，因为这是他从祖国大陆的祖坟上取的一包黄土，要带回台湾，而客人要立即登机返回。客房部经理接到投诉，立即找当班服务员进行调查。服务员回想起在打扫那位客人的房间时，看到过一包黄土，以为是没用的东西，就随手扔掉了。客房部经理了解了情况后，再次向客人致歉，并请客人留下通信地址，然后马上带领多名员工，到垃圾堆去寻找那包黄土。客房部经理和服务员在臭气熏天的垃圾堆里一点一点扒开污物，细心查找了 3 个多小时后，终于找到了不起眼的纸包，并按地址寄给了台湾客人。

（资料来源：http://www.canyin168.com/glyy/kfgl/kfal/200612/3727.html.）

请问：

如果你在服务时遇到了这种难以分辨清楚的情况，你应该怎样做？

项目七
餐饮服务礼仪

◇知识目标

1. 了解餐饮服务人员服务礼仪的相关知识。

2. 了解餐饮服务人员对客服务的礼仪规范。

◇能力目标

1. 掌握餐饮服务人员对客服务礼仪实操。

2. 依据礼仪原则,针对不同类型的客人能运用不同的服务方法。

◇素质目标

1. 树立良好的餐饮服务人员形象。

2. 培养学生良好的餐饮服务职业认同感。

工作任务一　中餐服务礼仪

◎ 任务导入

小陈是北京某四星级饭店粤菜餐厅的预订员,星期一她接到某旅行社的电话预订,要求安排53位台湾客人的晚餐,每人餐费标准为40元,酒水标准为5元,其中有7人吃素,因此单独为他们安排一桌晚餐,共计六桌晚餐。时间定在星期五晚上6点,付账方式是由导游员签账单。小陈匆匆忙忙将预订人姓名、联系电话、客人人数、旅游团代号、导游员姓名等都记录在预订簿上。星期五晚上6点,该旅游团准时到达,但是餐厅只准备了五桌饭菜,此时该团导游提出异议,当值服务员声称都是按要求做好的准备,客人此时非常生气,向经理提出投诉。在经理的安排协调下,解决了旅游团的问题。经过经理查实,原来是预订员小陈漏登了客户的特殊要求。

请问:

酒店餐厅服务员有什么不妥之处?

◎ 任务解析

准确的接受预订并详细的记录是做好各项餐饮服务的基础。案例中存在以下两个方面的问题需要引起注意。

(1)订餐员没有按预订礼仪规范做好记录。在接收客人预订时,订餐员应在了解客人的各项要求后,做好翔实的记录并复述客人的预订信息,请顾客确认。

(2)餐厅服务员服务意识不强,服务态度不好,服务用语不正确。作为餐厅服务人员,在未弄清情况时,餐厅服务员随便对客人说"不"是不应该的。餐饮服务员应具备顾客至上的服务意识,保持谦虚的态度,礼貌地向客人问询情况,积极地处理出现的问题,要让客人感受到服务的热情和尊重。

◎ 知识链接

中国是文明世界的礼仪之邦,其饮食文化源远流长。在漫长的历史发展过程中,形成了一套完整的中餐礼仪规范。

（一）中餐厅预订服务礼仪

订餐员是宾客在酒店餐厅用餐消费的引导者和协助者。在接受宾客预订的过程中,订餐员要以良好的服务态度和礼仪规范对待宾客的预订。

餐厅预订一般有电话预订和当面预订两种情况。当面预订要求预订员既要注重外在的礼仪形象,也要强调礼仪的内涵,在服务中注意着装、微笑、目光交流、聆听等礼仪规范的实际运用;电话预订由于宾客不在现场,预订员更要加强接听电话预订的业务能力,以使宾客得到满意的答复,高效地完成餐厅预订工作。

(一)当面预订服务礼仪

1. 着装要求

订餐员要服装整洁,仪态端庄,修饰得体,给宾客留下良好的第一印象。

2. 问候宾客

订餐员要面带微笑,礼貌地问候宾客,主动征询宾客"先生,下午好!很高兴为您服务。"

3. 了解需求

订餐员要礼貌地问询宾客的姓名,对于报出姓名的宾客,预订员要带姓称呼其"×先生/×小姐",以示对宾客的尊重。仔细聆听宾客的介绍,了解宾客的身份、用餐时间、人数、桌数、用餐标准及联系方式等资料,征得宾客同意后为其安排包间或餐台。

4. 接受预订

向宾客复述预订的内容,请宾客确认签字;并礼貌地告诉宾客餐位最后保留的时间。

无法满足宾客的预订要求时,应当说明原因。拒绝的方式和用语应当委婉,留有余地,对宾客表示理解,积极地提出替代性建议,并给予安慰,切忌直接跟宾客说"不行或做不到"。

5. 致谢告别

致谢告别:"非常感谢您来我们餐厅用餐,晚上 6 点我们恭候您的光临!请您慢走!"

(二)电话预订服务礼仪

1. 问候宾客

餐厅服务员应在铃响三声内接听电话,使用规范的服务用语向顾客问好,并准备报出餐厅的名称和自己的姓名。

2. 了解需求

如果是住店宾客要求用餐,服务员还可以主动向宾客推荐当日菜品,耐心细致、突出重点地描述菜品的原料、味道、配料、所用调料、制作方法等。

3. 接受预订

服务员应向宾客复述预订的内容,请宾客确认。

4. 致谢告别

结束通话时,应当向宾客真诚致谢。确认宾客已完成通话后再轻轻挂掉电话。

二 中餐迎送服务礼仪

迎宾员是餐厅的形象代表,在餐厅迎送服务礼仪活动过程中,迎宾员要用自己优美的服装、甜美的笑容、规范的礼仪向宾客展示热情和友好,使宾客产生惜别之情。

(一) 迎客服务礼仪

迎送服务礼仪包括迎宾和送客两个服务环节。在迎客服务中,迎宾员要站位醒目,主动迎候宾客;对客人态度友好,称呼正确;当宾客很多时,要突出主宾,兼顾其他宾客,规范引领到位。

1. 微笑迎宾

开餐前的5—10分钟,领位员应面带微笑站在餐厅门口两侧或视野开阔、便于环视四周的位置向客人行鞠躬礼,并向客人问好和表示欢迎(见图7-1)。

(a)   (b)

图 7-1 微笑迎宾

2. 仪态得体

迎宾员应站姿优雅,头正颈直,肩平胸挺,腹收腰直,眼睛平视,双手交叉放于小腹前,双脚成"丁"字形或"V"字形,着装规范,精神饱满地迎接客人的到来。

3. 主动问候

客人到达迎宾区域时,迎宾员应面带微笑,主动上前,向客人行鞠躬礼,并向客人问好和表示欢迎。如果是多位客人前来用餐,应先问候主宾,再问候其他宾客。

4. 核对预订

迎宾员要询问客人是否有预订,在询问时要注意礼貌用语,如"先生,您有预订吗?"如果客人说已经预订餐位,还要问清客人的姓名、用餐人数等。

5. 规范引位

引领客人入座行走时,领位员应走在客人左前方约1米左右,手势标准,速度适中,并注意回头观察客人是否跟上了,遇到转弯时要向客人示意,并略做停留,等客人走近后再继续前行。

6. 拉椅让座

宾客入座,由领位员平稳地将椅子拉出,并微笑伸手示意宾客入座。

(二)安排就座服务礼仪

领位员在为客人安排座位时,要做好调度、协调工作,根据就餐宾客的就餐人数和需求,主次分明,灵活及时地为宾客安排合适的就餐座位,掌握宾客的就餐状态。

1. 按序接待

领位员根据就餐人数及宾客到来的先后次序,按顺序招待宾客入座。

2. 安排合理

领位员带领宾客入座时,应当一步到位,避免不断地更换座位(宾客要求除外)。

3. 安排就座服务技巧

宾客对安排的座位不满意,要求立刻调换时,领位员应尽量地满足宾客的要求,应有礼貌地向宾客道歉并解释原因,并把宾客引领到其他座位。

(三)呈递菜单服务礼仪

在开餐前迎宾员要检查菜单是否干净、整洁、无破损,并且检查菜单数量是否充足。当领位员将宾客引领到位后,就要用递物礼仪呈递菜单,请宾客点餐,然后交给值台服务员进行后面的服务。

1. 站位合理,双手递送

领位员要选择合理的站位,目视宾客,用双手呈递菜单。需要注意的是,一只手拿菜单或直接将菜单放在桌上或客人手里是不礼貌的(见图7-2)。

2. 善于观察,主动征询

领位员呈递菜单时,应递送给主人,将菜单正面朝上,从客人右手侧第一页打开,双手握拿菜单,右手执菜单的左上角,左手执菜单的左下角,两臂适当内合,面带微笑说:"请您点餐!"目视客人向其递出菜单。如果不能确认谁是主人,可以征询客人意见:"请问由哪位开始点餐?"

图7-2 呈递菜单

3. 先后有别,按序服务

如果宾客较多,领位员应准备相当数量的菜单,应按照宾客到来的先后顺序依次递送餐单,不能厚此薄彼。

(四)送客服务礼仪

送客服务是餐饮对客服务工作中的最后环节,是巩固第一印象、引发下次消费的关键。在实际工作中,服务人员要做好送客服务,体现优质服务。

1. 协助离座

宾客起身离座,值台服务员要主动上前拉椅,提醒宾客带好随身物品。

2. 礼送宾客

迎宾员行30°鞠躬礼,以敬语致谢并告别:"谢谢您的光临,请慢走!"如有必要可将宾客引领出餐厅并为其按电梯,目送宾客离开。

三 中餐开餐与就餐服务礼仪

值台员要负责值台区域的一切就餐服务。开餐服务主要是为宾客提供拉椅让座、斟茶倒水、上香巾、铺口布和点菜等服务,值台员服务要主动、到位、随时观察每一位宾客,使其获得情感上的愉悦。

（一）开餐服务礼仪

1. 斟茶服务礼仪

（1）着装整洁,微笑服务。值台员应按要求着装,保持制服的整齐干净,注意领口、袖口的清洁,时刻保持微笑。

（2）及时敬茶,顺序正确。宾客入座后,服务员要立刻去沏茶,在宾客右侧按先宾后主（或先长辈后小辈、先女士后男士）的顺序上好第一杯茶。

（3）添量适中,遵循风俗。服务员要遵照中国的斟茶礼仪,茶斟七八分满即可（服务蒙古人时要斟满）。

（4）注意观察,随时续斟。第一次斟茶完毕,服务员可以将续满水的茶壶放在桌上,壶嘴不能对着客人。巡台时可以为客人续茶水。服务员要随时观察用餐的宾客,发现宾客拿起茶壶东张西望时,应立刻上前致歉,迅速帮宾客添茶续水。

2. 香巾服务礼仪

（1）微笑服务。服务员到餐桌前应面带微笑,礼貌地问候宾客。

（2）顺序正确。服务员按顺时针方向绕桌服务,并说:"请用毛巾。"根据各餐厅的规范,可将毛巾放置宾客的右侧、左侧或可将宾客的毛巾托并排放。

（3）及时撤换。征询宾客同意后,服务员应及时撤下宾客用过的毛巾。

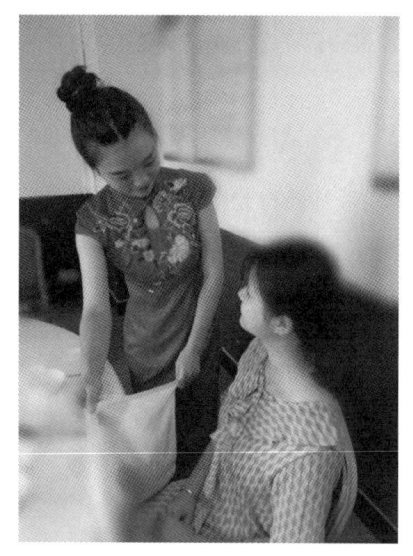

图 7-3 铺口布服务礼仪

3. 铺口布服务礼仪

（1）站位合理,顺序正确。宾客全部就座后,服务员要选择合理的站位,按先宾后主、女士优先的原则为宾客松口布、铺口布（见图 7-3）。

（2）仪态端正,铺放轻盈。铺口布时,服务员通常站在宾客右侧,从水杯或餐盘中拿起口布,对角打开,右手在前,左手在后,将口布轻轻地铺在宾客的腿上或餐盘下（左侧铺口布则手法相反）,保持端正优美的仪态,避免胳膊碰到宾客。

（3）尊重宾客的自主意愿。如果宾客愿意自己铺口布,服务员要微笑表示感谢,不能坚持为其服务。

4. 点菜服务礼仪

（1）征询点菜,时机得当。服务员要选择合适的站位,目视宾客,面带微笑,待宾客示意点菜后紧步上前,询问:"可以为您点菜了吗?"

（2）善于观察，提供建议。服务员要善于观察，根据客人的性别、年龄、口音、言谈举止等，判断客人的饮食喜好，有针对性地推荐菜肴，保持良好的互动（见图7-4）。

（3）手势规范，站立正确。为宾客介绍菜单中的菜品时，服务员应掌心斜向下方，五指并拢进行介绍，切忌用手指或手中的笔指指点点。

（4）复述菜单，尊重习惯。点菜完毕，服务员应重复客人所点菜品名称，并询问客人有无忌口或烹饪方面的特殊要求。

（5）礼貌致谢，用语恰当。菜品确认完毕，服务员应礼貌致谢："非常感谢，请稍等。"

（二）菜肴服务礼仪

菜肴服务是餐饮服务的重要环节，是餐厅服务员为宾客提供的最能体现服务礼仪的服务环节，要求服务工作主动、细致、规范。

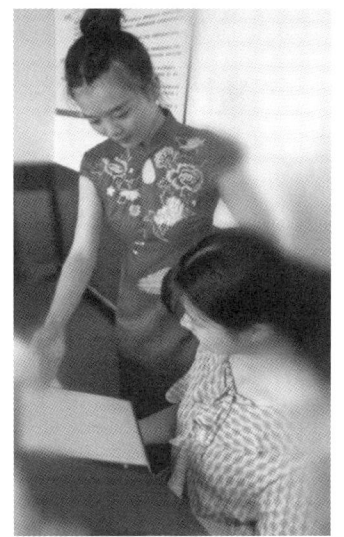

图7-4　点菜服务礼仪

1. 了解菜单，按序上菜

对于客人所点的菜品，服务员要做到心中有数。服务员拿到菜后，要进行核对，上菜站在指定位置上，先上冷菜后上热菜。

2. 端送平稳，礼貌服务

上菜前，服务员要提前告知宾客："打扰了，给您上菜！"上菜时，动作轻巧，将菜肴放在转盘上按顺时针方向转到主宾与主人位置之间，并介绍菜的名称，礼貌请客人用餐。

3. 注意卫生，操作规范

上菜时，服务员要用双手大拇指紧贴盘边，其余手指支撑底部，切忌手指探入盘中或接触食物，这样既不卫生也不礼貌。

4. 摆放美观，方便食用

摆放菜肴应注意美观，服务员应对称摆放菜肴，讲究艺术造型，并能够尊重客人的选择及其饮食习惯。所有菜肴上齐后，应告知宾客，请宾客慢用。

（三）酒水服务礼仪

餐厅服务员不仅要了解酒水的基本知识，还要能熟练地进行斟酒服务，为宾客提供优质的酒水服务。

1. 示酒规范

餐厅服务员应当着宾客的面打开酒瓶,征得客人同意后,按礼仪依次斟酒。

2. 斟酒服务

斟酒时,服务员应握住酒瓶下端,将酒标朝向客人。斟酒时,瓶口不能靠住酒杯,酒满则提起瓶口微转,避免滴落。服务员先为主宾和主人斟酒,按顺时针方向斟酒。一般来说,酒水的斟倒遵循白酒啤酒平杯满、白葡萄酒 2/3 满、红葡萄酒 1/3 满、其他饮料 2/3 满。

3. 及时续斟

随时观察宾客的酒水饮用情况,当宾客的酒杯中酒水少于 1/3 时,服务员应征询宾客意见,及时斟添酒水。注意斟酒时,不要紧贴客人,但也不要离得太远。

4. 细节注意

当宾客离桌敬酒时,服务员应用托盘跟随服务,随时斟添酒水。斟倒酒水时,应礼貌询问是否调换。斟倒饮料时,服务员应将各种饮料置于托盘上,征询意见后为客人斟倒。

(四)席间服务礼仪

席间服务几乎贯穿于宾客就餐的全过程,要求餐厅服务员熟练掌握各种服务技能和礼节,且与客人保持良好的沟通。

1. 台面整洁,遵循"四勤"

用餐过程中餐台以及工作台要始终保持干净、整洁,席间服务人员应做到"四勤":勤巡台,勤换烟盅、骨碟,勤清理台面,勤添加酒水。

2. 尊重宾客,手法规范

席间服务一定要在不影响宾客就餐的情况下进行。服务员要尊重客人摆放餐具的习惯,将更换好后的骨碟放回原位,宾客没有用完的骨碟不要撤换;撤换餐盘、骨碟时,要礼貌地征得客人的同意;撤换烟缸要做到操作卫生、仪态大方。

3. 香烟服务,注意安全

当客人要吸烟时,服务员应主动上前为客人点烟。此时要注意宾客安全,避免触犯礼仪禁忌,一个火苗最多为两位宾客点烟。

(五)结账服务礼仪

到了结账环节,为宾客提供的餐厅服务已接近尾声,但服务员要自始至终为宾客提供优质服务,灵活处理可能出现的意外情况,维护餐厅的荣誉和利益。

1. 结账准备

宾客用餐结束时,服务员应适时地询问宾客是否需要其他服务。如果宾客示意结账,应尽快地准备好结算账单。

2. 呈送账单

服务员要将账单递送给准备结账的宾客,请宾客检查,同时用手势将消费的金额示意给宾客看。当一男一女进餐时,将账单递给男士。

3. 结算服务

宾客付账时,服务员应与宾客保持一定的距离,宾客准备好钱款后再上前收取,结账完毕,服务员应向宾客致谢。

4. 后续服务

宾客结账后继续交谈时,服务员应继续提供服务,不能因已结账而终止服务。宾客起身离席,服务员引导宾客走向餐厅出口,以"欢迎下次光临"等道别语道别。

任务拓展

(1)五位客人在一家饭店的中餐厅用晚餐。他们在此已坐了两个多小时,相聊甚欢。服务员到他们身边站了好几次,想催他们赶快结账,但一直没有说出口。最后,她终于忍不住对客人说:"先生,能不能赶快结账,若想继续聊天请到酒吧或咖啡厅。""什么!你想赶我们走,我们现在还不想结账呢。"一位客人听了她的话非常生气,表示不愿离开。另一位客人看了看表,连忙劝同伴马上结账。那位生气的客人没好气地让服务员把账单拿过来。看过账单,他指出有一道菜没点过,但却算进了账单,请服务员去更正。这位服务员忙回答客人,账单肯定没错,菜已经上过了。其他几位客人却辩解说,没有要这道菜。服务员又仔细回忆了一下,觉得可能是自己弄错了,忙到收银员那里去改账。当她把改过的账单交给客人时,客人对她讲:"餐费我可以付,但你服务的态度却让我们不能接受。请你马上把餐厅经理叫过来。"这位服务员听了客人的话感到非常委屈:"先生,我在服务中有什么过错的话,我向你们道歉了,还是不要找我们经理了。""不行,我们就是要找你们经理。"客人并不妥协。服务员见事情无可挽回,只好将餐厅经理找来。经理了解情况后,说道:"这些确实是我们工作上的失误,我向大家表示歉意。几位先生愿意什么时候结账都行,结完账也欢迎你们继续在这里休息。"经理边说边让那位服务员赶快给客人倒茶。在经理和服务员的一再道歉下,客人们终于不再说什么了,他们付了钱,仍面含余怒地离去了。

(资料来源:https://wenku. baidu. com/view/924e6a97284ac850ad0242ba. html? from＝search.)

请问：

本案例中的服务员犯了哪些错误？应注意哪些服务细节？

（2）一天，赵先生在酒店的中餐厅请客户吃饭。点菜时，有一位客户点了一道"白灼基围虾"，但记菜名的服务员没注意听，把它误写为"美极基围虾"。当菜端上来以后，赵先生感到很奇怪，立即把服务员叫来，清楚地表示："小姐，我们要的是'白灼基围虾'，这道菜你上错了，请你赶快给我们换一下。"服务员一听不乐意了，辩解说："刚才这位先生点的就是'美极基围虾'，肯定没错。不信把菜单拿来核对一下。"她的话把刚才点这道菜的客人弄得很不高兴，赵先生的脸也沉下来了，说道："请把点菜单拿来给我们看一下吧。要是你错了，得赶快给我们换。"服务员过去拿来点菜单，赵先生等人一看，上面果然写的"美极基围虾"。这下大家都感到奇怪了。刚才那位客人明明说的是"白灼基围虾"，大家都听得很清楚，但现在怎么成了"美极基围虾"了呢？那位服务员心里知道，自己当时一定是走神了，根本就没听清楚到底是"白灼"还是"美极"，但想到"美极基围虾"这道菜点的人多，想当然就记成"美极基围虾"了。可是，她害怕赔偿，怎么也不肯主动承认是自己记错了，还是指着菜单硬说客人当时点的就是"美极基围虾"，菜根本没上错。这时候，赵先生请的那位客人实在坐不住了，他有些气愤地说："把你们经理叫来，我有话对他（她）说。"服务员极不情愿地叫来了经理。这位经理已经从服务员那里了解了大致情况，他走过来后便说："不好意思，你们刚才点的就是这道菜。我们店的服务员都是经过严格考核和培训的，记忆力都很好，在客人点菜时会如实地记下每一道菜名……"大家本以为这位经理会过来赔礼道歉，把菜给换了，但没想到他居然会说出这种话！经理这番话的意思很明显：不是店方错了，而是客人错了。事情到这种地步，完全没有回旋的余地了。客人愤怒地拂袖而起，说道："好吧，请你赶快给我们结账吧！"赵先生见此情景，也觉得很尴尬，劝也不是，不劝也不是。愣了一会之后，他才急忙对那位客人赔不是："真对不起，请原谅！以后再也不到这种餐厅来吃饭了！"

（资料来源：https://wenku.baidu.com/view/924e6a97284ac850ad0242ba.html? from＝search. ）

请问：

客人为什么会生气？该案例给了我们哪些启示？

工作任务二　西餐服务礼仪

任务导入

威廉夫妇在米兰登西餐厅预订了七点半的晚餐，当他们准时到达，看到餐厅优雅的环境、精致的装饰，听到美妙的古典乐时感到非常满意。然而当他们入座之后，足足等了 10 多分钟才有服务员急急忙忙过来为他们点了饮料，送上之后又消失了 15 分钟，直到八点服务员才又出现为他们点菜看，接下来又是长时间的等待，直到 9 点 40 分才上主菜，还把沙司酱搞错了。

员工例行公事般地为夫妇俩服务,尽管菜肴俱佳,但他们决定再也不来这家西餐厅了。

请问:

在服务的过程中,餐厅服务员有什么不妥之处?

任务解析

(1)服务员仪态失误。当客人入座后,服务员匆忙出现的仪态与西餐厅要求不符。服务员应仪态优雅,从容不迫地为客人服务。

(2)让宾客等待过久。案例中客人几乎都是在等待中完成用餐,西餐厅要求服务员应随时关注客人的用餐情况,适时地为宾客递送酒水单和菜单。

(3)上菜错误。案例中服务员把沙司酱上错。服务员在做点菜记录时应详细记录客人的各项要求,防止此类错误的发生。

(4)上菜速度有违餐厅时间要求。案例中客人等了一小时四十分钟才只上到主菜,令人不满。一般来说,西餐厅要在二十分钟内上完第一道菜,九十分钟内上完所有的菜品。

知识链接

一 西餐预订服务礼仪

高级西餐厅进餐节奏缓慢,就餐时间长,餐位周转率低,因此电话预订服务应运而生,既保证了客人的餐位,也可以更加了解客人的需求,提供优质服务。在预订服务过程中,预订员需要注意以下几个方面的礼仪。

(一)问候宾客

预订员要在电话铃响三声之内拿起电话听筒,接听电话首先礼貌地用英语问好,若客人没有反应,迅速用汉语问好。例如,Good evening, this is ××Western Restaurant. May I help you?(晚上好,这是××西餐厅。我可以为你服务吗?)How many people, please? sir/madam.(请问宾客共有几位?)For what time please? sir/madam.(订何日何时的座位?)May I have your name, please? sir/madam.(请问,以何名字预订?)

(二)接受预订

预订员向宾客复述预订的内容,请客人确认。

(三)致谢告别

通话结束时,预订员应向宾客致谢:"Thank you, Mr××/Mrs××, good bye!"确认宾客完成通话后,轻轻地挂断电话。

二　西餐迎宾服务礼仪

宾客来到餐厅的第一印象便是迎宾员的殷勤服务,迎宾员的服务既展现了个人风采,也代表了餐厅形象。迎宾员的服务礼仪如下。

(一) 迎宾问好

迎宾员要以正确的站姿和仪容仪表,站在餐厅门口的醒目位置。在宾客到达前的5—10分钟,迎宾员应在西餐厅门口迎候客人。宾客到达后,迎宾员应主动向客人问好,并保持目光接触(见图7-5)。如,Good evening,do you have a reservation. sir/madam?(晚上好,请问你有预订吗?)

(a) (b)

图 7-5　迎宾服务

(二) 引客休息

迎宾员首先应询问客人是否有预订,如果客人没有预订,而餐厅已满或空台没有收拾好,迎宾员应主动地带领客人到休息区或扒房酒廊候位休息,提供酒水及报刊杂志给客人翻看。例如,Would you first like to have a drink in our bar? I'll call you as soon as the table's ready.(请先到我们的酒吧喝些饮品,好吗? 如有席位,我马上来请您。)

(三) 安排就餐

如果客人有预订,迎宾员引领客人进餐厅,步速要同客人的行走速度一致,到餐台时跟值台服务员合作,帮客人拉椅(见图7-6)。按先女后男、先宾后主的次序从右侧为客人铺上餐巾,按顺时针方向依次服务。服务员从客人右侧斟冰水(见图7-7)。

图 7-6　拉椅服务　　　　　　　　　　图 7-7　斟水服务

三　西餐就餐服务礼仪

一名合格的西餐服务员不仅要精通西餐菜肴知识,还要注重就餐服务礼仪。

（一）点菜服务礼仪

1. 着装整齐,微笑服务

西餐服务员要按要求着装,保持制服的整齐干净,注意领口、袖口的清洁,时刻保持微笑。

2. 呈递菜单,适度推荐菜肴及酒水

服务员要用左手将菜单夹在前臂,将菜单打开至第一页,双手呈送菜单和酒水单,从客人的右侧送至客人手中(见图 7-8)。同时,介绍餐厅特别推荐的特色菜肴。菜品确定后,服务员礼貌询问客人需要什么酒水,根据客人所点的菜品,可推荐与其搭配的红、白葡萄酒。和宾客讲话时,身体略前倾,音量适中,以不打扰其他宾客为标准。常用语如:

Good evening, ladies and gentlemen! May I have a moment of your time? I would like the opportunity to tell you about our chef's recommendation. I think you'll like them.

（女士们,先生们,晚上好！今晚除了这个菜单外,我们还有多款厨师特选,相信你们会喜欢。）

Here is our wine list. Would you like to order a bottle of red wine to go with your steaks? What about a bottle of white wine to go with your seafood?

（先生,要一瓶法国红葡萄酒/白葡萄酒配上您的牛扒/海鲜,味道会相当好的,请问需要一瓶吗?）

(a)　　　　　　　　　(b)

图 7-8　点菜服务礼仪

3.认真倾听,详细记录

西餐是分食制,每位客人所点的菜可能不同,所以,服务员应该用座位示意图记录每位客人所点菜肴。让客人考虑片刻后,上前站在客人的右后侧 0.5 米的位置为客人点菜,从主宾位开始,按顺时针方向进行点菜。客人点菜时,应注视客人,听清客人所点的菜名、酒水及客人的要求,不清楚之处要认真询问。若客人的点菜中有羊排、牛排等,服务员要问清生熟程度;若客人点了色拉,要问配何种色拉汁等。例如,

How would you like your steak done sir? Well done, medium well, medium, medium rare or rare?

（请问您的牛排需烹制几成熟? 是全熟,七成,五成,三成,还是一成熟?）

What kind of salad dressing would you like to have? Oil vinegar, french dressing, thousand iland dressing or roqufont dressing?

（请问您需要哪一种色拉汁? 是油醋汁、法汁、千岛汁还是罗佛汁?）

4.确认点单,回收菜单

客人点单完毕后,服务员应清楚地重复一遍客人所点的菜品内容、酒水名称、特殊要求

以及数量,复述完毕后,待客人确认后收回菜单,并向客人致谢。同时请客人稍等,说明大致的等候时间。

(二) 酒水服务礼仪

西餐的酒水服务主要分为餐前酒水服务、佐餐酒服务、甜食酒服务和餐后酒服务几个阶段。服务员不仅要了解酒水知识,还要熟练地掌握斟酒技能和酒水服务礼仪规范。

1. 推介适度

根据客人的点菜情况,推介酒水,推介时要尊重宾客的个性和习惯。例如,

Would you like to have……,sir/madame?（先生/女士,您要来点……?）

2. 服务规范

无论为宾客推荐哪种酒水服务,示酒、开酒、醒酒、品酒、斟酒等都要符合酒水的服务规范(见图 7-9)。

3. 女士优先

征得宾客同意后,服务员应按照女士优先、先宾后主的原则,由宾客右侧依次进行酒水服务。

4. 操作标准

服务员在酒水的斟倒过程中,要做到不滴不漏、不少不溢,斟倒量符合要求(一般红葡萄酒斟 1/2 杯,白葡萄酒斟 2/3 杯)。

图 7-9　酒水服务礼仪

5. 关注宾客

服务员要随时关注宾客,当宾客酒水少于 1/3 时,把握适当时机续酒;当宾客示意不再加酒时,应及时撤下喝完的空杯。

6. 细节服务

服务员要注意葡萄酒的最佳供酒温度。先斟酒,后上菜;开启香槟酒时瓶口不要朝向宾客,避免误伤;冰桶、酒篮放在桌上不要影响宾客进餐。

(三) 席间服务礼仪

西餐服务员应按照上菜的顺序进行服务。上菜顺序依次为头盘、汤、副菜、主菜、甜点、水果、咖啡和茶。在上菜过程中,服务员应注意操作优雅有序,技能熟练正确,随时巡台,及时提供优质服务。

1. 菜品服务礼仪

(1) 按铺口布礼仪铺好口布。

(2) 根据订单重新摆换餐具。

(3) 根据餐桌、餐位的实际情况,合理确定上菜的位置。

(4) 及时上菜。一般来说,20 分钟内上完第一道菜,90 分钟内上完所有的菜品。

(5) 服务员要按服务规范上汤、上主菜和派菜等,要求餐具配备准确,上菜一律用托盘,托盘姿势端正。热菜食品加保温盖。菜上桌时,服务员应报菜名,并摆放整齐。上菜过程中,控制好上菜节奏、时间和顺序。

(6) 餐具服务。宾客每用完一道菜,服务员要及时地撤下餐盘刀叉。清理时,轻拿轻放,避免发出较大声响,影响就餐。整个过程要手法规范、动作利落、姿势优美。

(7) 台面整理。宾客用餐过程中,服务员要随时注意台面整洁,及时撤换烟灰缸,烟灰缸烟头不超过 3 个。

2. 甜点服务礼仪

(1) 适时推销。

宾客用完主菜,服务员要进行甜点服务。如果此时宾客没有点甜点,可以适时推销。常用语如,Would you like to have some dessert? We have……(您想来些甜点吗? 我们有……)

(2) 按摆台礼仪将甜点所需餐具摆上餐台。

服务员从客人右侧为客人送上冰淇淋、水果、点心等甜品。送冰淇淋时,将匙放到底盆内与冰淇淋一道端上去;送水果时,则应摆上菜匙;送点心时,应摆上中叉与点心匙。待客人平行放下刀叉后,询问客人是否可以撤盘,得到客人的允许后,从客人的右侧将盘和甜食叉勺一同撤下。

(3) 同桌宾客的甜点必须同时服务。

(4) 注意保持甜点的温度。

(四) 餐后服务礼仪

在西餐服务中,许多客人热衷于餐后饮料,包括餐后热饮,如咖啡或茶。

1. 咖啡服务礼仪

服务员先在每位客人右手边摆上一套咖啡用具(咖啡杯、垫盘、盘上右侧放一把咖啡勺)。斟咖啡前,服务员应先征求客人的意见,询问客人是否放糖和淡奶,然后在派咖啡用的盘上垫上口布,并装上淡奶壶、糖钳、咖啡壶,站在客人右侧一一斟上。斟好咖啡后,将咖啡杯移到客人面前,按先女士、先客人、后主人的方式按顺时针方向进行。

2. 茶水服务礼仪

奉茶时,服务员应面带微笑,双手用茶托盘将茶送给客人。常用的奉茶方法是,用左手托好托盘,站在客人右侧,先轻声说:"Excuse me。"用右手将客人的茶杯端至客人右手边,说:"Enjoy your tea,sir."在使用有柄茶杯奉茶时,一定要注意茶杯的方向是朝客人右手边的,以便端茶。

3. 结账服务礼仪

(1)核对账单。

服务员到账台核对账单,准备账单(酒水单、菜单)。账单用账单夹夹着,从主人右边递上,打开账单夹。注意先上小毛巾,后递账单,账单正面朝向客人。可以说:"Here is your check,thank you."(这是您的账单,谢谢。)

(2)助客结账。

客人结账的方式可以是现金、支票、信用卡或签单,服务员要为客人找零,递交发票。

(3)礼貌送客。

客人离开时,服务员应主动上前拉椅,礼貌地送别客人,并提醒客人勿遗留物品。陪同客人到餐厅门口,与迎宾员一起向客人道别:"Thank you,good night! please come again."(谢谢,祝您晚安! 欢迎下次光临。)

任务拓展

(1)黄小姐和她的一帮小姐妹经常有些小聚会,今天她们相约来到了一家西餐厅,点了菜后就开始边聊边吃了起来,这家餐厅的服务员很勤快,不时地整理台面,拿走空盘子。结果,黄小姐和她的小伙伴找到餐厅的领班,投诉服务员打扰到她们聊天了。

(资料来源:浙江省教育厅职成教教研室组. 西餐服务[M].北京:高等教育出版社,2010.)

请问:

黄小姐和她的小伙伴为什么投诉? 服务员应该怎么做?

(2)乔布斯、比尔、弗拉迪相约在假日西餐厅,为史密斯先生庆祝生日。四人入座后,史密斯点了意大利特色开胃头盘、蔬菜派、煎吞拿鱼沙拉、炸马铃薯、起司、洋梨塔,其他三位也分别点菜。当主菜上来时,史密斯先生发现"香烤小羊排"变成了"迷迭香羊扒",同时,比尔先生也发现自己的菜与所点菜不同。原来是服务员在点菜单上混淆了两人的主菜,客人感到非常不悦。

（资料来源：浙江省教育厅职成教教研室组.西餐服务［M］.北京：高等教育出版社，2010.）

请问：

客人为什么不悦？服务员该怎么做？

工作任务三　宴会服务礼仪

任务导入

查理为了一个项目的谈判，宴请 5 位比较重要的人晚上 6 点在塔塔拉西餐厅用餐，该宴请对查理而言非常重要，因此，查理特叮嘱餐厅要安排经验丰富的宴会服务员服务。餐厅主管安排了每年获得"西餐厅优秀员工"称号的安妮为客人提供服务。安妮在客人抵达之前反复检查宴会厅的各项设施设备、餐具物品、灯光环境，并与厨房反复沟通，了解客人菜单上的菜肴供应状况等。安娜是新来的西餐厅员工，看着安妮不断地忙碌着，甚至做一些重复检查，不解地问："有必要这么紧张吗？"安妮告诉她："如果想服务中不出差错，那么事先必须做足功夫，这就是好的西餐服务的秘诀！"

请问：

案例中，安妮的服务"秘诀"是什么？

任务解析

（1）宴会前准备工作要充分。本案例中安妮在宴会开始之前做好了相关准备工作，主要包括检查设施设备、做好清洁卫生、进行台面布置、通过例会了解客情等。预测宴会服务中一切可能发生的事情，并在宴会前做好充足的准备是宴会前准备工作的核心内容。

（2）为西餐上菜服务做好相关准备。安妮与厨房反复沟通，了解客人菜单上的菜肴供应状况等，这为席间服务做好了充分准备。

充足的准备工作是良好服务的保证，安妮显然非常明白这一点，才成为餐厅中最优秀的员工。

知识链接

宴会的形式有多种，具体规格和服务程序也有所不同。就服务礼仪而言，我们这里介绍餐厅最常见的宴会服务礼仪规范。

一　会前准备礼仪

（一）了解宾客情况

对客人情况要做到"八知""三了解"，即知国籍，知人数，知到席时间，知身份，知用餐标准要求，知接待单位或房间号码，知菜式品种，知收费方式；了解风俗习惯，了解生活特点，了解用餐禁忌。

（二）备好相关物品

1．环境准备

餐厅设施要设备完好，按席位设计摆放桌椅，把灯光和温度调节到适宜的程度，做好卫生清洁等。

2．台面准备

餐厅要按中西餐规范摆台；餐具一定要干净，无污痕，无指纹；餐巾折花整齐；为餐桌选择插花时，要考虑香味和外形；餐桌上的储物用品要充足。

3．必需物品准备

必需物品包括钢笔和铅笔各一支、一些清洁而折叠整齐的抹布、火柴或打火机等。

二　迎接及餐前服务礼仪

宴会迎宾礼仪和零点餐厅迎接宾客礼仪基本相同，下面我们就来着重说说其不同之处。

（一）中餐宴会迎宾服务礼仪

（1）着装整齐，微笑服务，主动迎接。当宾客距离宴会厅门口约 2 米时，迎宾员要主动上前迎接，微笑行欠身礼，向客人问好："您好，欢迎光临。"

（2）礼貌询问宾客："请问您是来参加××宴会的吗？"

（3）引领入座。迎宾员要规范地引领宾客进入接待室。

（4）接挂衣帽并请宾客入座。迎宾员要为宾客提供衣帽服务，主动、规范，避免出错。

（5）提供香巾和茶水服务。

（6）及时记录。迎宾员要将来宾的姓名和抵达时间等记录在本子上。

（二）西餐宴会迎接服务礼仪

1. 迎候客人

宴会负责人应带领迎宾员提前在宴会厅门口迎候客人,客人到达时要有礼貌,热情地表示欢迎。

2. 餐前酒会

大型西餐宴会可以在宴席开始前,先举办约 15—30 分钟的餐前酒会。

（1）当客人陆续到来,迎宾员先引领客人到休息区聚会交谈,并提供鸡尾酒会式的酒水服务。

（2）给客人送饮料前,服务员要先征求客人的意见,然后根据客人的要求送上餐前酒或饮料。送饮料给客人时,如果客人是坐饮,服务员要先在客人面前的茶几上放杯垫,然后放饮料杯;如果客人是立饮,要先给客人餐巾纸,然后给客人饮料,可防止冰镇饮料杯上的水珠弄湿客人的手。由员工为客人送上鸡尾酒、软饮料等餐前酒品。

（3）酒会期间,服务员巡回为客人及时提供酒水。

3. 引宾入席

离开席时间 5 分钟左右或当客人到齐时,宴会负责人应主动询问主人是否可以开席,主人表示可开席时,宴会负责人要立即通知厨房准备上菜,进行宴会服务的员工则应立刻打开通往宴会厅的门,引领客人入席。客人入席时,服务员要为客人拉椅让座,一般拉椅顺序是:女士、重要的客人、行动不便的客人和一般客人。

4. 餐巾服务

待客人坐下后,服务员为客人打开餐巾,按照规范或者客人习惯铺在合适的位置。

三　用餐服务礼仪

中西餐的用餐服务礼仪略有不同,不同之处分开介绍。

（一）宾客致辞,保持安静

宾客致辞时,服务员要停止操作,等宾客讲完后方可操作;宾客离席敬酒时,服务员要托着酒水跟随宾客身后,随时为其续斟,右侧斟酒。宴会酒水服务时,先要抬手示意,征得宾客的同意后,再斟倒酒水;斟倒手法要正确,斟倒量要合适。

（二）服务顺序,要求正确

按照国际惯例的顺序进行服务:如果宴会规格高,则需要两位服务员同时为一桌宾客服务,两位服务员不应在宾客的左右同时服务,以免令宾客左右为难。其中一名服务员的服务顺序按惯例顺序开始,到女主人或第二主人右侧的宾客为止;另一名服务员的服务顺序从女主人或第二主人开始,依次向左到女主人开始的邻座为止。长桌如此,圆桌也应按此顺序服务。

(三)上菜礼仪,服务到位

1. 中餐宴会上菜服务礼仪

中餐宴会上菜顺序依次为:冷菜、例汤、热菜、汤、面点、水果。上菜的原则应掌握要先冷后热,先高档后一般,先咸后甜。上菜时要报菜名,顺时针转动转台,将新菜转至主宾面前,以示尊重。

中餐宴会一般使用两种酒,一种是度数较高的烈性酒,一种是度数较低的甜酒,通常是葡萄酒。饮料一般是啤酒、果汁、矿泉水。预订酒席应征求主办人的意见,一般来说,宴会宜多准备几种酒类,以备临时变化和特殊需要。

中餐宴会的派菜由服务员使用派菜用的叉、匙,依次将热菜分派给宾客。顺序是先客人,后主人,先女宾,后男宾,先主要宾客,后一般宾客。服务员按顺时针的顺序逐次派菜。

派菜服务员用左手垫布将热菜盘托起,右手拿派菜用的叉、匙进行分派。服务员要站在宾客左侧,可以边派菜边向宾客讲明菜点的名称,注意不要离宾客太近,按派菜服务规范进行派菜,操作要自如。

服务员要根据时机撤换餐具,上、撤餐具时动作要轻巧,不能将汤汁等洒在宾客身上;更换餐具时要注意宾客是否正在使用餐具,如果宾客正在使用,则稍候片刻,否则就是失礼。

2. 西餐宴会上菜服务礼仪

西餐上菜多采用分盘和直接派菜的方法,很少将菜盘放在餐台中央由客人自行取用。西餐宴会上菜的顺序是:开胃菜,汤,鱼、虾等海鲜类菜肴,主菜,甜点,水果,咖啡或茶。上菜时,服务员要严格根据宾主顺序,遵循先宾后主、女士优先的原则。

在宴会开始前几分钟摆上黄油,分派面包。面包作为佐餐食品,可以在任何时候与任何菜肴相配,所以要保证面包篮内总有面包。一旦面包篮空了,应立即给客人续添。

客人落座后,服务员要托着装有各种酒水的托盘为客人逐一提供酒水服务,服务时应主动为客人介绍酒水名称,请客人选择需要的开胃酒,待客人选定后,规范地为客人斟倒酒水;在客人用餐期间,服务员应根据不同的菜配不同酒水的要求,为客人提供佐餐酒服务,以葡萄酒为主。香槟酒可以在餐前、餐后、餐间配任何食品饮用。由于香槟酒开启时能渲染宴席的热烈气氛,所以在庆典或者款待贵宾时常选用香槟酒。在酒水服务时,服务员一定要事先询问服务的时间,注意开瓶、斟酒的操作。

　　服务员要按菜单顺序上菜、撤盘,右侧上开胃品、菜、汤、海鲜及主菜,但注意色拉盘作为主菜的配菜,一般从左侧上,并摆于左侧。每上一道菜之前,服务员应先将前一道菜的空盘及用过的餐具撤下。撤盘时服务员要留意客人餐具的摆放,如果客人将刀叉并拢放在餐盘左边或右边或横于餐盘上方,就表示不再吃了,可以撤盘;如果客人将刀叉呈八字形搭放在餐盘两边,则表示暂时不需撤盘。西餐宴会要求所有客人都吃完一道菜后才一起撤盘,并一起上菜。

　　在西餐宴会中,上点心之前,桌上除了水杯、酒杯及点心餐具外,全部餐具与用品都要清理干净,服务员要换上干净的烟灰缸。服务员给客人依次斟倒香槟酒,然后将餐桌上的点心叉、点心匙分别移到主盘的左右两边,以方便客人使用。服务员依次上甜品,待客人吃完后,从客人右手边撤餐盘、餐叉及餐匙。上水果之前,摆放好餐盘和水果刀叉,从客人的右侧上水果,水果应保持新鲜并且造型美观。饮品以咖啡为主,服务员将糖罐、奶壶放在餐桌上,壶把朝主宾方向,将垫着托盘的咖啡杯摆在点心盘右侧,将新鲜热咖啡倒好 3/4 杯,垫上垫碟,放好咖啡匙,用托盘托送。服务员也可让客人点用餐后酒,如白兰地、蜜酒等,续斟一次咖啡和酒品,最后撤掉咖啡具,表示宴会到此结束,客人可以自由退席。有些高档宴会在餐后还向客人提供雪茄烟。

（四） 送别服务礼仪

　　客人离开时,服务员要主动为客人拉椅、取递衣物,并检查是否有遗留物品,并将保管的物品交给客人。遵循送客走在后面的原则,热情地送别客人。

任务拓展

　　(1)为了庆祝结婚 10 周年,威廉斯夫妇预订了紫罗兰西餐厅晚上 7 点的餐位。他们来到餐厅,耳边回响着悦耳动听的经典乐曲,环顾四周,看到淡黄色的餐桌上布置着鲜艳的红玫瑰,摆放整齐的餐具散发着高雅的气息,在柔和的灯光衬托下,餐厅处处散发出浪漫的气息。彬彬有礼的迎宾员将威廉斯夫妇引领入座。正当威廉斯夫妇对晚餐充满美好的期待时,却突然发现透明的杯子上有一只小小的蜘蛛在爬行……

　　(资料来源:浙江省教育厅职成教教研室组.西餐服务[M].北京:高等教育出版社,2010.)

　　请问:

　　该餐厅在宴会服务方面有哪些不妥之处? 应如何处理?

　　(2)某天晚上,实习生小王在某饭店西餐厅当班。当晚,有一个私人宴会在西餐厅进行。领班见人手紧张,安排小王与服务员小李共同服务这次宴会。宾客用餐完毕后,在休息间休息,其中有几位美国宾客准备吸烟,小王正好看到,他连忙上前去拿出火柴为宾客点烟。小王点燃火柴,分别为第一位宾客、第二位宾客点燃香烟,可当他准备继续为第三位宾客点香烟时,这位宾客微皱眉头,起身离开座位,走向他处。宾客为什么离开座位呢? 小王觉得很奇怪。

（资料来源：人社部教材办公室.饭店服务礼仪习题册［M］.北京：中国劳动社会保障出版社，2016.）

请问：

宾客离开的原因是什么呢？

工作任务四　酒吧服务礼仪

任务导入

小周是一家酒吧的服务员，今天他像往常一样换上工作服准备上班，出更衣室之前，他看了看镜子里的自己，发现自己睡眼惺忪，精神有点萎靡，头发有点乱，于是随手理了理头发就上班去了，心想灯光昏暗，别人也看不清自己的样子。接下来迎来了第一批客人，小周马上挤出一个不自然的笑容，引导客人就座，随手递了几张酒单给客人便离开了。10 多分钟后，小周出现，填写好客人所点的酒水，请客人等待。随即用托盘将所点酒水带到宾客位置，突然，小周脚一滑将酒水打翻在客人面前，小周连忙道歉，可客人并不理会小周，直接向经理进行投诉。

请问：

该酒吧服务员有哪些地方做得不好？

任务解析

酒吧服务员小周有以下几点做得不好。

（1）仪容仪表欠佳。小周发现镜子里的自己睡眼惺忪，精神有点萎靡，头发有点乱，并没有及时地调整好自己的状态和仪容仪表。同时，小周对客人的微笑不真诚。酒吧服务人员应在上岗前对仪表仪容进行自我检查，要精神饱满、面带微笑、思想集中地恭候宾客的光临。

（2）呈递酒单不礼貌。小周随手递了几张酒单给客人，其行为不符合礼仪规范。酒吧服务人员应恭敬地双手递送酒单，为宾客进行酒水点单服务。酒水单最好做到一人一份。

（3）让客人等候过久。10 多分钟后小周出现，让客人等候过久，服务员可在客人旁等待，给客人选择酒水的时间。

（4）托盘服务不当。小周打翻了酒水，作为服务员，这种失误是非常不应该的。托盘服务是服务员的基本功，小周应勤加练习。

◎ 知识链接

酒店有专门为宾客提供酒水饮品服务的各类娱乐酒吧。在餐饮部门,酒水服务是宾客餐饮服务的重要组成部分,对客服务礼仪要引起服务人员的高度重视。

一 酒水服务礼仪

图 7-10　服务准备

(一)服务准备

酒吧服务人员应在上岗前对仪表仪容进行自我检查,要精神饱满、面带微笑、思想集中地恭候宾客的光临(见图7-10)。

(二)迎接宾客

当宾客来到酒吧时,服务员应礼貌相待、笑脸相迎、亲切问候,引导宾客就座。

(三)呈递酒单

酒吧服务人员应双手恭敬地递送酒单,为宾客进行酒水点单服务。酒水单应一人一份,若条件不允许,应先女士后男士,先客人后主人,先长辈后晚辈,先领导后下级,根据实际情况灵活服务。

(四)托盘服务

上酒水饮品及食品时,服务员应使用托盘从宾客的右侧上,以方便宾客取用,操作时应轻拿轻放。

(五)及时回应

服务期间,服务员要注意对宾客的照顾,当宾客有服务需求的示意时,应及时回应。

(六)热情送客

宾客离开时,服务员应将宾客送至酒吧门口,并热情欢迎宾客再次光临。

二 调酒服务礼仪

调酒师应在服务中注意以下礼仪要点。

（一）主动问候

宾客来到吧台前,调酒师要主动微笑问候:"您好!"

（二）规范操作

调制各种饮品时,调酒师要尊重宾客的选择,根据规范进行操作,讲究卫生,文明操作,摇晃调酒壶的工作要适度,除非是表演类调酒,否则动作不宜过大;调酒时应面向宾客操作,以示尊敬(见图7-11)。

（三）熟悉常客

调酒师应记住酒吧常客的爱好,热忱提供宾客喜爱的饮品,对宾客要保持等距离交往,不可对部分熟客显得过于熟络。

（四）细节注意

宾客间在进行谈话时,调酒师不可侧耳旁听,更不能打断插话;宾客低声交谈时,调酒师应主动回避一侧,对于只身一人的宾客,可以在不影响工作的情况下,适当地陪其聊天。

图 7-11　调酒服务

（五）站姿规范

调酒师应保持站姿服务,不能有斜靠吧台、手臂支撑吧台等不规范站姿,亦不可在吧台前与同事闲聊,不顾及对宾客的服务。

（六）热情道别

宾客离去时,调酒师要热情道别,热情欢迎宾客再次光临。

三　矿泉水服务礼仪

（一）熟悉矿泉水种类,注意服务方式

含气矿泉水可以根据客人需要准备好柠檬片,目的是让柠檬吸收一些二氧化碳气体,客人饮用时不会因为气体太多频频打嗝而失礼。不含气的矿泉水无色、无味,调酒师服务时一定要当着客人开瓶。

（二）规范服务,注意需求

瓶装矿泉水饮用前应冰镇,以保证最佳饮用温度。客人要求提供常温矿泉水时,调酒

师应当尊重客人的意思。

（三）注意事项

调酒师不能将蒸馏水、配制水与矿泉水混用，这样做既不道德，还容易使客人出现不适反应。

四　醉酒客人服务礼仪

（一）随时关注

服务员要随时关注已有醉意、情绪变得激动的客人。

（二）礼貌劝导

服务员要真诚地劝说客人不能继续喝酒，用礼貌的方式转移客人饮酒的注意力，建议客人喝一些不含酒精的饮料，如咖啡、果汁等。

（三）适时帮助

对于醉酒的客人，服务员应当以礼相待，沉着冷静，及时提供必要的帮助。如客人站立不稳时，服务员应主动搀扶，将客人护送至房间。如遇客人呕吐，服务员要及时清理脏物。根据酒吧工作程序，服务员要保护醉酒客人的钱财和物品，保证其钱财不丢失、物品不损坏。

五　结账服务礼仪

酒吧性质不同，结账有先有后，但无论是哪种结账方式，其服务程序及服务礼仪大致相当。

（一）核对账单

服务员首先应当在收银处核对客人的酒水点单与客人所喝的酒水饮料是否一致。打单后，再次核对账单与酒水点单，确认无误后将账单和笔放入账单夹中（有些客人可以签单）。一般情况下，国内客人习惯由一个人来结账，国外客人更习惯于分单结账，这一点要在为客人点完单后向客人询问清楚。

（二）呈递账单

服务员来到客人所在桌子前，打开账单夹双手呈递，让结账客人过目。有的酒吧要求服务员唱收唱付，有的则要求买单，服务员可视具体情况灵活运用。

（三）结账致谢

客人要求结账时，服务员应告诉客人："请稍候！"然后立即去收银台，从收银台取回发票，提醒客人收好零钱或信用卡、签单卡等，亲自交到结账客人手中，并再次向客人致谢。

任务拓展

（1）某市市中心新开了一家酒吧。开业第六天傍晚，华灯初上，酒吧来了两位客人，服务员连忙把他们引领到一张小桌前坐下，积极主动地介绍各种酒水的风味、特色，并适时地为客人提供建议。在饮酒的 2 个多小时里，服务员走动勤快，撤换酒杯和烟缸及时，酒水产品的色、香、味、形、饰无可挑剔，两位客人会心地微笑。"市中心的酒吧就是不一样啊！"言语中流露出他们对酒品和服务的满意。就在他们兴趣盎然、微带酒意准备付账时，一位仪态万千的服务小姐款款而至，大声说道："两位先生今晚消费 315 元，不知哪位付账？"客人的满腔赞美顿时化作透心的凉气。那位年纪大一点的客人气恼地对服务员说："请别这样大声叫嚷好吗？我们可不会赖账的。""这是我们酒吧的规定，客人结账时，服务员应唱收唱付。"服务员满腹委屈，她不明白那位先生为何会恼火。客人匆匆付了钱，拿起放在椅背上的外套，头都不回，逃也似的离开了这家酒吧。

（资料来源：任杰玉.酒店服务礼仪［M］.上海：华东师范大学出版社，2009.）

请问：

客人为什么会对这位服务员不满意？ 如果你是服务员该如何做？

（2）在某饭店的特色酒吧内，宾客盈门，生意兴隆。因为该酒吧十分特别，既有热闹的室内重金属音乐表演场所，又有游泳池及安静的室内聊天场所，因而吸引了该市的很多常住人口前来消费娱乐。因为客人众多，该酒吧一直以来都是以迎宾员带领客人落座后，送上酒水单，客人点单后先交费，服务员再送上酒水和找退零钱的形式进行服务和销售。某天，一位客人带着朋友来到该酒吧消遣，因是晚饭后前来，所以这位客人已然带着醉意，当服务人员按照服务程序请他们先买单时，该客人十分生气地说："怎么？以为我消费不起啊？我有的是钱！"服务人员见到这种情形，也不敢与客人过多理论，只好请领班出面解决。领班见客人的朋友还很清醒，就没有正面应答正在愤怒中的醉酒客人，而是婉转地对其朋友讲明了本酒吧的消费接待程序，请客人予以谅解，从而妥善地解决了这个问题。

（资料来源：http://www.doc88.com/p-2733098979162.html.）

请问：

① 如果你是本案例中那位服务人员，你会如何解决处理此问题？

② 那位领班在解决此问题过程中有哪些经验值得获取？

工作任务五　茶艺服务礼仪

◎ 任务导入

某日中午,一位住店客人下了客梯直奔茶吧。此时,茶吧里没有其他客人,只有一名服务员,不巧的是他正握着话筒和别人通电话。于是,客人只得耐心地站在一旁等候。时间一分一秒地过去了,仍不见服务员有结束通话的迹象,客人的脸上渐渐露出了不满的神情。但他并未说什么,只是用手中的钥匙在台子上不轻不重地敲了几下。这时,服务员似乎醒悟过来,忙搁下电话接待客人。但是,此时客人已经面露不悦,转身离去。过了几天之后,这位服务员收到了来自饭店方面的投诉和警告。

请问:

在服务的过程中,该茶吧服务员有什么不足之处?

◎ 任务解析

这位茶吧服务员有以下几点不足。

(1) 没有及时地接待宾客。本案例中服务员在有顾客光临的时候,还在与他人通电话是不对的,并且客人多次提示,服务员才有反应,确实让人不满。服务员不论有何事,在有宾客光临的情况下,应放下其他事情,及时做出迎客反应。

(2) 没有热情迎客。案例中服务员一而再再而三地怠慢客人,客人感觉不到服务方的热情待客。服务员应接待热情、微笑迎客。

(3) 仪态失礼。客人用钥匙叩击吧台才唤醒该服务员,服务员急忙搁下电话有失仪态。

◎ 知识链接

一　茶艺服务礼仪

茶艺是茶文化的精粹和典型的物化形式。茶艺师应该具备较高的文化素养、得体的言谈举止,熟悉并掌握茶文化知识以及泡茶技能,做到“神、情、技”三者合一。

(一) 装扮得体

茶艺师的着装以整洁大方为宜,不宜太鲜艳。无论是男性还是女性,要与环境、茶具相匹配,都应仪表整洁。发型不论长短,都要按泡茶时的要求进行梳理。脸部的化妆宜淡不宜浓,也不要喷味道强烈的香水,否则茶香易被破坏。

（二）微笑甜美

茶艺师的脸上永远只能有一种表情，那就是微笑。有魅力的、发自内心的得体的微笑才会光彩照人。

（三）语言艺术

在茶艺过程中，茶艺人员要做到语言简练、语意正确、语调亲切、语音柔和悦耳、表达流畅，使饮者真正感受到饮茶也是一种高雅的享受。

（四）举止优雅

1. 基本姿态符合规范

茶艺师的坐姿、站姿、走姿和手势要符合基本规范（见项目二）。这里介绍茶艺服务基本姿态的其他要求。

（1）跪坐。茶艺师两腿并拢，双膝跪在坐垫上，双足尖着地，臀部坐在双足上；挺腰，放松双肩；头正，下颌微敛；双手交握搭放于大腿上，表情自然、大方。

（2）盘腿坐。此姿势只限于男士。茶艺师双腿向内屈伸相盘，双手分别搭于两膝，其他姿势同跪坐。

（3）单腿跪蹲。茶艺师左膝与左脚呈直角相屈，右膝与右足尖同时点地。其他姿势同跪坐。这一姿势常用于奉茶，如果桌面较高，可转换成单腿半蹲式，即左脚前跨，膝微屈，右膝顶在左腿小肚处。

2. 基本服务礼仪动作娴熟优雅

鞠躬礼、伸掌礼已在项目三中有所介绍，下面谈谈茶艺服务礼仪的其他要求。

（1）寓意礼。茶艺师右手提开水壶靠近茶杯（或茶壶）口注水，再提腕使开水壶提升，此时水流如"酿泉泄出于两峰之间"。接着仍压腕将开水壶靠近茶杯（或茶壶）口注水，如此反复三次，恰好注入所需水量。寓指向来宾三鞠躬行礼，以示敬意。行寓意礼时，茶艺师要注意"双手内旋"，在进行回转注水、斟茶、温杯、烫壶等动作时，右手必须按逆时针方向、左手必须按顺时针方向操作，类似于招呼的手势，寓意为"来，来，来"表示欢迎，反之则变成挥斥的寓意："去，去，去"了。

（2）捧与端的手法。首先，介绍女士的捧与端的手法。女茶艺师捧法：女茶艺师亮相时的双手姿势，即两手虎口相握，右手在上，收于胸前，将交叉相握的双手拉开，虎口相对。虎口相对的双手向内、向下转动手腕，各打一圆使垂直向下的双手掌转成手心向下，两手慢慢相合，掌心相对。女茶艺师两手合捧起茶道组，并将捧起的茶道组端至胸前，双手沿弧形轨迹将捧起的茶道组移向应安放的位置。女士端法：女茶艺师双手向内旋转，两拇指尖相对，另四指向掌心屈伸成弧形，继续内转手腕，使拇指尖转向下，另四指向掌心屈伸成弧形。女茶艺师两手心相对并接近茶杯(或茶荷等物件),将茶杯端起后平移至所需位置,动作完成后双手合拢收回。然后,介绍男士捧与端的手法。男士捧法:男茶艺师亮相时的双手姿态,即两手半握拳,两手距离大约与肩同宽,单手提起,张开虎口握住物体基部,收至自己的胸前,将物体平移到一定位置;或双手提起,合抱捧住物体,收至自己的胸前,沿弧形轨迹将物体安放到一定位置。男士端法:男茶艺师捧好物体后,双手离开物体,并沉肘,两手合抱将物品端起,并放到一定位置。

茶艺人员泡茶动作要从容优雅、井井有条,放取物件手要轻,动作要连贯。

(五)程序规范

茶艺表演要程序正确,动作连续、圆活、轻盈、自然、和谐、细腻、有舞蹈的美感。表演过程中,茶艺师提壶、握杯、温壶洗杯、温盖碗以及茶叶的量取与投放要符合操作规范。茶艺师在茶艺表演时要注意两件事:一是将各项动作组合的韵律感表现出来,二是将泡茶的动作融入与客人的交流中。

二 茶事服务礼仪

(一)接待热情,引领到位,服务迅速

茶客登门时,服务员要主动、热情地接待,应尽量照顾来宾,询问用茶人数及预订情况,将客人引领到正确位置。

(二)善于观察,细心周到

如果宾客随身携带较多物品或行走有困难时,服务员应征询宾客同意后给予帮助;如果遇到雨天,服务员要主动为宾客套上伞套或寄存雨伞;如果座位客满,服务员要向客人做好解释工作,有位置时立即安排。服务员要耐心解答客人有关茶品、茶点、茶肴以及服务、设施等方面的询问。

(三)礼送宾客,再次致谢

当宾客准备离去时,服务员要轻轻拉开椅子,提醒宾客带好随身物品,送客要送到厅堂口,让宾客走在前面,自己走在宾客后面(约1米距离)。客人离店时,服务员应主动拉门道别,真诚礼貌地感谢客人,并欢迎其再次光临。

任务拓展

(1)一个深秋的晚上,三位客人在酒店的茶艺室消费,客人们边品茶边聊天,尽兴得好像忘记了时间,快到凌晨12点了仍没有去意。服务员小何很着急,想催促他们结账,于是说道:"先生,能不能先结账,我们酒店茶室凌晨12点打烊。""你这是要赶我们走吗?"一位

客人听了小何的话后非常生气,另一位客人看了看表,连忙劝阻,并说马上结账,请小何拿账单来。客人查看账单,发现有一盘茶点并没有点过,请小何更正账单,小何回复客人,茶点已经上过,账单肯定没有错。这时,客人火了起来:"你这是什么态度,难道我们吃了东西不认账,把你们经理叫过来。"随后,三位愤怒的客人向经理投诉了小何催促结账并算错账单的事宜,经理连忙向几位客人道歉,表示客人什么时候结账、离开都行,并为客人另外附送了 2 盘小点心,客人最终平息怒火后离开。

(资料来源:彭蝶飞,李蓉.酒店服务礼仪[M].上海:上海交通大学出版社,2011.)

请问:

该案例中的服务员有什么不妥之处? 如果你是该服务员会怎么做?

(2)某饭店承办了一个大型国际会议,各项工作正在有条不紊地进行着。为了让与会嘉宾和代表在会议之余也能够参与各项休闲娱乐活动,会务组特地与饭店特色茶吧达成协议,在限定金额消费标准内接待与会代表,并在茶吧指定区域内为他们预留座位。晚餐后,陆续有客人进入茶吧消费,服务人员开始忙碌起来,为了维持服务秩序,会务组的服务人员也进入茶吧帮忙。突然,服务人员小王发现有两位客人不知道什么时候已经坐在了留位区域内的嘉宾座位上,这些座位可是专门预留给会议举办方的特邀嘉宾的。小王心想这可怎么办啊? 一会儿客人就要入场了,一定要赶快让这两位客人换到其他的位置上。于是,小王快步走到该区域,对坐在那里的两位客人解释说:"先生,对不起。这些位置是专门预留给我们的会议嘉宾的。请你们再选择其他座位吧。"客人听完这番话大为不悦:"什么? 茶吧内的区域我们不能随便坐? 那你们刚才为什么不早点说明? 知道我是谁吗? 我也是经常来这个酒吧的,也是你们的 VIP!"小王答道:"对不起,这是由会议的会务组与茶吧协商确定的,嘉宾名单是由会议举办方提供的,我们只是按规定办事。"听到这里,客人气愤地起身离开,说:"什么服务,还是五星级饭店的茶吧呢! 另换一家吧。"

(资料来源:http://www.doc88.com/p-2733098979162.html.)

请问:

本案例中这位客人为什么会产生不满? 请指出服务人员在服务程序方面不妥之处?

项目八
旅游景区服务礼仪

工作任务一 售票服务礼仪

任务导入

　　暑假的某一天,小李和朋友一起去某景区游玩。在景区售票窗口里坐着一位穿着工作服的售票员,跷着二郎腿,身旁还有一位穿着便装的中年妇女,两人在有说有笑地聊天。小李问:"请问门票多少钱一张?"售票员看也没有看,说了一句:"不会自己看吗?门票是50元一张。""请问学生证可以打几折?"小李问。"没有折扣!"售票员冷漠地说。小李很无奈,于是递给售票员一张100元的、看上去外观有点旧的钞票,说:"请给我拿两张票。"售票员接过钱摸了摸,看了小李一眼,转过头对坐在身边的中年妇女说:"你看看这张100元的钱……"然后两人开始一边打量着小李和他的朋友,一边交谈起来,还时不时地带着异样的眼神,好像在怀疑着什么。过了一会,售票员又把那一张100元的钱退了回来,说:"这钱是假的,你得换一张。"小李当时有点不开心了,说:"为什么要换呢?虽然这钱是旧了点,但绝对不可能是假的!"然而售票员冷漠地说:"要你换你就换一张呀,收到了假钞我们是要自己赔的。"小李开始生气,但是考虑到是邀请朋友来玩的,也不想影响心情,就很不情愿地换了一张崭新的100元给售票员。售票员接过钱,什么都没说把票拿给了小李。

　　请问:

　　该案例中,售票员在工作中存在哪些问题?应如何纠正?

任务解析

　　(1)售票员在工作中存在的问题有以下几个方面。

　　①售票员在工作中坐姿跷二郎腿。

　　②工作中与便装妇女聊天。

　　③对于游客的询问和合理要求,态度不热情,甚至态度恶劣。

　　④用怀疑的眼神看待旅游者。

　　(2)纠正方法包括以下几个方面。

　　①售票员正确的坐姿应该是腰背挺直,肩放松。女性应两膝并拢,男性膝部可分开一些,但不要过大,一般不超过肩宽。售票员双手应自然放在膝盖上或椅子扶手上。在正式场合,售票员入座时要轻柔和缓,起座要端庄稳重,不可猛起猛坐,弄得桌椅乱响,造成尴尬气氛。不论何种坐姿,售票员上身都要保持端正,就像古人所言的"坐如钟"。

　　②售票员在工作中不得做与工作无关的事情,应该聚精会神地注意旅游者的到来,不能和同事聊天,同时,工作期间不得穿便装。如果是景区工作人员应该着正装,如果是非工

作人员,应该离开售票窗口。

③当旅游者询问门票价格的时候,售票员应该热情地向游客介绍景区的门票价格以及门票政策。如果是学生,其学生证在有效的优惠范围之内的话,售票员应该给旅游者按优惠门票结算。

④当旅游者给钱售票员要求购买门票的时候,售票员应该双手接过钱并说谢谢。如果对钱的真假有疑问,应该委婉地向游客说明,不能以"收到假钱我们要赔"为由要求游客换钱。

⑤当游客购票结束,售票员应该礼貌地用双手将门票递给旅游者,并告知景区门票使用的注意事项。

◎ 知识链接

旅游景区售票员是在旅游景点专职售票的工作人员,是旅游者对旅游景区服务的第一印象。做好售票员的服务工作、注重售票员的服务礼仪就是注重旅游景区的门面。

一 售票前礼仪准备工作

(一)仪容仪表准备

1. 服装要求

旅游景区售票员应该穿工作服,服装无破损,干净整洁,纽扣齐全并按要求扣好,不可以衣冠不整。同时,售票员要按要求佩戴工卡,工卡正面朝上,能够识别工作人员,不能将衣袖和裤子卷起,并按要求穿好工鞋,保持干净。

2. 仪表要求

旅游景区售票员要化淡妆,不能浓妆艳抹,要求干净、清爽、不油腻。不能戴手镯、戒指以及夸张的头饰,项链以不外露为原则。上班前售票员检查好自己的仪表后方可上岗。

3. 仪容要求

售票员应修剪好自己的指甲,不留长指甲,不涂有色指甲油,指甲内无污垢。按照旅游景区管理办法打理好自己的头发,男士不留长发,女士不留怪异发型,不染其他发色,头发梳洗整齐,使用统一的发夹。

4. 卫生要求

售票员要检查好自己的个人卫生,爱护牙齿,男士要剃刮好自己的胡须,鼻毛不外漏。售票员还要检查自己的口腔卫生,不吃有异味的食品及不喝含酒精的饮料。

（二）工作物品准备

（1）售票员要准时上下班，按要求签到签退，遵守景区规章制度，积极完成售票任务。

（2）售票员要查看售票窗口的门窗、保险柜的正常状态，查看验票口机器、对讲话筒是否正常。

（3）售票员要做好售票窗口内外的清洁工作。

（4）售票员要了解并挂出当日门票的价格。若当日由于特殊原因票价有变，售票员应及时挂出价格牌及变动原因。

（5）根据需要售票员要到财务部兑换好所需的零钞。

二　景区售票员服务礼仪规范

（1）客人到来之前，售票员应该按要求到达工作岗位。首先，售票员要注意自己的坐姿，要求"坐如钟"，入座要求轻缓，上身正直，手自然放于双膝上，目光平视，面带微笑，坐椅子的三分之一，不可以只坐椅子的边缘部分。忌坐在椅子上前俯后仰、摇腿跷脚。其次，售票员要态度自然，面带微笑，集中精力，准备随时为客人做好售票服务。

（2）售票员进入工作岗位后，要在售票窗口设立售票处标识和明码标价。

（3）客人到达售票点之前，售票员应在距离客人三米之处，点头问候客人，并面带微笑。当客人到达售票点，售票员应热情地向客人表示问候："您好，欢迎光临××景点！"

（4）售票员应礼貌询问游客人数、需要多少张票、是否有儿童，并和游客讲清楚票价以及优惠政策。

（5）售票员在售票过程中要说普通话，对于游客的提问，售票员要做到百问不厌。

（6）对于游客在网上购票而要在窗口取票时，售票员应该礼貌地请游客出示购票时使用的有效证件，并迅速地帮助游客办理好门票。当售票窗口繁忙的时候，在条件允许的情况下，售票员要礼貌地告知游客可以去自主服务台换取门票。

（7）售票员要及时地听取游客的需求，迅速为游客计算票价，对于有疑问的纸币，应该礼貌地询问客人，不能上下打量客人，以免造成客人的误会。

（8）售票时，售票员要将票的使用方法和范围向游客讲明。如果购票人数较多，售票员还应该协助治安员做好秩序维护工作。

（9）如果游客购错票或者多购票，售票员应该礼貌地按照景区要求给予办理退票或者改签票手续，对于不能办理的，要耐心、细致地向游客解释，不能对游客的要求置之不理。

（10）售票员在售票过程中对持有有效免票证件的游客，按照景区规定给予免票卡或者直接向其说明持相关免票证件进入景区。对于不符合免票规定的游客，售票员应该给予耐心、礼貌地解释。如果遇到难以解决的问题,应及时上报景区领导。

(11)售票员要严格执行门票管理制度,坚决杜绝擅自加价、降价和逃票、漏票等现象,做到唱收唱付。

(12)在售票过程中,售票员不能感情用事,不能出现冲动或者失礼的情况,杜绝与游客发生口角。对于游客的不理解应该抱有宽容态度,始终面带微笑。

(13)当游客提出批评意见的时候,售票员要耐心听取,收集好游客的建议,处理好游客的投诉。

(14)售票结束,售票员要双手将门票递给旅游者,并热情地向旅游者说明景区门票使用说明。例如门票的有限期限、景区的开放和结束时间。同时,售票员要对游客的到来表示感谢,并预祝游客玩得愉快。

(15)售票员将售票回笼的现金清点后要及时上交,不得挪用。库存现金按规定定额入保险柜保管。

三　旅游景区售票咨询服务礼仪

(1)景区服务人员接受游客咨询时,应面带微笑,且双目平视对方,全神贯注,集中精力,以示尊重与诚意,专心倾听游客的询问,不可三心二意。

(2)景区服务人员应有较高的旅游综合知识,对游客关于本地及周边区域景区情况的询问,要提供耐心、详细的答复和游览指导。

(3)景区服务人员答复游客的问询时,应做到有问必答、用词得当、简洁明了。

(4)景区服务人员接待游客时应谈吐得体,不得敷衍了事,言谈不可偏激,避免有夸张论调。

(5)景区服务人员接听电话应首先报上姓名和景区名称,回答电话咨询时要热情、亲切、耐心、礼貌,要使用敬语。

(6)景区服务人员若暂时无法解答游客的问题,应向游客说明,并表示歉意,不能简单地说"我不知道"之类的话语。

(7)景区服务人员与致电客人通话完毕后,确认对方先收线后再挂断电话。

任务拓展

在 H 景点入口的售票处,一个三口之家高高兴兴地准备买票。父亲对售票服务窗口内的服务人员说:"买两张成人票。"售票服务员目测了一下孩子的身高,对孩子的父母说:"您好,我们景区实行优惠票制度,如果您的孩子身高在 1.1 米以下,您可以享受免票政策,请这位小朋友到这里来测量一下身高吧。"

母亲急忙说:"我儿子不到 1.1 米,还差一点。"服务员微笑着指引方向,请小孩去测量身高。小男孩蹦蹦跳跳到了测量仪器上,测量结果显示,他的身高刚好过了 1.1 米线。服务员礼貌地对他的父母说:"您孩子的身高已经超出 1.1 米了,需要购半价票,两张成人票一张儿童半价票,共 350 元。"

母亲听后很不情愿地说道:"你们的仪器会不会不准,我们前几天刚在家里量过,没到 1.1 米啊。我的孩子这么小也要买票吗?"说话之间去看孩子的父亲,很希望得到他的支持和帮助。服务员仍旧保持微笑,解释说:"我们的测量仪器定期检查,肯定是客观、标准的,这点请您放心。"接着转头对着迫不及待想要冲进园区里的小男孩说:"这位小朋友看起来比同龄人都要高呢!"

小男孩也笑着回答说:"是啊,我在班里是长得最高的呢!"说完还看看妈妈,脸上尽是骄傲的神色。母亲尴尬地笑笑,小孩子的父亲在边上说:"算了,快买吧,看儿子已经跃跃欲试了!"于是三口之家顺利购买了门票,入园游玩了。

(资料来源:https://wenku.baidu.com/view/03d5cb7eddccda38366baf10.html?from= search。)

请问:

案例中的售票员是怎样礼貌地处理游客购票中的优惠票问题的?

工作任务二　验票服务礼仪

任务导入

"十一"假期,各大景区迎来了旅游高峰期。在 M 景区上演了一幕景区工作人员与旅游者大战的好戏。

10 月 4 日上午十点左右,一批由男女老少组成的家庭旅游团队,在 M 景区购票后,排队准备进入景区,可是无奈排队的人太多,大家都开始抱怨验票速度太慢,甚至已经有旅游者在里面大骂起来。这时,这个家庭旅游团中的一位比较年轻的游客朝着验票员大声吼了一声:"还让不让人进去玩呀,这么热的天让我们一直排队!"验票人员听见游客的声音,什么都没有说,依然继续验票。当轮到这个家庭旅游团的时候,验票人员拿过他们最前面的一个人手中的票,开始清点人数,发现少了两张门票,于是拦下他们不让他们通过。这时候,旅游团中的年轻人又发话了:"我们有几个小孩是不需要买门票的!"验票员横眼看了团队中两个大概 10 岁左右的小孩,冷言说道:"小孩也应该要买儿童票。""没有人说 10 岁小孩要买票呀!""没有票就别进去玩,不想买票还来玩什么呀!"双方争执着,另外一名年轻人就准备冲进景区,被验票人员拦住,因此引发纠纷,验票员与旅游者发生了肢体冲突。后面排队的旅游者只能继续在太阳底下等候排队入园。

请问：

案例中的验票员与旅游者为什么会发生冲突？该怎样避免这样的冲突？

◉ 任务解析

发生冲突的主要原因有以下几个方面。

（1）验票员在景区验票工作繁忙的时候,没有做到耐心地解决游客的问题。当游客开始抱怨的时候,验票员没有及时处理,反而置之不理。

（2）当发现游客少了两张门票的时候,验票员没有礼貌地询问游客情况。

（3）验票员没有告知游客儿童票的范围。一般身高在 1.1 米以上的儿童都需要购买儿童票才能进入景区参观。

（4）验票员在观察儿童身高的时候横眼看向儿童,并冷言回答,同时还用嘲讽的语气说旅游者没有买门票,这样容易引起旅游者的反感。

为了避免与游客发生这样的冲突,验票员应该做到以下几点。

（1）保持和善的态度。当旅游者在抱怨排队时间长的时候,验票人员应该耐心地向游客进行解释,并加快验票的速度。

（2）当发现旅游者少了两张门票的时候,验票人员应该委婉地询问旅游者的实际人数,并热情、礼貌地告知优惠票或者免票的范围。

（3）在查看儿童身高的时候,验票人员应该注意自己的眼神,礼貌地询问儿童的身高,并建议其去售票窗口进行补票。

（4）在验票过程中,验票人员要保持为游客服务的态度,不能与游客发生语言上的冲突,更不能有肢体冲突。对于验票过程中有些不尽如人意的地方要及时地向旅游者道歉,熟练地使用礼貌用语。

◉ 知识链接

旅游景区验票员是在旅游景点负责景区门票的出售以及进入景区人员的门票查验工作的。

一　验票员的准备工作礼仪

（一）仪容仪表礼仪

（1）验票员要着符合本景区的职业套装或者套裙,干净得体。切忌袒胸露背,穿透亮、领口过低或者过于怪异的衣服。原则上上衣口袋不放物品,按要求戴好景区工作牌。

（2）头发保持干净,梳理有型,女士刘海不能遮住眼睛,不披头散发,按要求盘发。男士要剃须修面,保持干净清爽。

(3)验票员要穿与工装相配的鞋子,不要穿露脚趾的鞋子。不穿凉鞋,颜色不能过于鲜艳。女士高跟鞋鞋跟不要太高或者太细,更不能有破损,鞋面要干净,不能有过多的装饰物。必须穿袜子,袜子的质地、颜色与衣服、鞋子的颜色要相匹配。

(4)验票员应该避免佩戴花哨的饰物,佩戴饰品以不夸张、不妨碍工作为原则。

(5)验票员的所有手指不能留长指甲,指甲要保持干净,不涂有颜色的指甲油。

(二)准备工作礼仪

(1)验票员要掌握景区票价、名称,并掌握一定的礼貌用语及简单的英文对话。

(2)验票员要熟悉本景区《门票价格及优惠规定》,熟悉免票、优惠票的条件,熟悉景区常用证件。

(3)验票员要掌握旅行团导游、领队带团入园的查验方法及相应的免票入园规定。

二 景区验票员服务礼仪规范

(1)景区开园前,验票员要做好入园闸口周围的卫生,准备好景区导游图供游客自取。

(2)验票工作人员要精神饱满地站在检票位,面带微笑,表情自然大方,始终保持仰视状态,态度和善。

(3)热情主动服务。在客人走到距检票口十米处时,验票员要向客人行注目礼,用目光迎接客人。当客人到达检票口时,验票员要彬彬有礼,主动招呼,亲切问候:"欢迎来到××景区。"声音要动听,面对旅游者要文雅、自如、端正、稳重、自然亲切。

(4)旅游者入闸时,验票员礼貌地请游客出示门票:"您好,请问您有几位? 请您出示一下您的门票。"要求旅游者人手一票。

(5)当旅游者拿出门票时,验票员双手接过门票,并道声:"谢谢。"然后查验门票。

(6)对于有效门票,验票员撕下门票副券,将正券双手交还旅游者,对旅游者说:"谢谢,请您拿好您的门票,祝您玩得愉快!"对于无效门票,应礼貌地对旅游者表示抱歉,并说明无效的原因,要求旅游者办理购票或者补票手续。当游客不能出示门票的时候,验票员要热情礼貌地告知游客到相应的购票处购票。

(7)对于使用电子门票系统的旅游景区,验票工作人员应该协助旅游者进行检票验票。如果电子门票系统识别不了,礼貌地建议游客去售票窗口或者景区服务站进行查询。对于需使用身份证进入的旅游景区,验票员同样要协助有问题的游客进行门票的验证。

(8)控制景区人流量,维持好出入口的秩序,避免出现混乱现象。验票员的工作要有效率性,每张有效门票的查验时间不能超过 5 秒钟,如果有事耽误了检票时间,应该向等待的游客表示道歉,不能以人多为由,拒绝旅游者的要求。当发生强行入内等紧急情况时,验票员要及时与部门领导联系,交由领导安排处理,不得因此中断验票。

(9)旅行团、持半票、免票的旅游者入园时,验票人员应该一视同仁,按照景区的有关规定做好查验和登记工作。

(10)当旅游者多购票或者购错票的时候,验票人员要热情地为旅游者答疑解惑,帮助旅游者填写"退票通知单",帮助旅游者去售票处退票。

(11)当残疾人和老人入园时,验票人员不得用异样的眼光去打量旅游者,应该给予必要的协助。

(12)当旅游者问询时,验票人员应该礼貌解答,在工作繁忙无暇回答的时候,也应该向旅游者说:"对不起,请稍等。"当有空闲时间了,要立即给予解答。

(13)始终保持验票口的有序和卫生整洁。如果遇到滋事者,验票人员应该礼貌地制止,耐心地劝服,如果无法制止,应该立即报告安保主管或者领导,切忌在众多游客面前争执。

(14)当旅游者结束景区游览出园时,验票人员要真诚地对游客说一声:"欢迎下次再来旅游!"

任务拓展

"十一"假期某一日的早上6点,天刚亮,记者和神农架神农顶景区验票处的12名员工在职工食堂匆匆吃完早餐后,前往他们的工作岗位。黄金周期间,作为神农架最大的旅游企业,神旅集团员工全部提前1小时到岗。工作车从海拔900米的木鱼镇盘旋而上,20分钟后到达海拔1500米的神农顶景区验票口。工作人员快速下车,迅速上岗。5分钟后,6人一组分列景区大门左右,开始为进入景区的车辆提供验票服务。

6点30分,换乘车、自驾车陆续从游客服务中心驶向景区大门。"请靠边停车,出示门票。"验票员赵宝山一手拿验票仪,一手示意一辆来自成都的自驾车停车候检。"我买了3车人的票,有一辆车堵在后面了,怎么办?""请往前走,到工作人员那里留下车牌号。"小赵一边扫描"一卡通",一边探身查看车内的人数,一边回答游客的提问,验票过程只用了10秒钟。

7点30分刚过,车队渐渐排起长龙。小赵和同事们来回小跑着迎上前,加快验票速度。"请问在哪里买票?""右转,向前一公里处的换乘中心。""我买的大九湖通票,今天看不完的景点,明天还能看吗?""可以,通票有效时间是五天。"

8点30分,大巴车、换乘车、自驾车蜂拥而至,景区验票迎来高峰。快速查验的同时,验票处负责人黄德平和验票员们仍耐心回答游客的提问。"售票处说不卖去大九湖湿地公园的票了,怎么办?""那说明游客已经满员,您可以先游览天生桥、神农坛、官门山等景点,等下午再去买,或者买明天的票。"

10点30分,车流渐渐恢复常态。"每天最紧张的就是早高峰,这几个小时我们只能跑着办理。累是累点，就怕游客不满意。"验票员小袁抓紧时间喝了口水，向记者说道。

告别时，记者在登记簿上看到，4个小时内，有1112辆大小旅游车验票进入。

（资料来源：http://news.163.com/13/1006/03/9AFN2IR200014AED.html.）

请问：

神龙架景区的验票员在4个小时内是怎样礼貌地为进入景区的1112辆车的游客进行验票的？

工作任务三 讲解服务礼仪

任务导入

10月2日，王先生一家20多人到H景区进行参观游览。由于想了解景区建筑、文化，于是花了300元请了一位景区讲解员，但是结果却令王先生一行大失所望。景区游览走马观花，对于景区文化也一无所知，最后王先生通过网络平台对景区以及导游进行了投诉。

在景区门外，王先生通过景区联系到了景区的讲解员小张。小张为了让游客感受到自己对他们的尊重，特意浓妆艳抹了一番，穿着景区的工作服，但是没有佩戴工作证和导游证。小张并没有对王先生一行说什么话，就直接带他们去景区。进入景区大门后，讲解员小张一言不发，一路快步行走，王先生说："你走慢点，先讲一讲这个景区的概况。"讲解员头也不回地冷冰冰甩出一句："这里不讲，到里面再讲。"进入景区后，小张不等游客围观上来便讲起来，后面的游客听不到小张讲什么，便说道："声音太小，怎么不戴耳麦？"而小张却说："我们有规定不能戴耳麦！"就这样，在整个景区里，王先生一行一路紧跟还是赶不上小张的步伐。面对三五个游客，小张只是敷衍讲解三言两语，大批游客围上来还没有听多少讲解，小张又到了另一个景点。游览期间，小张一边走，一边翻看手机信息，整个景区游览下来，只用了半个多小时。到了景区门外，讲解员说："讲解完了，你们再随便转转吧。"这时，王先生一行一头雾水，纷纷议论起来："花了300元讲解费，只有这一句话听清了！"

请问：

①为什么王先生一行会对讲解员小张的讲解进行投诉？

②讲解员小张应该在讲解过程中注意哪些服务礼仪？

任务解析

王先生一行投诉小张的原因有以下几个方面。

（1）在王先生提出希望小张对景区进行讲解的时候，小张的态度十分冷漠，冷言回绝

"这里不需要讲解"。

（2）当王先生反映小张的声音太小听不见的时候，小张以"景区不让我们带耳麦"为由拒绝。

（3）小张在讲解过程中讲解敷衍，很多游客没能真正了解整个景区的概况，小张的态度非常不热情。

讲解员小张在导游讲解中应该注意的服务礼仪有以下几个方面。

（1）作为景区讲解员，小张应该化淡妆，不能浓妆艳抹。

（2）景区讲解员应该按要求佩戴工作证和导游证。

（3）景区讲解员在讲解过程中应该以游客为中心，礼貌并且有耐心地回答游客的各种问题。

（4）在讲解工作开始之前，景区讲解员应该准备好景区的有关知识，对游客进行热情有深度的景区讲解。

（5）讲解过程中，讲解员应该声音甜美，确保讲解内容真实，要保证团队中的每一位游客都能听清楚自己的讲解。

（6）在讲解过程中，讲解员要使用礼貌用语，不能对游客冷言或者态度恶劣，最好能适度地加入一些肢体动作。

知识链接

旅游景区讲解员是在固定景区为游客提供导游讲解服务的人员，起到帮助旅游者了解并欣赏旅游景区的资源和价值的作用。同时，景区讲解员也提供了一个对话的途径，使游客、旅游景区居民、旅游管理者相互交流，达成相互间的理解和支持，以实现旅游景区的良好运行。景区讲解员要亲切开朗、口齿清楚、用词优美，有真挚诚恳的态度，行动迅速标准，并具有涵养。具备对各种事件的处理能力。容貌、姿态、服饰等是景区讲解员精神面貌的外观体现，它与景区讲解员的道德、修养、文化水平、审美情趣及文明程度有着密切的关系。

一 景区讲解员的准备工作礼仪

（一）仪容仪表准备

（1）景区讲解员上班时必须着规定工装。一般来说，景区景点、博物馆讲解员都配有工作制服，讲解员在工作期间应按要求穿戴好工作制服。若没有配备工作制服，讲解员则按工作景区的环境选择服装。一般来说，室内的景区如博物馆等可穿正装，若是室外的风景名胜地，讲解员可穿休闲运动装。此外，讲解员要将工号牌和导游证佩戴在上衣左侧的适当位置。若男士穿西服，则要求其系领带或者领花。讲解员工装口袋内不可以装与工作无关的物件,要保持服装的清洁、整齐。

(2) 上班期间讲解员不得带夸张的手镯、项链、耳坠以及头花,可以根据景点情况佩戴与景点相关的饰物,但不能过于夸张。

(3) 讲解员要保持指甲干净,不留长指甲、不涂有色指甲油。

(4) 讲解员要勤洗发,保持头发整洁,不得将头发染成黑色以外的其他颜色。男士发型要求干练、整洁,不烫发、不染发(黑色除外)、不留长发。头发长度标准为前不覆额、后不蔽领、侧不掩耳。女士发型要求清爽、整洁、美观,不染发(黑色除外),不留怪异、新潮发型,短发规矩,长发盘起。

(5) 女员工必须化淡妆,不能浓妆艳抹,保持牙齿、鼻子、眼睛等部位的清洁。

(6) 讲解员要面带微笑、容光焕发、精神饱满,树立以人为本的服务意识。

(7) 讲解员工作中的肢体动作要敏捷、优美,举止行为要符合行业规范。讲解员切忌在公共场所出现修指甲、剔牙、抠鼻、伸懒腰等懈怠、不文明的举止。

(二) 工作物质准备

(1) 讲解员要在了解景点常规知识的同时更新景点知识,并准备好相关的语言。

(2) 讲解员要了解景点预订客人的情况。

(3) 讲解员要做好责任区域卫生。

(4) 讲解员要检查好公共用具是否齐全及物品的摆放情况。

(5) 讲解员要提前到达景点指定位置,做好相应的迎接准备。

二 景区讲解员服务礼仪规范

(一) 景区游览前礼仪规范

(1) 景区讲解员要保持微笑、站立服务,在距离游客 2 米处时,讲解员应该主动点头示意,并用礼貌用语问候游客。微笑是热情友好的表示、是真诚的象征,微笑是"通向世界的通行证""是打开人们心灵最美好的语言""是与宾客建立友谊的彩桥",微笑能给客人带来"宾至如归"的亲切感。站立是人最基本的姿势,好的站姿能体现一种静态的美。景区讲解员站立时,身体应与地面垂直,重心放在两个前脚掌上,挺胸、收腹、收颌、抬头、双肩放松,双臂自然下垂或在体前交叉,眼睛平视,面带笑容。景区讲解员站立时,不要歪脖、斜腰、屈腿等,在一些正式场合不宜将手插在裤袋里或交叉放在胸前,更不要下意识地做小动作,这样不但显得拘谨,给人缺乏自信之感,而且也有失仪态。

(2) 讲解员要主动介绍导游讲解服务项目和收费标准,包括游览路线和时间。

（3）讲解员要协助游客购票，引领游客到达等候区。引领过程中，讲解员要站在游客的左前方距离游客 1.5 米处，身体适当倾斜，朝向游客；手心斜面朝上，五指并拢，手臂略弯曲；使用手势时目视对方，并停顿 3 到 4 秒钟。引领时，讲解员行走 2 到 3 步可将手放下。引领的手势不宜过多，动作不宜过大，但要让对方能看见。

（4）游客到达检票口后，讲解员要主动请游客到等候区休息，并介绍相关娱乐项目，温馨提示游览须知，请游客做好相关准备。

（二）景区游览过程中礼仪规范

（1）当带领游客进入景区时，讲解员应该礼貌地向游客致欢迎辞，声音要动听，语言清晰。欢迎辞包括对游客的问候以及欢迎，还要介绍自己的以及自己所属的单位、工号等，并表现出服务此次旅游者的诚意。

（2）讲解员要向游客讲清游览注意事项。讲解过程中，讲解员要多用"请""您"等礼貌用语，尽量使用请求式或者协商式的口吻，避免使用命令式的口吻。在讲解过程中，讲解员要尊重游客，特别是尊重游客的宗教信仰、风俗习惯等，运用手势应该得当。

（3）在讲解过程中，针对不同的游客讲解员要采取不同的讲解方式，力求语言准确生动，健康活泼，富有表达力，同时，在讲解过程中要正确地使用眼神交流。景区景点讲解员在讲解工作过程中，面对的可能是少数几位甚至是一位客人，也可能是几十人的团队。无论是何种情况，讲解员都应让客人感受到对他们的尊重，又不让对方感到不自在。如果讲解员面对的是少数客人，讲解员的眼神应关注到每一位客人。为避免客人的不自在，讲解员的注视区域应当是正常的社交注视区，即以双眼为底边、嘴唇中心为顶点的倒三角形区域，简而言之就是看着对方的鼻子说话。如果讲解员面对的是团队客人，那么讲解员的眼神应持续扫视全体客人，短暂与客人眼神对视后移开，这样既能让客人感受到讲解员对他们的关注，又不会感觉不自在。

（4）在讲解过程中，讲解员语言措辞要恰当，语气声调要具有亲和力，声音的音量要适中。同时还要注意语言的逻辑重音、遣词择句的艺术。在回答客人问题的时候，讲解员要准确、简明，要针对不同的服务对象使用不同的服务敬语，准确使用称谓。

（5）景区讲解员在讲解过程中常常需要向客人指示所讲的景物，指示时应五指并拢，手心微斜，掌心向上，小臂带动大臂。讲解员指示较近的景物时，大臂和小臂成 90—120 度夹角；指示较远的景物时，手臂伸直。

（6）在导游讲解过程中递送物品时，讲解员以双手递送为宜，如果不方便，可用右手递送。用左手递送物品，通常被视为失礼之举。在递送物品时，讲解员应为对方流出接取物品的地方。如递送带有文字性的书籍或物品时，应正面朝上，文字面朝向对方，以便对方接过去之后阅读；在递送带尖、带刃的物品时，应使尖、刃对着自己或朝向其他地方，切忌把尖、刃指向对方。

（7）在与客人谈话的过程中，讲解员不能使用蔑视的语言、烦躁的语言、否定式和冲撞式的语言,用词要文雅。讲解员态度要诚恳、热情、和蔼、耐心,以友好、善良的愿望对待客人,真心实意为客人服务,讲究礼貌,获得客人的尊重和信任。

(8)讲解员对客人提出的合理要求要尽量满足,对客人提出的不合理要求要有能力去婉拒,给予对方满意的应答,做到百问不烦。谈吐间讲解员要注意表情得当,使宾客的情绪愉悦。

(9)在讲解过程中,如果有游客故意捣乱,讲解员要冷静地处理矛盾,不能与游客发生正面冲突。讲解过程中,讲解员禁止向游客强行出售或者搭售非景区规定的旅游产品,不得以明示或者暗示的方式索要小费,不得欺骗和强迫旅游者消费。

(10)游客游览结束,讲解员应礼貌地向客人告别,并表示期待下一次的再见。

⚙ 任务拓展

小张是某旅游学校刚刚毕业的大学生,应聘到某旅游景区当景点讲解员。小张长得亭亭玉立,家境颇为殷实,着装打扮非常时尚。

一天,小张接待了一个境外的旅游团队。团队中的成员大多数为 50 来岁。小张为了能够给客人留下深刻的印象,不停地为客人进行讲解,在每处景点面前都会讲很长一段时间。由于每一个景点时间耗费太长,离游览时间快要结束的时候,还有几个景点没有游览,于是小张对大家说:“各位游客,每一个景区我都为大家讲解,为了能够让大家游览尽兴,我们中途不休息,加快速度游览完后面的几个景点。”没等游客们反应过来,小张加快了自己的脚步,在每个景区面前都会加快自己的语速。途中有游客打断小张,希望讲解的语速能够慢一点,能够让大家都听懂。小张回答:“如果慢一点,就完不成我们的讲解计划了。”

整个景区游览下来,小张很高兴,终于完成了所有的讲解内容,但是游客却反映不太满意,小张想不明白,为什么自己尽心尽力地为客人讲解,完成了所有的讲解内容,而游客还是不满意。

请问:

为什么游客对小张的服务不满意?

工作任务四　保洁服务礼仪

◎ 任务导入

一顶红帽子,一身蓝色的工作服,左手提着垃圾袋,右手拿着夹子,穿梭在往来的游客当中⋯⋯“十一”黄金周期间,崂山风景区自山脚下的停车场一直到山顶活动着这样一群“蓝精灵”。记者节日期间跟随景区保洁员体验了一天保洁员的黄金周生活。10 月 5 日一大早,天刚蒙蒙亮,记者来到仰口游览区,看到保洁员队伍已经到位开始打扫。石阶路、林间、卫生间、洞穴内每一个角落都有蓝色的身影。随着游客量越来越大,路上的垃圾也逐渐增多。烟头、果壳皮、口香糖、纸屑被游客不经意地随手一扔,却给保洁人员增加了很多工作量。"扔烟头事情虽小,却关系着安全大事。"保洁员李师傅擦一擦额头的汗水,一边说一边走向绿化带里刚扔下的烟头。

在北九水游览区,今年50岁的宋世涛师傅在黄金周期间一天也没有歇,他每天早晨7点钟上岗,快天黑了才下山,每天至少在内一水到内九水路段上来回跑三四趟,平均每隔两小时就要巡查一次,一天要走40多公里的山路,衣服每天不知要被汗水浸湿多少回。由于山路崎岖,车开不上去,他每天总是与保洁员们一起将垃圾一趟趟背下山,垃圾多的时候,每天要背七八趟。

从早晨天不亮,一直到傍晚游客离去,体验了一天保洁员生活的记者,深深体会到其中的不易。据了解,每个保洁员每天的工作时间超过12个小时,每天运送垃圾4次,每次10公斤左右,也就是说,每个保洁员每天捡拾运送垃圾量为40公斤左右。北九水景区跟别的景区还不一样,因为这里水潭众多,游客随手丢弃的垃圾被风一刮就飘到了水里,这时就需要保洁人员伸长了胳膊或者用长杆等工具把水里的垃圾清理出来,非常危险。

付出汗水的同时,记者也体会到了保洁员的甜蜜。在仰口天苑的高山卫生间里,如厕后的天津小女孩甜甜地说:"这是我见过最干净的厕所!"听到这句话,保洁员的脸上乐开了花。

(资料来源:http://www.sohu.com/a/34482419_115421.)

请问:

作为景区的环境卫生保护神,保洁员怎样在做好繁重的保洁工作的同时做好礼仪服务?

◎ 任务解析

景区保洁工作看似是一项不太起眼的工作,但是这项工作却能大大地美化景区的环境。在景区做保洁工作的过程中,保洁员不仅要做好自己的本职工作——景区的环境卫生维护,同时还要担任起旅游景区的宣传工作。

在景区做保洁工作的时候,保洁员要注意自己的仪容仪表以及礼貌态度,不能因为自己是一名保洁员就对游客的事情置之不理。当游客有要求的时候保洁员应该尽可能地去帮助,面对游客应该和善、友好。当游客做出一些破坏景区环境的举动的时候,景区保洁员应该礼貌地劝阻,并及时地清理,保持景区良好的环境供旅游者观赏。

◎ 知识链接

旅游景区保洁是指旅游景区工作人员通过专业的清洁设备、工具和药剂等对景区的地面、墙面、公共厕所、旅游设施设备进行清扫保洁,以达到景区环境清洁、设施设备保养的目的。作为一名保洁人员及景区的工作人员,其良好的礼仪形象是对旅游景区的一种宣传。

一　保洁员的准备工作礼仪

（一）仪容仪表礼仪

（1）景区保洁员工上班时间必须穿工作服，按要求佩戴工作牌，工作服要整洁，在景区工作场所不得披衣敞怀，不得穿背心、短裤、拖鞋上班。

（2）保洁员工要头发整洁，不留奇异发型，注意个人卫生，男员工不得留胡须，女员工避免使用味道过浓的化妆品。

（3）保洁员工上班前不得吃有异味的食物，上班期间不得喝酒。

（4）保洁员工作期间应保持良好的精神面貌。

（二）准备工作礼仪

（1）保洁员要严格遵守上班制度，按时上下班，不得迟到、早退。

（2）保洁员在工作期间不得抽烟、吃零食、做与工作无关的事情，不能与同事扎堆聊天。

（3）保洁员要做到交接班问题清、物品清、器械清等，下班时不得大声喧哗讨论。

（4）保洁员应将保洁、绿化工具放置在规定位置，并摆放整齐，不得在游览面客区域随便摆放。

（5）保洁员要保持清洁工具的干净、整洁、无破损、无异味。

二　景区保洁员服务礼仪规范

（1）景区保洁员要有强烈的责任感，确保清扫工作及时到位；遵守本单位的卫生管理规章制度，每天在景区开放前打扫好卫生。在景区对外开放期间，保洁员也应该随时清扫所负责的区域，保证景区内的环境整洁，保证地面、路面、停车场和服务设施周围没有果皮、纸屑等。

（2）景区保洁员在清洁工作中，需要下蹲时，一般采取高低式蹲姿。下蹲时，一般左脚在前，右脚在后。左脚要求完全着地，小腿与地面基本垂直；右脚则要求脚掌着地，脚跟提起。在整个过程中右膝低于左膝。右膝内侧可靠于左小腿的内侧，形成左膝高，右膝盖低的姿态。女性靠紧两腿，男性可以适度分开。在下蹲过程中，保洁员不要突然下蹲，不要蹲着休息，不要东张西望，更不要直着双腿，弯腰蹲下去。

（3）保洁员在清洁作业时应主动避让旅游者，防止发生碰撞。一旦发生碰撞，保洁员应立即道歉，使用规范用语"对不起""请原谅"等。保洁员在行走过程中仪表要端庄，站立时保持自然姿态,在工作区域内不得倚墙而立或坐在公共设施上休息。

（4）工作中,当旅游者走近时,保洁员要礼让游客,并停下手中的工作,热情问候:"您好! 欢迎来到××景区!"

（5）行走过程中,保洁员行走要迅速,但不得跑步,不得与游客抢道穿行。当游客妨碍到景区清扫作业的时候,保洁员应当礼貌地对游客说:"对不起,麻烦您让一让,我要在这里清扫一下。"

（6）在楼道或者公共洗手间等区域进行清洁服务时,保洁员应按要求放置或者悬挂"此区域正在清洁中"的标识,以提醒旅游者的注意。

（7）如果遇到游客询问旅游景区路线或者其他设施设备的使用情况等,知道的要客气地告诉对方。如果旅游者找不到路线,在不影响自己工作的时候,保洁员应该带领游客到达目的地。如果确实不知道,保洁员应该真诚地向游客表示抱歉,建议游客去询问景区管理员,耐心礼貌地应答游客的询问。

（8）当游客反映景区环境问题的时候,保洁员应该立即向游客表示:"谢谢您对我们工作的关心,我们会及时地改进。"保洁员不能对游客的批评意见与建议不理不睬。

（9）如果保洁人员在工作中发现有游客做出一些破坏景区公共卫生或者设施设备的行为时,要及时地、委婉地提醒游客,告知其严重性,对于不能处理的要立即汇报给上级主管部门进行处理。

（10）景区保洁员要及时清理垃圾箱,确保无外溢现象;打扫卫生要彻底,不留卫生死角;对于游客经常触碰的设施设备及物品要定时清洁消毒。

任务拓展

金秋十月,景色怡人。相山风景区核心地带的相山公园吸引了众多游人前来游玩、锻炼、进庙祈福。优美整洁的环境离不开景区一个个默默无闻的工作人员。10 月 21 日上午,记者刚步入大门,一名身着灰色工作服的景区保洁员便引起了他的注意。

"宝宝把垃圾扔进垃圾箱,奶奶走不动了。"原来一名保洁员正在哄一名三四岁的男童,引导他养成垃圾要扔进垃圾箱的好习惯。在这名保洁员和颜悦色的引导和夸奖下,男童开心地将果皮扔进了垃圾箱,男童的母亲也开心地对这名保洁员伸出大拇指,称她真有办法。

这名保洁员叫宴其兰,今年 50 岁。"我过去是公交公司售票员,40 多岁下岗后,在家无所事事,对健康还不好。"宴其兰说,2005 年她应聘来到景区从事保洁员的工作,10 多年来,她也见证了景区的发展变化。

"现在和过去真的是天壤之别,过去大坝这一片都是乱石岗,一到傍晚就没什么人了,现在有成片的绿树花草、漂亮的景观广场,还有越建越完善的公共设施,每天都吸引了大量游客。"对于景区的变化,宴其兰感慨万千,但景区变化的背后却是辛勤的付出。"保洁组实施的是划片包干制,40 名保洁员分管着自己片区的环境卫生、绿化养护和公共秩序。如果景区专职考核小组在我的包干区内每 50 平方米发现有一个烟头、杂物,或者有'张贴拉挂',死树、根桩,都会扣我工资。"宴其兰说,在景区做保洁要的就是眼尖、腿勤、手快,这样才能保持环境整洁。他们时刻要手拿扫帚和抹布,每天来来回回认真工作,走几十里路,弯上千次腰。

因为长期干景区保洁员的工作,宴其兰还养成了"爱管闲事"的习惯,只要看到有人乱扔垃圾、破坏植物等不文明行为,她都上前劝阻,遇到不讲道理的游客,她的"倔脾气"就上来了。宴其兰说,有一次一个小伙子将零食的包装袋扔在地上,被她发现了,她立即上前劝说,让小伙子将垃圾放入垃圾箱,可小伙子来了一句"要你干什么的,这是你的工作"。面对这样的态度,宴其兰不急不躁地教育小伙子,"你现在不注意文明行为,以后养成习惯,出门也会被别人批评啊,你看有新闻报道咱们国人在国外的不文明行为,就是因为没有养成良好的习惯造成的⋯⋯"小伙子被宴其兰说得脸顿时红了,连说"阿姨我下次注意",赶紧把垃圾扔进垃圾箱。

宴其兰"爱管闲事"的习惯不仅存在于工作中,在其他地方她也是这样。"不管在哪,就是在外地,我看到有人乱扔垃圾我都劝说,如果有垃圾没有扔进垃圾箱,我就忍不住捡起来扔进去。"宴其兰说,现在景区漂亮了,市民的素质也一年比一年提高,不文明行为越来越少,她在这样的环境下工作,心情非常好。

(资料来源:http://wenku.baidu.com/view/3148abe743323968001c9291.html.)

请问:

案例中"爱管闲事"的保洁员有哪些服务礼仪是值得我们学习的?

项目九
旅游宗教服务礼仪

◇ 知识目标

1. 了解宗教礼仪的内涵,认识宗教礼仪在旅游接待服务中的重要作用。

2. 了解四大宗教的基本内容及主要节日。

◇ 能力目标

1. 能把宗教礼仪熟练运用于旅游接待服务工作中。

2. 能在旅游交往中根据对方的宗教信仰来处理问题。

3. 能与不同宗教信仰的人开展良好的交往活动。

◇ 素质目标

1. 培养学生具有良好的宗教服务意识。

2. 增强民族自豪感,塑造良好民族形象。

工作任务一　宗教礼仪概述

任务导入

　　一次，印度官方代表团前来我国某城市进行友好访问，为了表示我方的诚意，有关方面做了积极准备，就连印度代表下榻的酒店也专门换上了宽大、舒适的牛皮沙发。酒店方认为万无一失，礼仪尽到。可是，在我方的外事官员进行事先的例行检查后，这些崭新的牛皮沙发却被责令立即撤换掉，检查人员还对酒店相关部门进行了专门的教育培训。正是由于这一适时的举措，才及时有效地避免了不快的发生。

　　（资料来源：http://www.docin.com/p-1426187568.html.）

　　请问：

　　该案例中，酒店相关部门犯了什么样的错误？

任务解析

　　如果不够注意宗教礼仪，就会出现很多的误解和不快，尤其是在国际交往中。在此案例中，酒店的相关部门就没有理解到这一情况险些犯了错误。印度人大多信奉印度教，而印度教是敬牛、爱牛、奉牛为神的，在其生活习俗中，他们不杀牛，不吃牛肉，也不使用牛皮制品。因此无论如何都不应该请印度人坐牛皮沙发。

知识链接

　　我国是一个多民族的国家，也是一个信奉多宗教的国家，主要包括基督教、佛教、道教、伊斯兰教四种宗教。

（一）宗教礼仪的含义

　　宗教是人类社会发展到一定阶段出现的历史现象，有其产生、发展和消亡的过程。宗教信仰、宗教情感以及与这种信仰和情感相适应的宗教仪式、宗教组织等都是社会历史的产物。宗教属社会意识形态，是上层建筑的一部分。

　　宗教礼仪是宗教信仰者为表达对崇拜对象的尊敬和崇拜而规定的各种礼节、仪式与活动，是巩固和发展宗教信仰、宗教组织、宗教情感的重要手段。

（二）宗教礼仪的重要性

　　了解宗教礼仪，尊重不同民族、不同宗教信仰的习惯，对社交工作的开展、人际关系的交流具有不可低估的作用。

首先,在国际社会中,宗教和宗教徒所占的比例很大,如伊斯兰教在不少国家和地区居于重要地位;再如基督教,历史悠久,在某些国家几乎是作为一种重要文化现象存在的,其宗教文化融入社会生活的各个领域。从我国众多的周边国家来看,佛教对其也有很大影响。随着对外开放的扩大,我们要走出国门,参与国际大流通。因此,了解并掌握有关宗教礼仪是促进开放的需要。

其次,我国是个多民族国家,宗教信仰与民族习俗交融在一起,体现了民族的特征与个性。尊重宗教礼仪是与尊重民族感情联系在一起的,也是维护和加强中华民族团结的需要。

最后,宗教礼仪是一种文化现象。西藏僧俗在庆典活动中总是手摇经轮以表示崇高和庄严。一般来说,具有宗教礼仪知识是行为人文化素养的一种表现。在特定的文化圈内,若能表现出全面与专业的宗教礼仪知识,则有利于交际空间的扩大。

《中华人民共和国宪法》第 36 条规定,"中华人民共和国公民有宗教信仰自由。任何国家机关、社会团体和个人不得强制公民信仰宗教或者不信仰宗教,不得歧视信仰宗教的公民和不信仰宗教的公民","国家保护正常的宗教活动"。这是我们尊重宗教礼仪的法律依据。

随着对外开放的深入和扩大,旅游接待服务工作要接待世界各地各种各样的客人,而不同的客人又有着不同的宗教信仰。旅游从业人员了解、熟悉并掌握有关宗教的基本知识、礼仪和禁忌,有利于维护和加强祖国各民族的团结;有利于帮助旅游工作人员去了解如何尊重来自世界各地的客人的宗教信仰和习俗,把旅游接待服务工作做得更贴切、周到,由此体现旅游工作人员"宾客至上"的工作原则和"有朋自远方来,不亦乐乎"的真挚情感,加深与各国人民和海外同胞交往的情谊;有利于我国旅游企业参与广泛的国际沟通与交流,从而促进我国旅游业的发展。

任务拓展

一位纽约商人在周五住进泰国曼谷东方饭店,发现饭店将他安排在二楼靠近楼梯的房间,商人见后非常满意,对饭店的安排给予了高度的评价,这位商人往后成了该店的常客。原来基于宗教原因,他不能在周五乘电梯,曼谷东方饭店员工的服务可以说是非常细心周到了,连客人的宗教习惯也一清二楚。

(资料来源:http://www.chinadmd.com/file/s3os6cvitiexturei3suax6s_3.html.)

请问:

该案例给了我们什么启示?

工作任务二　佛教礼仪

任务导入

某酒店中餐宴会厅内,酒店总经理准备宴请一位有名望的高僧。中午11点,一群人簇拥着高僧步入厅堂,两名服务员即刻上前迎接,引领客人入席,并麻利地做好了餐前服务工作。菜是预订好的,按照程序依次上菜,一切服务都在紧张有序地进行中。食之过半,依宾客要求上了主食——三鲜水饺。高僧礼貌地夹起第一个水饺,入口品尝,却很快皱起眉头,吐出水饺,问道:"这是什么馅的?"服务员马上意识到是三鲜水饺的馅出问题了。三鲜水饺虽是清真菜,但仍有虾仁等原料,高僧是不能食用的。于是,忙向高僧道歉:"实在对不起,这是我们工作的失误,马上给您换一盘素食水饺。"由于客人是VIP客人,部门经理立即当面道歉。高僧说:"没关系,不知者不为怪。"这次严重的失误因高僧的宽容大度得以顺利解决,但留给酒店和服务员的印象和教训是深刻的。

(资料来源:http://www.canyin168.com/glyy/cygl/cyal/201012/25646_2.html.)

请问:

在以上案例中酒店做错了什么?

任务解析

(1)信仰佛教的人是严格的素食主义者。素食是供佛教徒及忌荤腥者食用的,是以豆制品、蔬菜、植物油为主要原料做成的食品。而清真菜多以牛羊肉和蔬菜等为主要原料,是烹制成各种适合伊斯兰教信徒饮食习惯的菜肴,两者有很大区别。

(2)服务员工作粗心,忽略了"素食"与"清真"的不同,为高僧上有荤腥原料的食品,触犯了被邀请者的宗教信仰,让人有不被尊重的感觉。虽然在此案例中餐厅的部门经理在场当面道歉,而高僧也宽宏大量不计较,但此事对酒店工作形象的负面影响较大。

知识链接

在世界三大宗教中,佛教创立最早。佛教起源于公元前6世纪古印度的迦毗罗卫国(今尼泊尔境内),创始人为释迦部落的王子乔达摩·悉达多(即释迦牟尼,意为"释迦族的圣人")。该教分为大乘佛教与小乘佛教两大类;按其传播地区的语言划分,该教分为巴利语系(南传)佛教、汉语系佛教和藏语系佛教。现在全世界约有3亿佛教信徒,分布在80多个国家和地区,主要分布在东亚和东南亚。

一　佛教的产生和发展

（一）佛教的产生

佛教创始人释迦牟尼（公元前 564—公元前 484 年）生于今尼泊尔境内的迦毗罗卫,是释迦族的一个王子,他在青少年时期就感觉到人世的变幻无常,深思解脱人生苦难之道,29 岁出家修行,6 年后得道成佛,在印度恒河流域中部地区向大众宣传自己证悟的真理,拥有越来越多的信徒,从而组织教团,形成佛教。80 岁时他在拘尸那迦逝世。孔雀王朝时期（约公元前 321—公元前 187 年）,阿育王奉佛教为国教,广建佛塔,刻敕令和教谕于摩崖和石柱,从此佛教遍传南亚次大陆的很多地区。

（二）佛教的发展

有学者把佛教发展分为四个时期,即原始时期、部派时期、大乘时期和密教时期。

佛教产生于印度,却发展于中国,在中国已有 2000 多年的历史。由于传入的时间、途径、地区不同,民族文化及社会历史背景也不同,中国佛教形成了三个派别,即汉传佛教（汉语系）、藏传佛教（藏语系）、云南地区上座部佛教（巴利语系）。

1. 汉传佛教

从东汉以后,印度大、小乘佛经不断传入中国中原地区,并被译成汉语。魏晋时期盛行老庄玄学,佛教大乘般若学说在思辨方法上与玄学相似,所以很快风行起来。南北朝时期,后赵石勒、石虎,前秦苻坚,后秦姚兴、梁武帝等大力支持佛教。同时,教内出现佛图澄、道安、鸠摩罗什、慧远等高僧大德讲经说法、著书立说、翻译经典,影响很大。当时出现了许多以研究一部或几部佛典如《大涅槃经》《成实论》《十地经论》《百论》等为中心的佛教学派,它们为后来中国佛教宗派的成立奠定了基础。

佛教经过南北朝时期的普及发展,为隋唐时期佛教中国化提供了基本条件。隋唐是中国封建社会的盛世,隋唐时期也是佛教在中国发展的一个兴盛时期。这个时期出现了一大批高僧大德,如鉴真和尚、一行禅师等。玄奘法师更是一位杰出人物,他置生死于度外,从印度取回了大量的经卷进行翻译,是著名的佛学家、翻译家、旅行家,被鲁迅先生称为"中华民族的脊梁"。佛教经过长期的与中国文化思想和社会习俗的融通、结合,形成了一些具有民族特色的宗派。主要包括天台宗、净土宗、华严宗、禅宗、律宗、唯识宗、三论宗、密宗共八个宗派。宋以后,佛教各大宗派逐步走向融合,直至今日各派很少有门户之见。

2. 藏传佛教

藏传佛教是佛教的一个分支,7 世纪时,佛教从中国汉地和印度传入藏族地区。其后因传入路径、教义和修行方法的差异形成不同派别。藏传佛教把以释迦牟尼名义编述的大小乘佛法统称为显教,把以法身佛大日如来所说的教论称为密教。其所据经典有《大日经》

《金刚顶经》《现观庄严论》等显密经典。藏传佛教也分不同的宗派,它们虽然各有特点,但在教义上基本是把显、密二教结合起来,提倡显、密兼学兼修。由于莲花生大师、阿底峡尊者、八思巴帝师、宗喀巴大师等人的努力,藏传佛教发展迅速,影响深远,成为藏族人民灿烂的民族文化的重要组成部分。

3. 云南上座部佛教

在 7 世纪时,上座部佛教就从缅甸传入我国云南边境地区。11 世纪后期,普甘王朝重兴佛教,上座部佛教再度从缅甸传入云南边境地区,此后不断发展。

上座部佛教主要分布于云南省的西双版纳、德宏、思茅、临沧、保山等地,主要是从泰国、缅甸传入。信仰此教的有傣族、布朗族、佤族、德昂族、阿昌族等 5 个少数民族;主要派别有润派、摆庄派、觉囊派、觉域派、希结派、霞鲁派、郭扎派、多利派、左抵派;所用经典是巴利语三藏的傣语译本,重要部分有傣语翻译。此外,傣语和布朗语的佛教注疏和著述也不少。中国是世界上唯一一个佛教三大语系俱全的国家,佛教已经成为中国优秀传统文化的一个重要组成部分。

二 佛教的基本礼仪

(一)称谓

在佛教中,"称谓"是一种礼仪,也是身份的代表,通常还是职位的代表。但佛教的教制、教职在各国不尽相同,称谓也不一样。在我国,有按职务称谓的,例如,将住持和尚称为"方丈""长老",将负责处理寺院内部事务的称为"监院",将负责对外联系的称为"知客"。有按修行水平称谓的,例如,对水平较高的僧人,则根据具体情况称其"法师"(通晓佛法的僧人)、"经师"(通晓经藏或善于诵读经文的僧人)、"论师"(精通论藏的僧人)、"律师"(通晓律藏的僧人)、"三藏法师"(精通经、律、论三藏的僧人),将有高超造诣、崇高地位的著名僧人称为"大师",将德行高的僧人尊称为"高僧"。一般佛门弟子依受戒律等级的不同,可分为出家五众和在家两众。出家五众是指沙弥、沙弥尼、式叉摩那、比丘、比丘尼,在家两众是指优婆塞和优婆夷。

(二)佛事礼仪

1. 僧尼要保持"四威仪"

四威仪指佛教徒的举止行为处处要端庄严肃,不允许有丝毫轻浮。四威仪对佛教徒的行、站、坐、卧都有一定的要求,即行如风、站如松、坐如钟、卧如弓。

2. 僧尼的进餐有严格规定

按照佛规,首先,僧尼应遵守"过午不食戒",即每天进餐 1 次或 2 次,按照佛制,僧尼每天仅进一餐,后来也有进两餐的,但都应在午前用完,过了中午就不能进餐;其次,僧侣不吃荤腥,荤食和腥食在佛门中是两个不同的概念。荤食专指葱、蒜、辣椒等气味浓烈、刺激性强的东西,腥食则指鱼、肉类,吃了这些东西不利于修行,所以腥食为佛门所禁食。最后,佛教教徒戒酒。戒酒为大、小乘共同的律制,出家、在家四众皆需恪守。

3. 佛教徒的普通礼节是"合十"

"合十"亦称"合掌",即佛教徒十指并拢,两掌对合放在胸前,稍稍低头。佛教徒以"合十"表示对对方的敬意。一般是掌位越高,尊敬程度越深,但不可高过双眼,还礼时要"合十"回敬。如参拜佛祖或拜见高僧时要行跪合十礼,行礼时,右腿跪地,双手合掌于两眉之间。

4. 佛教徒的功课

寺院里晨钟暮鼓,香烟缭绕,朝暮诵课。一般寺庙里的僧尼是早上 4 时起床,盥洗完毕,齐集大雄宝殿,恭敬礼佛,早课以念诵忏悔文为主要内容。晚课内容是在下午 4 时左右念诵忏悔文等。因寺庙在早晚功课时要撞钟敲鼓,由此产生"晨钟暮鼓"的说法。

5. 佛教有"三皈依"和"受戒"等仪式

三皈依指皈依佛、法、僧三宝。受戒指五戒、八戒、十戒、菩萨戒、沙弥戒、具足戒等。在家的佛教徒必须经过"三皈依"和"受戒"后方能成为居士,而出家的僧尼必须受"大戒"。在家修行的男女应终身遵守五戒,即不杀生、不偷盗、不邪淫、不饮酒、不妄语,并在一定时期受八戒,即在上述五戒外,再加上不坐卧高广华丽大床、不服饰打扮及视听歌舞、不食非时食(过午不食)等。但八戒不需要像五戒那样终身受持,而是临时奉行,多则几天、几周,少则一昼夜。

6. 葬仪

佛教的僧侣去世后一般实行火葬,其遗骨或骨灰安置在特制的灵塔或骨灰瓮中。普通的佛教徒去世后,则实行天葬或水葬。佛教信徒死后,每年的忌日要由其家人为之举行祈祷冥福的追荐会,并发放布施。

7. 信徒有"布施"的做法

信徒为表示对佛的虔诚和尊敬,向寺院或他人赠送财物,称为"布施"。布施一般分财施、法施、无畏施。财施是赠予财物;法施是对人宣扬佛法;无畏施是对恐怖、忧患的人给予安慰,帮助其解除精神上的痛苦。

8. 南无

南无念"那摩",是佛教信徒一心归顺于佛的致敬话。常用来加在佛、菩萨名或经典提名之前,以表示对佛、法的尊敬和虔信。

（三）佛教的主要节日

（一）世界佛陀日

世界佛陀日即哈舍会节，又称维莎迦节。1954 年，"世界佛教徒联谊会"规定每年公历 5 月间的月圆日为"世界佛陀日"。"世界佛陀日"即把佛的诞辰、成道、涅槃合并在一起的节日。每到这天，一些盛行佛教的国家就会举行全国性的大规模庆祝活动。

（二）佛诞节

佛诞节又称花节、泼水节、浴佛节，是纪念佛教创始人释迦牟尼诞生的节日。因为有关佛陀的生日说法不一，所以世界各国佛诞节的时间也各不相同，我国汉族地区佛教徒以农历四月初八为佛诞日；藏族佛教徒以农历四月十五为萨噶达瓦节（佛诞节）；傣族佛教徒则在清明前后十天左右举行泼水节（浴佛节）。日本在明治维新以后，改公历四月八日为佛诞节，又称花节。据说释迦牟尼诞生时，有九条龙吐出香水浴其身，因此在这一节日里，佛教徒要以香水灌洗释迦牟尼像，称为浴佛，故佛诞节又称为浴佛节。

（三）成道节

成道节是佛祖释迦牟尼在菩提树下修行成佛的日子。据佛经记载，释迦牟尼出家后，修习苦行，经常是日食一麻一米，乃至七日食一麻米，以至"身形消瘦，有若枯木"。幸得一牧羊女贡献乳糜，吃了之后体力有所恢复。后坐在菩提树下沉思，悟出了人生病苦的原因以及灭除痛苦的方法和真谛，得到了有关宇宙、人生真实的彻底觉悟，这就是我们通常所说的"成佛"或"成道"。后来，世人把释迦牟尼成佛的这一天，称为"佛成道日"，为了纪念这一天而举行庆祝活动，这一天也被称为"成道节"或"成道会"。

中国传统的成道节是农历的十二月八日，也就是腊月初八，俗称"腊八节"。这一天，各大寺庙举行盛会，并给门徒送七宝五味粥，谓之腊八粥，在民间则有庆贺五谷丰登、驱逐鬼邪瘟疫的意义。

（四）涅槃节

涅槃节即释迦牟尼逝世纪念日（农历二月十五日）。佛教称死为涅槃（修道所达到的最高精神境界），所以纪念释迦牟尼逝世的日子称为涅槃节。由于南传佛教、北传佛教对释迦牟尼的生卒年月的说法不同，各国纪念"佛涅槃日"的时间也不一致，届时佛教寺院举行佛涅槃法会，挂释迦牟尼涅槃图、诵《遗教经》等。

（五）盂兰盆节

盂兰盆节亦称盂兰盆斋、盂兰盆会，每逢夏历七月十五日，佛教徒为追荐祖先而举行。传说释迦牟尼的弟子目连之母生前不愿向僧尼施舍，死后沦为饿鬼，目连求佛拯救，释迦牟尼要他在七月十五日僧众安居结束时备百味饮食供僧，使其母得救，据此佛教有盂兰盆会。

过节时,除施斋供僧外,佛教寺院还举行诵经法会、举办水陆道场等,意在对水陆鬼魂特别是饿鬼施食超度。

（四）佛教礼仪的注意事项

（一）进入山门,应当衣履整洁、轻声慢步

佛寺被佛教徒视为清净的圣地道场,非佛教徒进入寺庙烧香拜佛必须衣冠整洁,赤膊、穿背心或短裤都会被视为玷污圣党、亵渎神灵。在寺庙内要肃静,不得吵闹、吐痰、吸烟,不能用手指指、戳佛像或摸弄佛像、法器,也不能在佛灯上取火。非佛教徒进入山门时,不能使用任何交通工具;当寺内要举行宗教仪式时,不能高声喧哗以及做出其他干扰宗教仪式或程序的举动。

（二）遵守寺规

非佛教徒要做到:不允许参观的处所,不要进入;不允许拍照的景观,不要留影;其他人跪拜祈祷,不要干扰;不经寺内职事人员允许,不可随便进入僧人卧房以及其他不对外开放的坛门;交接物品时禁止用左手,尤其在交接食品时。

（三）对寺院内的所有僧尼一律使用尊称

佛教里不兴握手,应双手"合十"以示敬意,如果对方向你"合十"致意,你要"合十"回敬,否则,难免使双方都陷入尴尬的境地。

（四）寺院的其他规定

入佛寺一般要烧香,这是为了让袅袅香烟扶摇直上,把"信息"传递给众佛。拈香时要注意香的支数。由于佛教把单数看成吉数,所以烧香时每炷香可以有很多支,但必须是单数。另外,佛教戒律规定佛教僧人只能穿染衣,只能用杂色——袈裟色,但现在佛教僧人的服装颜色也有变化,根据不同场合,也用黄色、赤色等。

任务拓展

一佛教代表团到我国某城市访问。一天,代表团中的两位客人拜访当地一位知名人士。在下榻宾馆时,服务人员主动上前为他们服务,待他们付完车款后,协助其拉开车门,并将另一手遮住车门框上沿,为客人护顶,以免客人下车时头碰到车顶门框,但客人对他的举动不但没有表示感谢,反而显得很生气。

（资料来源:https://wenku.baidu.com/view/8928229d6bec0975f465e276.html.）

请问:

①本案例中的客人为什么会生气? 服务员应注意哪些服务细节?

②饭店的经营管理者应如何避免此类事情的发生?

工作任务三 道教礼仪

任务导入

道教及佛教的"打招呼"和叩首礼仪如图 9-1、图 9-2 所示。

(a)

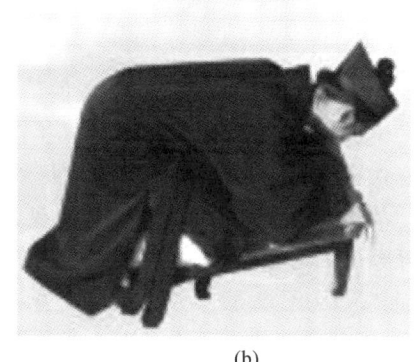

(b)

图 9-1 道教"打招呼"和叩首礼仪

(a)

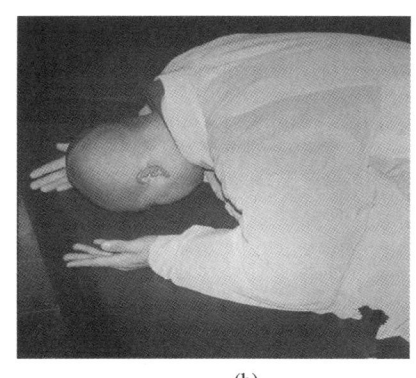

(b)

图 9-2 佛教"打招呼"和叩首礼仪

请问：

据图 9-1 和图 9-2 看,道教和佛教在"打招呼"和叩首礼仪上有什么区别?

任务解析

由于宗教的不同,道教和佛教在行为礼仪上有一定的区别。

（1）佛教徒见面多以合掌为礼,即"合十",是印度自古所行的礼法。道教"打招呼"所行的礼仪具有浓厚的中国特色,用的是"拱手"礼仪,双手自然垂伸,右手在内,左手在外合抱成拳。

（2）佛教行"叩拜"礼时双掌"合十"在胸前并平胸端直，弯腰伏地后跪下叩头，然后起身伸起两手过额承空，收手以"合十"收礼。道教叩首的做法是在拱手礼成之后，继续躬身，然后双手分开，先以右手摁地（或拜垫上），左手覆于右手上，同时，双腿屈膝跪于地（或拜垫上），以头触及左手手背。道教的叩首礼叫作"三礼九叩"。

◎ 知识链接

一　道教的产生和发展

道教是中国本土宗教，创立于东汉末年，其创始人为张陵（又称张道陵），属多神教。道教集中国古代文化思想之大成，以道学、仙学、神学和教学为主干，并融入医学、巫术、数理、天文、地理及阴阳五行等学问。其要义体现为尊道贵德、自然无为、仙道贵生、天人合一及返璞归真等思想。道教奉老子为教祖，把《道德经》作为主要经典，尊称创立者张道陵为天师，因而又叫"天师道"。后又分化为全真道与正一道两大教派。道教在中国传统文化中占有重要地位，而且对现代世界也有着一定的影响力。

魏晋南北朝时期，随着炼丹术的盛行和相关理论的深化，道教获得了很大发展。东晋葛洪所著的《抱朴子》是道教理论的第一次系统化。到了唐宋，唐高祖李渊认老子李耳为祖先，宋真宗、宋徽宗也极其崇信道教，宋徽宗更自号"教主道君皇帝"，道教因而备受尊崇，成为国教。道教发展到鼎盛时期，道教社会地位大大提高，宫观不仅遍布全国，且规模日益宏大，道教学者辈出，道书数目大增并汇编成藏。

金元以来至今，全国道教分为全真道与正一道两大系统。全真派的道士出家后在宫观内过丛林生活，不食荤，重内丹修炼，不尚符箓，以修身养性为正道，有严格的清规戒律。全真派道士以《道德经》《般若心经》《孝经》为经典。正一道道士一般有家室，不忌荤，以行符箓为主要特征（画符念咒、驱鬼降妖、祈福禳灾），以张天师为宗。

二　道教的基本礼仪

道教礼仪是道士日常生活中的行为规范。道教的礼仪内容很复杂，小到日常称呼，大到出入行走，凡事都有一定的礼仪。同时，一个修道或奉道者的外在礼仪风范也是其道德修养的体现。

（一）称谓

道教中，男教徒被称为道士，女教徒被称为道姑。对于出家的道士，一般应尊称其为"道长"。"道长"又可称为"黄冠""羽客""羽衣""方士"等，女道士一般被尊称为"道姑"或"女冠"。根据其职务可尊称为"法师""宗师""方丈""住持""知客"等。

（二）揖礼

道士不论是与同道还是外客相见时，习惯双手抱拳放于胸前，左手外，右手内，以拱手为揖礼，向对方问好致敬，这是道教的传统礼仪。后辈教徒见到前辈时，可行鞠躬礼或跪拜礼。各派的跪拜礼略有不同，一般以师承为训。非宗教人士遇到道士，可行拱手礼。

（三）颂经

颂经是道教的主要宗教活动，道士每天早晚都要颂经。道士要穿戴整洁，禁谈笑，起居作息一律按道观内的清规执行。

（四）道场

道场又称法事，是指一种为善男信女祈福消灾、超度亡灵而设坛祭祀神灵的宗教活动。道教的道场分为祈福道场和度亡道场。凡参加道场的信众，均要斋戒沐浴，诚心祈祷，穿戴整齐，随同跪拜。祈祷时默念"消灾延寿天尊"，度亡时默念"太乙救苦天尊"。

三 道教的主要节日

道教以与自己信仰关系重大的日子和所奉神灵、祖师之诞辰日为节日。在某些重大节日，还会举行盛大的斋醮，以示庆祝。

由于各派在信仰上的差异，各派所崇奉的神灵和祖师也各不相同。一般来说，各派共尊的最高神"三清"，最高天神玉皇及历史悠久的"三官"，社会影响力很大的西王母、东岳大帝、文昌帝君及真武大帝等的"诞辰"日，是各派共奉的节日。

（一）玉皇会

正月初九为玉皇上帝的圣诞。在道教中，玉皇上帝的地位仅次于"三清"神，宋代以后民间则尊之为最高神，玉皇会初具规模。全国大部分汉族地区都有庆祝玉皇会的习俗。泰山的岱顶玉皇庙在当天香火鼎盛，成千上万香客携带香烛、供品前往庙中祈福。

（二）道祖圣诞

农历二月十五日是道德天尊（太上老君）的圣诞日。太上老君为道教教主，"三清"尊神之一。唐代皇帝尊老子为祖宗，称其为太上玄元皇帝，祭祀特别隆重。宋代，老君诞辰仍很热闹，道观按例要"立坛设醮，谈演道德宝章"，民众也常到宫观烧香礼拜。这一习俗一直沿袭下来。如今道观多于二月十四日晚祝寿、二月十五日晨举行庆贺科仪。

（三）蟠桃会

农历三月初三是西王母的圣诞。传天宫会举行蟠桃会，民间仿此。过去泰山王母池每年三月初一至初三举行庙会,游人甚众。初三为正日子,进香民众尤多。道观则设醮庆寿祈恩。

(四) 上元节

正月十五日为上元天官节,民间亦称元宵节、灯节。东汉张道陵创道教,信仰天官、地官、水官,与信徒定三会日。南北朝时始定正月、七月、十月的望日建三元斋。三元日道观中照例要建醮拜忏谢过。

(五) 中元节

七月十五日为中元地官节,又名鬼节,为追荐祖先而举行。当天道观做道场,诵念经文,以济孤魂野鬼。

(六) 下元节

农历十月十五日为下元水官节,又称建功会。当天宫观里的道士均诵经做法事,民家则备菜肴,祭祀祖先、神灵,并往寺观送香烛、献斋供。

四　道教的禁忌

道教禁忌是在中国古代民间禁忌和原始道教信仰的基础上逐渐形成的。

(一) 人际交往禁忌

在日常与道士交往时,必须了解道教的有关禁忌,这些禁忌主要有以下几个方面。

(1) 和道士打"招呼"的礼仪。同道士打招呼,不能用佛教的"合十"礼仪,而要用"拱手"礼仪,即两手抱拳行礼。

(2) 烧香的礼仪。各地道观习俗略有不同,有的地区可以在神坛前燃烛烧香和焚化纸制"元宝";有的地区则只允许烧香祀神,而没有燃烛等其他习俗。绝大多数宫观都不允许在观内燃放烟花爆竹。

(3) 叩首礼仪。重大的道教醮仪,主祭道士都用中国传统的三跪九叩仪。中国幅员辽阔,各地叩首的方式不尽相同,每次跪叩的次数也无一定之规。入门问禁,入乡随俗,可以在神坛前行鞠躬礼。

(4) 道观是道士生活、修道和举行各种道教活动的重要场所,要时刻保持道观的清净、整洁和庄严,切忌有任何不合禁戒的言行。进入道观,应当衣冠整齐,注重形仪。不可裸身赤脚,也不可高声喧哗,特别是全真道士茹素吃斋,入全真道观绝不能夹带荤菜。正一道道士平日可以吃荤,唯逢斋必须吃素,因此,在香期内入正一道道观,也不能带入荤菜。

（二）饮食禁忌

道教对饮食有许多讲究和禁忌。道教认为信守饮食禁忌可以强身健体，修习道教功修者可以延年益寿乃至长生不死。因此，道教的饮食禁忌内容相当繁杂，其中特别强调对饮酒、食肉及五辛之菜的禁绝。

（三）服饰禁忌

道士的衣着服饰禁忌很多，主要包括忌讳随意秽亵法服，即不管平时是否穿着行仪法服，都必须保持清洁、严肃而整齐，特别忌讳法服不洁、行仪懒散而随便；忌讳穿杂色衣服，更不能穿华丽服装；忌讳穿宽大、厚重的衣服；忌讳佩戴金银首饰等装饰品；忌讳不穿法服、妄动宝经；更忌讳单衣诵经；忌讳借法服予别人。若违反了这些禁忌会被认为是对道的大不敬。

（四）生活禁忌

道士是道教神职教徒的称谓，是有别于俗人、超脱于凡常的有"道"之人。所以，在日常生活中，道士的衣、食、住、行、喜、怒、哀、乐等自然而然地就具有了神圣氛围和道教气氛。无论是穿衣、吃饭，还是语言行为、老病丧葬，道士要按照道教道规的要求和仪轨禁忌处世行事。

（五）丧葬禁忌

道教提倡对死者，特别是自己的亲人要"慎终追远"，同时忌讳厚葬；服丧期间，服饰方面有一定之规，还必须禁绝一切娱乐活动等。

任务拓展

各宗教都有各自进行人神沟通的方式，而参香、插香是道教的一种敬神、传递信息的方式与礼仪。结合图 9-3，请大家思考道教的上香禁忌礼仪有哪些？

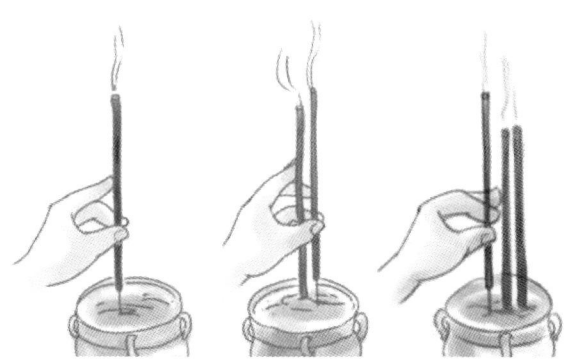

图 9-3 道教的插香方式

工作任务四　基督教礼仪

任务导入

　　某家开业不久的四星级酒店,地理位置好,环境优雅,有自己独特的管理方式和风格,聘用的高级厨师做出的佳肴迎来阵阵好评。虽然开业不久,但各方宾客纷至沓来。某年8月,酒店接待了一位从法国远道而来的牧师,为了接待好这位国际友人,酒店负责人亲自落实并细心安排所有接待事宜。一切似乎都很顺利地进行着,然而,当负责人把牧师送进房间"1313"后,牧师表现出强烈的不满,直接收拾行李离开了酒店。这让负责人十分纳闷,不知道哪个环节出错了。

　　请问:

　　客人为什么如此生气?

任务解析

　　在案例中,牧师是基督教教徒,而负责人忽略了基督教的禁忌。因在《最后的晚餐》中,耶稣和他的门徒一共有13人,所以在基督教徒眼中,"13"是不祥的数字,世界上很多国家尤其是西方国家往往没有13层楼或13号房,而是用其他数字代替"13"。

知识链接

　　基督为"基利斯督"的简称,意指上帝所差遣的救世主。基督教信仰上帝,崇奉耶稣为"救世主",认为耶稣为上帝的圣子,是一神论宗教。基督教是信奉耶稣基督为救世主之各教派的统称,其基本经典是由《旧约全书》和《新约全书》两大部分构成的《圣经》。在西方各国,基督教的影响举足轻重,是当今影响最广泛的第一大教。

一　基督教的产生和发展

　　基督教是目前全世界信仰人数最多的一种宗教。在西方各国,它的影响举足轻重。基督教主要有天主教(又称公教会)、东正教(又称正教会)、基督新教(华人俗称基督教)三大派别,以及其他许多规模较小的派别。

(一)基督教的产生

　　基督教源于巴勒斯坦的犹太教。在公元3年,罗马人征服巴勒斯坦,对犹太人进行残酷镇压。为此,犹太人多次起义,起义的失败使一些人寄希望于宗教,期待"救世主"出现,以拯救受苦的人民。犹太下层民众中出现一个流传"救世主"将要来临的秘密教派,基督教实际上是由此教派演变而来。最早的该派教徒多为被释放的奴隶和贫苦人民。他们在城市中建立起小组进行活动,以十字架为标志,实行财产共有。但由于其宗教向各民族开放,许多包括罗马人在内的各民族人士也加入进来,原来敌视罗马统治的精神逐步转为对现实予以容忍、寄希望于来世、鼓励对国家忠诚、对主人恭顺。因此,在公元313年君士坦丁颁布"米兰赦令",宣布给基督教以合法地位。

(二) 基督教的发展

基督教随着罗马帝国分裂为东、西两个帝国,也出现了罗马与君士坦丁堡两个中心。基督教东、西教会的分离,加上后来对教义的解释和仪式的差异,两个教会彼此相互指责为异端,到1054年相互逐出教门,断绝一切往来,正式分裂成为两个教派。东部以君士坦丁堡为中心,称东正教会,又称"正教",西部自称为罗马公教(即天主教)。16世纪西部教会内部发生宗教改革运动,并陆续分化出一些新教派,称为"新教",如北欧各国的路德派,法国、瑞士和苏格兰的加尔文派,英国的圣公会(国教会)等。这样,基督教便分裂为三个教派,即罗马教皇所控制的罗马教会,称为天主教;改革后的基督教,称为新教或耶稣教;以君士坦丁堡为中心的东正教。唐太宗贞观九年(635年),基督教开始传入中国,但当时传入中国的是当年一度被认为是异端的聂斯托利派(中国称景教,现称"东方亚述教会"),后来在唐朝会昌五年(845年)被禁止传播。元朝时,基督教(景教和罗马公教)再次传入中国,称为"也利可温"(蒙古语"有福缘的人"),元朝灭亡后又中断了。明朝万历十年(1582年),天主教耶稣会派来利玛窦,他被允许在广东肇庆定居并传教,曾一度成功地使天主教在中国得以立足。清朝雍正五年(1727年),东正教开始在中国传播。1807年,新教派遣马礼逊来华传教,新教也开始在中国传播。鸦片战争以后,基督教以沿海通商口岸为基地迅速发展。

二　基督教的基本礼仪

(一) 称谓

基督教信徒之间可称平信徒,指平常、普通的信徒。我国平信徒之间,习惯称"教友"。

(二) 礼拜

礼拜是基督教教徒们每星期在教堂里举行的一次宗教聚礼活动,它是基督教最主要的宗教礼仪。星期日做礼拜为"主日礼拜",根据《圣经·新约》中记载,耶稣在这一天复活。少数教派则根据《圣经·旧约》中第七日为安息日(即星期六)的规定,在这一天进行礼拜,称为"安息日礼拜"。礼拜一般由牧师主持,按照固定的礼仪程序进行,通常包括唱诗、读经、祈祷、听讲道和祝福等宗教活动。除了每周一次的常规礼拜之外,基督教会还举办婚礼、葬礼、追思、感恩以及圣餐等礼拜活动。

（三）守斋

天主教规定在耶稣复活节前 40 天为封斋期，教徒在此时间内的特定日期守大斋和小斋。大斋日为耶稣受难节和圣诞节前一天，教徒在大斋日只能吃一顿饱饭，其余两顿要吃半饱或更少，小斋日为每周五，教徒不能食肉类。如果在此期间设宴招待，应当尊重其习俗，或避开其斋期。

（四）戒律

据《圣经》记载，耶和华所授，并命摩西颁布实施了十条戒律。其主要内容是：不许拜别神，不许制造和崇拜偶像，不许妄称耶和华的名字，不许奸淫，不许盗窃，不许作伪证，不许贪恋他人财物，不许杀人，需守安息日为圣日，需孝敬父母等。

（五）祈祷

祈祷俗称祷告。祈祷是基督徒经常进行的宗教活动，基督徒以口祷或默祷的不同形式向上帝或基督求告，内容包括认罪、感谢、祈求和赞美等。

基督教的某些重要礼仪被称为圣事（天主教、东正教）或圣礼（新教），被认为是耶稣亲自订立，共有七项。

一是圣洗（洗礼）。这是基督教的入教仪式。经过洗礼后，就意味着教徒的所有罪过获得了赦免。

二是坚信（坚振礼）。这是为坚定教徒的信仰而举行的一种仪式，受过洗礼的青少年教徒或成年教徒，由主教在其头上按手并敷以圣油和划"十"字，并说："我以圣父、圣子、圣灵的名，以十字圣号标志你，并以拯救的圣膏油坚振你。"他们认为这会使圣灵降于其身，加强其所受恩宠，以坚定信仰，振奋心灵之意。

三是告解（忏悔礼）。这是天主教的圣事之一，是教徒在领洗后对所犯错误向上帝请罪，耶稣基督为赦免他们，使他们重新得到恩宠而订立的。忏悔时，教徒向神父或主教告明所犯罪过，并表示忏悔，神父对教徒所告各种罪，作为秘密严守，并指示教徒今后该如何补赎。

四是圣体（圣餐礼）。圣餐礼是基督教主要礼仪之一。天主教称为圣体圣事，称其礼仪为弥撒，东正教称为圣体血，新教称为圣餐。

五是终傅（沐膏礼）。一般在教徒年迈或病危时，神父用经过主教祝圣过的橄榄油，抹在病人的耳、目、口、鼻、手、足，并口诵经文。这样做是为了帮助领受人减少病痛的折磨，灵魂得救，赦免他一生的罪过，心安理得地去见上帝。

六是神品（神父受职礼）。这是基督教会按规定程式任命神职人员的礼仪，又称授圣职礼或按立礼，被天主教会与东正教会视为七件圣事之一。

七是婚配（婚礼）。这是在教堂由神父主持，教徒按照教会规定缔结婚约的仪式。由神父询问双方是否愿意结为夫妻，在得到肯定回答后，主礼者诵念规定祷文，宣布"天主配酌，人不可分开",教徒正式结为夫妻,以求得到上帝的祝福。新教教徒结婚也有请牧师主礼正婚的,但不视其为圣事。

（三）基督教的主要节日

基督教主要节日有圣诞节、受难节、复活节、升天节、诸圣日（万圣节）、情人节、感恩节等,天主教和东正教还有圣神降临节、圣母升天节、命名日等节日。

（一）圣诞节

圣诞节是纪念耶稣诞生的节日,大多数教会规定每年12月25日为圣诞节,东正教则规定每年的1月6日或7日为圣诞节。圣诞节沿革至今,已不仅仅是一个传统的宗教节日,而是许多国家盛大的欢庆节日。12月25日,原为罗马神话中太阳神阿波罗的生日,罗马帝国以基督宗教为国教后将此日改为纪念耶稣基督诞辰。但耶稣基督降生的真实日期众说纷纭,没有定论。12月24日通常称为平安夜,一般教堂都要举行庆祝耶稣降生的夜礼拜（根据《圣经》记载,耶稣降生于晚上）,礼拜中专门献唱《圣母颂》或《弥赛亚》等名曲。

（二）受难日

受难日是纪念耶稣受难的节日。据《圣经·新约全书》记载,耶稣于复活节前三天被钉在十字架上。这天是犹太教的安息日的前一天,因此规定复活节前两天的星期五为受难日。基督教多数教派都纪念这一节日。

（三）复活节

复活节是为纪念耶稣复活的节日,它是东正教最为隆重的节日。据《圣经·新约全书》记载:耶稣受难被钉死在十字架上后,第三天复活。根据公元325年尼西亚公会议规定,复活节是在每年春分后第一个圆月后的第一个星期日,一般在3月22日至4月25日之间,基督教多数教派都纪念这个节日。庆祝活动的具体内容各地不一,最流行的是吃复活节蛋,以象征复活和生命。

（四）圣灵降临节

圣灵降临节亦称五旬节。据《圣经·新约全书》记载:耶稣复活后第50天差遣圣灵降临,门徒领受圣灵后开始向世界各地传布福音。教会规定每年复活节后第50天为圣灵降临节。基督教多数教派不守此节。

（五）情人节

在西方国家,情人节又被称为瓦伦丁节。情人节在每年的2月14日,这是情侣们的节日,富有浪漫色彩,充满了友谊和欢乐。年轻的恋人一起到郊外旅游或去参加舞会。有的俱乐部还为年轻的朋友举行非常有趣的化装舞会。恋人们互赠有纪念意义的礼品或精美别致的贺卡,印有象征爱情的图案。礼品的装饰大多是心形的糖盒、香水或饰物;也有的送系着红丝带的玫瑰花或郁金香花束。有的老年夫妇在这天也互赠鲜花,以表达他们长久的爱情。

(六)感恩节

感恩节是美国和加拿大共有的节日,原意是为了感谢上天赐予的好收成,而非普世基督教节日。在美国,感恩节是在每年 11 月的第四个星期四,并从这一天起休假两天。如同中国的春节一样,在这一天,成千上万的人们不管多忙,都要和自己的家人团聚。加拿大的感恩节起始于 1879 年,是在每年 10 月的第二个星期一,与美国的哥伦布日相同。每逢感恩节这一天,美国举国上下热闹非凡,人们按照习俗前往教堂做感恩祈祷,城乡市镇到处举行化妆游行、戏剧表演和体育比赛等,学校和商店也都按规定放假休息。孩子们还模仿当年印第安人的模样,穿上离奇古怪的服装,画上脸谱或戴上面具到街上唱歌、吹喇叭。散居在他乡外地的家人也会回家过节,一家人团团围坐在一起,品尝美味火鸡。

四 基督教的习俗与忌讳

信奉基督教的人们忌用数字"13"。《圣经·新约全书》记载,耶稣基督与 12 门徒最后一次共进晚餐,在座的包括出卖耶稣的犹大,总共是 13 个人,因此,信仰基督教的人一般都认为"13"是不吉利的数字,故举行活动时尽量避开"13"。星期五是耶稣遇难的日子,有些基督教教徒每逢此日斋戒一天,不食肉,吃小斋,举行庆祝活动,也避开星期五。《圣经·新约全书》记载,耶稣遇难时被钉在十字架上,因此,基督教视十字架为圣物,是基督教的重要标志。除在教堂中使用外,也常做成项链悬挂胸前,或立于死者的墓前,以示人的灵魂与耶稣同在。在信奉基督教的国家里,生、死、嫁、娶等世俗生活无不打上宗教的烙印,初生的婴儿按照教规应进行洗礼,并取教名,认男、女监护人为教父、教母;结婚需在教堂举行,由神父主持仪式;教徒死后需请神父来料理后事。

基督教教堂是神职人员工作的场所,也是善男信女们进行宗教活动的场所。如今的教堂除了有其宗教意义外,还是精美的古建筑珍品,因此也是各国旅游者参观游览的主要景点。例如,宏伟壮观的罗马圣彼得大教堂、精雕细刻的哥特式米兰多木大教堂、伟大作家雨果曾描绘过的巴黎圣母院大教堂,以及位于维也纳市中心的巨大的圣史蒂芬大教堂。它们不仅是欧洲天主教堂建筑中的佼佼者,也是灿烂的欧洲古建筑中的瑰宝。基督教教堂大部分免费向游人开放,但参观者必须尊重教规,袒胸露背的女性常被拒绝入内。教堂内庄严而宁静,参观者绝不可喧哗吵闹,更不能干扰正在做忏悔的信徒或有伤害圣灵的举动。

任务拓展

小王是国际旅行社的一名导游,一次他带团出游,带领的是一群美国游客,当他得知团内有基督教徒后,每天早上出发前,他都预留出半小时的时间给他们祷告。他讲解得很精彩，照顾大家也很周到，送走旅游团后，客人写信到旅行社表扬他，号召大家都向他学习。

请问：

通过这个案例，你得到了什么启示？

工作任务五　伊斯兰教礼仪

◎ 任务导入

20 世纪 80 年代，中国的女排获得三连冠。一家对外画报用女排姑娘的照片作为封面，照片上的女排姑娘都穿着运动短裤。阿拉伯文版的画报也用了该封面，结果有些阿拉伯国家不许进口该画报。

（资料来源：http://wenku.baidu.com/view/afc0a199fe4733687f21aab0.html.）

请问：

为什么该画报在阿拉伯国家不许进口？

◎ 任务解析

伊斯兰教认为，男子从肚脐至膝盖、妇女从头至脚都是羞体，外人禁止观看别人的羞体，违者犯禁。因此，穆斯林妇女除了穿不露羞体的衣服外，还必须戴盖头和面纱，这项规定至今在有些伊斯兰国家仍然在施行。

◎ 知识链接

（一）伊斯兰教的产生和发展

伊斯兰教是世界性宗教之一，7 世纪初兴起于阿拉伯半岛，主要传播于亚洲、非洲，20 世纪以来，在西欧、北美一些地区也有所传播和发展。伊斯兰教认为除了安拉外再没有神，反对信多神、拜偶像。伊斯兰是阿拉伯语的音译，本义"顺从"，即顺从唯一的神安拉。

伊斯兰教的创始人为穆罕默德（570 年－632 年）。伊斯兰教主要分布于西亚、北非、南亚及东南亚等地，为世界第二大宗教。伊斯兰教有许多派别，其中最主要的有逊尼派和什叶派，逊尼派为多数派，什叶派属少数派，流行于伊朗、也门等国。伊斯兰教于唐贞观年间经由海路和陆路传来中国，故早期伊斯兰建筑多集中于广州、泉州、杭州及扬州等沿海城市，如广州怀圣寺（狮子寺）、泉州清净寺（麒麟寺）、杭州真教寺（凤凰寺）及扬州仙鹤寺为中国沿海伊斯兰教四大古寺。伊斯兰教主要分布在我国西北地区，绝大多数属逊尼派，与回族、维吾尔族、哈萨克族等少数民族的历史、文化及世俗生活息息相关，同时也散布在全国各地。1953 年成立中国伊斯兰教协会。

二 伊斯兰教的礼仪

(一) 称谓

伊斯兰教信徒称为"穆斯林",其阿拉伯原文的意思为"顺服者",特指顺服真主旨意的人。伊斯兰教将宗教职业者和具有伊斯兰专业知识者尊称为"阿訇"("阿訇"是波斯语的音译)。在我国新疆地区,穆斯林称阿訇为"毛拉"(是阿拉伯语的音译)。

(二) 净礼

净礼是穆斯林在礼拜或斋戒前必须遵守的规定,具体指"大净""小净"和"土净"。每逢主麻日、宗教节日等活动,进行"大净"被认为是可嘉的行为。所谓"大净",即全身沐浴,用清水淋浴全身。非穆斯林入教必须履行"大净"仪式。人死后,遗体也必须经过"大净"方可入殓埋葬。在没有条件"大净"时,也可进行"小净",净法与"大净"相似,但只清洗局部。在无水或因病不能用水的情况下,以"土净"代"水净",即用双手拍打一次净土、净沙或净石,然后摸脸,再拍土,而后用左手摸右手至胳膊肘,再重复拍土换右手摸左手,即完成"土净"仪式。

(三) "五功"

伊斯兰教的"五功"是穆斯林必须履行的神圣义务和功修课程,是将基本信仰付诸实践的基石,具体指念、礼、斋、课、朝。

1. 念

以严肃和心悦诚服的态度,用阿拉伯语口念"证词":"万物非主,唯有真主,穆罕默德是安拉的使者。"念证词是"五功"之首,是最基本的功课。

2. 礼

礼即做礼拜。礼拜是一项重要的宗教仪式,是每一位成人穆斯林的"天职"。礼拜有一定的朝向、时间、仪式和要求。

(1) 朝向。全世界的穆斯林在做礼拜时,必须面朝麦加圣寺内的"克尔白"(即天房,指寺内方形石殿,它是全球穆斯林朝拜的中心),因此各国穆斯林由于所处位置不同,朝拜的方向也不相同。每一个清真寺里的壁龛即表示礼拜的朝向。

(2) 时间。伊斯兰教规定每日礼拜五次,分别是晨礼(从拂晓到日出)、晌礼(从中午刚过到日偏西)、晡礼(从日偏西至日落)、昏礼(从日落至晚霞消失)、宵礼(从晚霞消失至次日拂晓)。此外,每星期五主麻日晌礼时间,穆斯林要到清真寺做集体礼拜,在开斋节和宰牲节时举行会礼。

(3) 仪式。礼拜是由若干动作和仪式组成的,如抄手、站立、鞠躬及叩头等。妇女的某些动作与男子稍有不同。

（4）要求。礼拜不规定固定的地点，只要洁净、方向对即可。礼拜日时礼拜者身、心和服装都要洁净。一般礼拜之前可做"小净"，即依次洗手、洗脸、洗肘、漱口、洗鼻孔、用湿手抹头和冲洗双脚；参加聚礼、会礼之前应做"大净"，即自上而下冲洗全身。一般清真寺都有自来水池供小净用。

3. 斋

斋即斋戒。伊斯兰教历的九月（阿拉伯语音译为"莱麦丹"）是斋月，伊斯兰教认为九月是《古兰经》颁降之月，是最吉祥、最高贵之月。白天（从日出前一个半小时到日落）应不吃不喝，戒房事，这叫作"封斋"或"把斋"。斋戒的意义在于修炼人的意志、思想、身体，以达到虔诚地服从"真主之命"。按伊斯兰教规，未成年人、病人、孕妇及出门旅行者等人可免除斋戒。

4. 课

课即天课。它是"奉主命而定"的宗教赋税，法定的施舍又称"济贫税"。它不属于政府征收，也不是社会捐赠。天课不是人人都要交纳的，而是除正常开支外，财产尚有富余的人按比例交纳的。

5. 朝

朝即朝觐。凡有条件的穆斯林，其一生中必须去沙特麦加城内的"克尔白"朝觐一次。正式朝觐的时间为伊斯兰教历的十二月八日至十日。除此之外，一年之中任何时间都可前去朝觐，但这属于"小朝"或"副朝"。朝觐的主要仪式有受戒、转天房、住"米那"、射石（投打石鬼）等。朝觐的条件是：成年、身体健康、有足够的旅费而无债务缠身等。

（四）殡礼

殡礼为穆斯林亡后举行送葬的集体礼拜。在进行礼拜时，送葬者没有鞠躬、叩首、跪坐等仪式，均站在亡者一侧，面向克尔白的古寺做祈祷。

（三）伊斯兰教的主要节日

（一）古尔邦节

"古尔邦"是阿拉伯语的音译，意思是"宰牲""献牲"，古尔邦节又称"忠孝节""宰牲节"，是我国回族、维吾尔族、哈萨克族、乌孜别克族、塔塔尔族、塔吉克族、柯尔克孜族、撒拉族、东乡族及保安族等民族的宗教节日。回族又称它为"过大年"，而维吾尔族和哈萨克族人民则把它作为他们的新年。

古尔邦节是全世界信仰伊斯兰教的穆斯林的共同节日。古尔邦节的时间定在伊斯兰教历的十月十日。过节前,家家户户都把房舍打扫得干干净净,忙着精制节日糕点。节日清晨,穆斯林要沐浴熏香,严整衣冠,到清真寺去参加会礼。新疆的维吾尔族在古尔邦节时,无论是在城市还是在农村的广场上都要举行盛大的麦西来甫歌舞集会。古尔邦节这一天清晨的礼拜是一年中规模最大的一次礼拜,所有的成年男子都会去当地的礼拜寺参加聚礼,场面颇为壮观。其中最著名的是喀什艾提尕尔清真寺前的大聚礼,聚礼之后,乐师们登上艾提尕尔清真寺的门顶敲起纳格拉(铁壳鼓),吹起苏奈依(唢呐),寺前广场上的男子们跳起热情奔放的萨满舞。

(二)开斋节

开斋节又叫肉孜节,是阿拉伯语"尔代·菲图尔"的译意,是伊斯兰教徒一年中的一个重要节日。伊斯兰教规定,在伊斯兰教历太阴年九月二十九日若见新月,则第二天为开斋节,否则推迟一天。开斋节也是伊斯兰教历太阴年的十月一日。伊斯兰教规定,穆斯林在开斋节这天要沐浴更衣,聚在附近清真寺做礼拜,听教长讲经布道,悼念先人。家家户户会准备好杏干、杏仁、油香、油炸果子及瓜果茶糖等招待客人,青年们则汇聚在一起唱歌跳舞。我国新疆地区穆斯林称开斋节为肉孜节,政府规定这一天给穆斯林职工放假。

(三)圣纪节

圣纪节亦称圣忌节,是伊斯兰教的三大节日之一。相传穆罕默德(约 570 年－632 年)诞辰和逝世都在伊斯兰教历的三月十二日,穆斯林为了纪念伊斯兰教圣人(创始人)穆罕默德创建伊斯兰教,在他诞辰和逝世的这天举行集会,以后逐渐演变为伊斯兰教的节日。节日活动多由清真寺主持,届时,穆斯林要穿戴整齐地到清真寺沐浴、更衣、礼拜,听阿訇们念经,讲述穆罕默德的历史和创建伊斯兰教的功绩。

四　伊斯兰教礼仪的注意事项

(一)非穆斯林应掌握接待穆斯林的饮食礼节

关于穆斯林的饮食习惯,给人印象最深的是禁食猪肉,其实他们在饮食上还有其他很多方面的讲究。伊斯兰教认为,饮食之物有善者、有不善者,有洁者、有不洁者,应当以"清净的为相宜,污浊的受禁止"。《古兰经》中明确规定禁食的有:自死物、血液、猪肉及非诵真主之名宰杀的动物。伊斯兰教规定禁止饮酒,所以同穆斯林交往,不能以酒相待,应避免在他们面前饮酒。穆斯林款待客人,往往用果汁和茶。

(二)非穆斯林进入清真寺,要尊重伊斯兰教礼仪

穆斯林服饰的特点主要体现在头部的装饰上,妇女们头戴"盖头",前齐眉,后披肩,将头发全部遮住。少女一般戴绿色"盖头",已婚的中年妇女和老年妇女则戴白色或黑色的"盖头"。清真寺是穆斯林举行宗教仪式、传授宗教知识的地方,被穆斯林视为圣洁之地。

非穆斯林进入清真寺，要衣着整洁，不能袒胸露背，不得穿短衣短裤。不经阿訇等寺内宗教职业人士批准，非穆斯林不准进入礼拜大殿，不准拍照。在穆斯林做礼拜时，不能喊叫礼拜者，也不能在礼拜者面前走动，更不能唉声叹气、呻吟和无故清嗓，严禁大笑、吃东西。

（三）穆斯林之间的礼仪

伊斯兰教明确提出反对私俗、妄言、骄矜、猜疑等"小罪"，而提倡团结、友爱，穆斯林之间共同遵守伊斯兰教和本民族的礼仪。穆斯林见面，都要互致祝安词，穆斯林使用赞词较多。

（四）穆斯林之间的交往

按照经典的教导，探亲访友，不经主人允许，不要随便进主人的屋里。伊斯兰教徒很爱干净，他们的住处也打扫得一尘不染，所以到伊斯兰教朋友家做客一定要注意整洁，不要带他们忌讳的食物，谈话要轻声慢语，不要在房间里随便走动。在公共场所要相互谦让，不能相互嘲笑、相互诽谤。

（五）穆斯林有尊重长者、尊者的美德

会见伊斯兰教长者、尊者时，要诚心地等待其出来见面，大喊大叫是不礼貌的行为，更不能对他们高声说话。到长者、尊者家吃饭，一定要在受到邀请后才能去，吃完之后及时离席，不要留恋闲聊。当参与由长者、尊者召集的集会时，与会者不要随便退席，离开要经过长者的允许。

（六）非穆斯林与穆斯林交朋友的禁忌

与伊斯兰教徒交谈，不要以他们禁忌的东西做比喻，切勿谈论他们憎恶的东西。对于穆斯林某些特殊的宗教礼仪也不要因为好奇而刨根问底，应该尊重穆斯林的宗教信仰和民族习惯，不要随意妄加评论，到穆斯林家中做客，一般不主动与主妇或者年轻女子握手，也不要凝视她们。

（七）穆斯林节日的祝贺和收礼

非穆斯林要以适当的方式对穆斯林的节日表示祝贺。伊斯兰教是禁止偶像崇拜的，所以在赠送礼品时，类似雕塑、画像之类的物品是不宜送给他们的。另外，送洋娃娃给他们的孩子也是不应该的。为了增进彼此的友谊，对于穆斯林的赠礼，非穆斯林应该接受。

任务拓展

（1）友谊宾馆是一家刚开业两年的三星级酒店。酒店坐落在海滨，环境优雅。虽然只是三星级酒店，但其内部管理严格，服务到位，特别是它的菜肴做得很有特色，所以尽管才开业两年，该酒店就赢得了很好的声誉，各方宾客纷至沓来。鲜花盛开的 5 月，酒店迎来了

首批来自中东地区某一国家的穆斯林旅游团。为了做好这次接待,酒店专门召开会议进行研究,落实接待服务各个方面的问题,特别是餐饮,严格按穆斯林的饮食习惯做了安排。员工们细心的安排也得到了领队的好评。因此,在整个接待服务过程中旅游团都很满意。可是没有想到的是,在行程快要结束的前一天,旅游团的一位成员外出散步回来后,皮鞋有些灰尘,于是向服务员要了鞋油和鞋刷。酒店为保证服务周到,长期备有不损伤皮鞋的上等绵羊油和猪毛鞋刷供客人使用。当他使用后非常生气地向服务员和酒店提出了抗议,认为酒店没有很好地尊重旅游团的民族风俗习惯。酒店的领导非常重视这件事情,对该事件进行了认真的了解,发现确实是服务员在服务中出现纰漏。酒店领导和服务员真诚地向这位客人赔礼道歉,取得了客人的谅解。由于这件事处理得比较及时、妥当,旅游团对酒店的服务更为满意了。

(资料来源:胡成富.社交礼仪[M].北京:中国财政经济出版社,2009.)

请问:

①用相关的宗教礼仪知识,分析这位客人为何非常生气? 问题出在何处?

②在类似的服务中,应该注意哪些宗教礼仪问题?

(2) 由于主管工厂生产的副总裁古拉德突然中风,英国总公司便派了一位高级主管凯丝琳,直飞利雅得接替他的职务。凯丝琳到沙特阿拉伯还身兼另一个重要任务,就是要介绍公司的一项新产品——微电脑与文字处理机,并准备在当地行销。凯丝琳赶到利雅得,正赶上当地的"斋月",接待她的贝格先生是沙特国籍的高级主管,是一位年约 50 多岁的传统生意人。虽然正值"斋月",他还是尽地主之谊,请凯丝琳到他家为她洗尘。因时间急迫,她一下飞机就直接赴约,当时饥肠辘辘,心想在飞机上没吃东西,等一会儿到了贝格先生家再好好地吃一顿。随后,两人顺利地见了面,虽然是在"斋月"期间,贝格先生仍为来客准备了吃的东西。凯丝琳觉得菜非常合口味,于是大吃起来,然而她发觉主人却一口都不吃,就催促主人和她一起享用。狼吞虎咽间,她问贝格,是否可在饭后到他的办公室谈公事。她说:"我对你们的设施很好奇,而且真是迫不及待地想介绍公司的新产品。"虽然凯丝琳是个沉得住气的人,然而因为习惯,偶尔会双腿交叠,上下摇动脚尖。贝格先生一一看在眼里,在她上下摇动脚尖时,他还看见凯丝琳那双黑皮鞋的鞋底。顿时之间,刚见面的那股热诚竟然消失得无影无踪。

(资料来源:张南南.商务礼仪[M].长春:东北师范大学出版社,2014.)

请问:

案例中,凯丝琳有哪些地方做得不对?

项目十
旅游涉外服务礼仪

◇知识目标

1. 了解旅游行业涉外服务中的礼仪规范。

2. 熟悉旅游行业工作人员涉外交际中的规范礼仪。

◇能力目标

1. 能根据旅游行业的相关涉外礼仪知识开展旅游服务。

2. 具备旅游行业工作人员涉外服务意识和涉外交际能力。

◇素质目标

养成在涉外交往中自觉地遵守国际惯例的意识。

工作任务一　国际交往礼仪的概述

◎ 任务导入

在《林肯传》中有这样一件事：一天，林肯总统与一位南方的绅士乘坐马车外出，途遇一老年黑人向他鞠躬，林肯点头微笑并摘帽还礼。同行的绅士问道："为什么你要向黑鬼摘帽？"林肯沉稳地说："因为我不愿意在礼貌上不如任何人。"可见林肯深受美国人民的热爱是有其原因的。1982年美国举行民间测验，要求人们在美国历届的40位总统中挑选一位"最佳总统"时，名列前茅的就有林肯。

请问：

在那个有着排外、种族歧视的年代，总统林肯向老年黑人脱帽致礼说明了什么？

◎ 任务解析

林肯贵为一国总统，对"下等人"都如此有礼貌，所以任何人不论其身份高低贵贱，都要尊重交往对象，在尊重别人的同时也体现了自身的文化素质与修养，所以要想得到别人的尊重，首先要尊重他人。

◎ 知识链接

现如今，经济的全球一体化和信息共享的网络化把现代人引到了一个无限伸展而又不断浓缩的空间。在如今这个有着60多亿居民的地球村，交往和沟通日益频繁，说服和理解越发重要，其中，作为公关"第一印象"的礼仪在旅游服务中就更显得不可或缺。中国经济的繁荣吸引了很多外国投资商来中国投资，在涉外交往活动中遵守国际礼仪，讲究尊卑安排是对交往对象敬重、友好的一种具体体现。外在的推动和自身学习的需要，使旅游职业人员更应及时掌握国际礼仪。

（一）　涉外礼仪的概念与意义

涉外礼仪是涉外交际礼仪的简称，它是我国人民在长期的国际往来和对外交际中逐步形成的外事礼仪规范，是我们用以维护自身形象、对交往对象表示尊敬与友好的约定俗成的习惯做法。处于还在学校的学生可能觉得涉外礼仪遥不可及，但是一旦学生们踏进社会，进入相应的旅游业岗位就会有很多迎面而来的涉外交际活动，因此学好涉外礼仪具有非常重要的意义。

1. 学好涉外礼仪有利于旅游服务活动的顺利开展

熟知涉外交往中的礼仪规范，根据交往对象的不同，开展礼仪服务，有利于旅游从业人员技巧性地处理涉外交往方的收入支出、年龄、婚姻、健康、家庭住址、个人经历、信仰政见等敏感类问题，赢得对方的尊重，保障旅游服务活动的顺利进行。

2. 学好涉外礼仪有利于弘扬中华传统文化

中华民族是礼仪之邦，在涉外交往中，旅游从业人员要时刻意识到自己代表的是国家、民族、所在单位的形象，从而有助于传播我国优秀传统文化，促进中外文化交流。

（二）涉外礼仪的基本原则

在经济全球化的推动下，旅游业的竞争日趋激烈，而这个竞争归根结底又是旅游服务的竞争，谁的服务好、谁的质量高，谁就能在竞争中取得主动，在竞争中站稳脚跟。这需要所有业界工作人员具备全心全意为客户服务的意识，塑造以诚待人、以情动人的服务形象，注意遵循以下涉外礼仪准则。

（一）维护国家形象原则

在参与涉外旅游交往活动时，旅游从业人员应时刻意识到在外国人眼里自己代表着国家、民族、单位组织的形象，做到不卑不亢，注意自己的言行应当端庄得体。在外国人面前，旅游从业人员既不应该表现得畏惧自卑、低三下四，也不应该表现得狂妄自大、放肆嚣张，而应该谨慎而不拘谨，主动而不盲动，慎独自律又不至于手足无措。

（二）信守约定原则

在国际交往活动中，人们将尊重对方，即将对交往对象的重视、恭敬、友好作为涉外礼仪的核心。在一切旅游交往中，都必须认真而严格地遵守自己的所有承诺，说话务必算数，许诺一定要兑现。

（三）女士优先原则

在男女都在的社交场合中，男士要照顾、礼让女士，遵循"尊重妇女、女士优先"的原则。在一切社交场合（有些公务场合除外），成年男子都有义务主动自觉地以自己的实际行动去尊重妇女、照顾妇女、体谅妇女、关心妇女、保护妇女，并尽心竭力地为妇女排忧解难。

（四）尊重隐私原则

对于西方人来讲，经历、收入、年龄、婚恋、健康状况、政治见解等均属个人隐私，他人不应查问，即在交往中要"有所不为"。

（五）不卑不亢原则

涉外交往是面对全球的跨文化活动，是一种双向互动交流活动。中国传统文化形成的热情好客、宾至如归以及谦逊等美德，在国际交往待人接物中必须有所适"度"。在涉外礼仪中热情有度、谦恭适度尤为重要。

（六）入乡随俗原则

在涉外交往中要真正做到尊重交往对象,就必须了解和尊重对方所独有的风俗习惯。做不到这一点,对于交往对象的尊重、友好和敬意便无从谈起。这就要求,首先,充分地了解交往对象在一般的衣食住行、言谈举止、待人接物等方面所特有的讲究与禁忌;其次,充分尊重交往对象所特有的礼仪习俗,既不能少见多怪,妄加非议,也不能以我为尊,我行我素。

（七）爱护环境原则

涉外交往是在特定的环境中进行的,讲究涉外礼仪、保护旅游环境是中外共识。交往中要注意八"不":不可毁损自然环境,不可虐待动物,不可损坏公物,不可乱堆乱挂私人物品,不可乱扔乱丢废弃物品,不可随地吐痰,不可到处随意吸烟,不可任意制造噪声。

（八）不宜先为原则

在涉外交往中,面对自己一时难以应付、举棋不定,或者不知道到底怎样做才好的情况时,如果有可能,最明智的做法是尽量不要急于采取行动,尤其是不宜急于抢先,冒昧行事。

⚙ 任务拓展

某酒店客户经理小张(男性)在接待两位英国女士时,非常热情地跟对方打招呼,并主动伸出右手跟客人握手。被接待的其中一位女士不情愿地伸出右手回握,另一位女士则拒绝了小张的热情。

请问:

①小张为什么会被拒绝? 小张有什么地方做得不对?

②你对女士优先原则是如何认识的?

工作任务二　涉外接待礼仪

◉ 任务导入

某酒店陈经理有一次接待一位重要的外国客户,因为堵车,陈经理比约定好的时间晚到了二十分钟。见面自我介绍之后准备递上名片时,发现名片用完了,于是尴尬地跟客户解释:"不好意思,名片刚用完,我姓陈,您叫我小陈就好了。"待客户在会客室坐好后,陈经理用左手给客户递送了业务资料和茶水。这时刚好手机响起,为了不影响客户阅读文件,于是陈经理躲到桌子下面非常小声地接听电话。

请问：

在这次接待过程中，陈经理有哪些事情做得不规范呢？

任务解析

迟到、没准备名片、左手递东西、手机未静音、接电话时躲到桌子下面小声接听，这貌似是尊重客户，实际上是很失礼节的行为。

知识链接

（一） 涉外迎送礼仪

古语云"有朋自远方来，不亦乐乎"，就是在强调人类往来中礼仪应用的重要性。迎来送往历来是人们社会交际当中的重要环节，是常见的社交活动。迎来是接待工作的开始，是给外宾留下良好第一印象的关键；送往则意味着访问活动的结束，是整个接待工作的最后一环。涉外接待迎来送往的每一环节及每一环节的各个方面都有礼仪规范的约束。

（一） 涉外接待前的准备

外宾的接待工作可谓是千头万绪、环环相扣，应对每个环节进行认真准备，以求有备而行，这是做好接待工作的基础。

1. 了解礼宾的基本情况

礼宾到达之前或进行旅游服务之前，接待人员首先要了解来宾到达的日期和具体时间，来宾人数、姓名、性别、职业或职务、所乘交通工具，并确认需不需要安排食宿；其次，了解来宾的来访意图、要求、目的，确认接待期间我们需要为他提供哪些帮助；最后，了解来访者的文化程度、宗教信仰、生活习惯、饮食爱好和禁忌以及基本的服务用语。

2. 根据不同国家的来宾，准备好相应的接待所需物品

接待人员要根据不同国家的来宾，准备相应的接待所需物品。例如，准备相应的旅游资料、办理业务的手续文本等。

3. 重视并规范外宾的接待工作

根据外宾来访的目的、任务和行程，接待人员要准备好相关资料、欢迎标语、领导欢迎辞，安排、布置会议室、场地等。准备有纪念意义或有特色的礼品，这对接待重要宾客尤为重要。为帮助外宾尽快适应当地环境，还可准备一些相关资料，如城市简介、交通图、游览图等供给外宾查阅。

（二） 迎送规格

在涉外接待活动中，首先需要确定迎送人员的规格，以免出现接待方身份低于被接待方的失礼行为。迎送规格的高低通常是根据来访者的身份、愿望、两国关系等因素来决定的。在接待活动中,要遵循的基本原则为:迎送外宾人员与外宾的身份对等,因各种原因不能完全对等时可灵活变通,由职位相当的人或副职出面,但是主人与客人的身份不能相差太大。如遇特殊情况当事人无法到场,应指派代表前去,并以礼貌的方式向对方做出解释,适当表示歉意。

常规迎送规格分为官方迎送和民间迎送两大类。

1. 官方迎送

迎送准备工作主要由外事部门负责,根据礼宾的基本情况制订具体详尽的迎送方案,确定迎送规格。比如外国国家元首、政府首脑正式到访,其迎送仪式一般由身份相当的领导人和一定数目的高级官员出席,有的接待还要通知各国(或部分国家)驻该国使节参加;长期在本国工作的外国人士和外国使节、专家等到任、离任时,本国有关方面亦应安排相应人员迎送。

2. 民间迎送

迎送民间团体时,不举行官方正式仪式,但需根据客人的身份、地位,安排对口部门、对等身份的人员前往迎送。一定要精心选择迎送人员,数量上要加以限制,身份上要大致相仿,职责上要划分明确。

(三)迎送程序

1. 时间

迎送时间要事先由双方约定清楚。负责迎送的人员要在来宾启程前后再次予以确认。如果外宾乘坐的飞机等交通工具的抵离时间发生变化,要及早通知全体迎送人员和有关单位。根据实际需要,迎送人员应该提前到达迎送地点,不能出现让客人等候的情况。

2. 地点

根据来访对象的不同而选择不同的场地进行接待,如外国国家元首、政府首脑正式到访,其迎送仪式一般在机场或车站举行,有的接待在特定场所(总统府、议会大厦、国宾馆等)举行。举行仪式的场所悬挂宾主双方国旗(宾方挂在右面,主方挂在左面),在领导人行进的道路上铺红地毯。

3. 迎送人员

迎送时一般安排身份相当的领导人和一定数量的高级官员出席,人数不宜过多。所有的迎送人员应提前到达指定地点,并在迎送过程中安排主要人物或主要部门负责人与来宾握手。

4. 献花

在国际交往的迎送程序中,有一项重要的仪式就是给来宾献花。一般在主人与客人握手后,由儿童或青年女性献上鲜花。献给来宾的花需用鲜花或以鲜花扎成的花束,且要保持鲜花鲜艳、整洁。要特别注意各国的献花礼仪,注意各国的献花忌讳。一般忌用菊花和黄色花朵(各国对花的品种及颜色的忌讳不同)。接待信仰伊斯兰教的人士时,不能由女性献花。

5. 介绍

宾主见面后,应互相介绍。通常先由礼宾人员,或者由欢迎人员中身份最高者将前来迎接的人员按照职位从高到低的顺序介绍给外宾。然后,来宾中的主要负责人再将他方人员介绍给我方人员。如果双方早就认识,则不必介绍,直接上前握手,互致问候即可。与外宾见面时表示友好的方式有多种,如握手礼、"合十"礼、拥抱礼、鞠躬礼、点头礼或脱帽致意礼等。

6. 欢迎仪式

涉外接待的欢迎仪式一般从简,主要是要做好各项接待准备、安排工作。如果是国宾级的接待,需先奏客方国歌,全体人员行肃穆礼,军人行军礼,鸣放礼炮。礼炮最高规格为21响,在国家元首来访时燃放;一般政府首脑来访时鸣放19响;副总理级官员来访时鸣放17响。随后,来访国宾在东道主的陪同下检阅三军仪仗队。

7. 陪车

涉外活动中对于外宾的迎送,一般都应该由东道主安排人员陪同乘车,有时安排东道主陪车,有时安排其他人员陪车。如果东道主陪车,东道主应该坐在客人的左侧;如果乘坐的是两排座位的轿车,翻译等随员应坐在司机旁边;如果是三排座位的轿车或商务车,随员应坐在东道主前面的加座上。上车时,接待服务人员应主动打开车门,请来宾从右侧门先上,东道主从左侧门上车;如果客人先上车,坐到了东道主的位置上,则不必请客人挪动位置,车门应由接待服务人员关好。

8. 送别

外宾的行程全部结束即将离开本地时,东道主应该做好送行工作。对于一般来宾不举行送行仪式,如果是重要客人,东道主一方应安排送行活动。首先,送行人员要提前到达送行地点,来宾抵达后,主人与主宾相见,随后在主人的陪同下,主宾与主人方的送别人员一一握手告别;其次,主人在主宾的陪同下,与来宾方其他人员一一握手告别;最后,来宾在主人的陪同下,正式登上乘坐的交通工具,宾主双方再次握手道别。

任务拓展

公司下个月将有一个由二十人组成的美国旅行团来华,由你全权负责接待工作,请问你将如何安排客人就餐。假如一位外国客户非常满意你的接待,一定要赠送礼品给你以表示感谢,你会怎么做,请说明理由。

工作任务三　会见会谈签字礼仪

任务导入

我们的周总理是位非常敬业也十分注重礼节的人。他在生病期间也坚持从事各种工作。在一次涉外旅游会见活动中,他病得连脚板也肿起来,他原来的皮鞋、布鞋都不能穿,只能穿着拖鞋走路。身边的工作人员非常关心他,工作人员让他穿着棉拖鞋参加外事活动,并认为外宾是能够理解的。然而他慈祥又严肃地说道:"不行,穿棉鞋会见外宾是不得体的,我们要讲礼仪嘛!"于是,他让工作人员去为他特制了一双加大版的皮鞋用来参加外事活动。

请问:

为什么总理在特殊情况下还如此重视涉外接待?

任务解析

因为在外事接待过程中,每一个人的形象都代表着国家的形象,国家形象是高于一切的。

知识链接

一　了解涉外会见、会谈、签约的概念

会见在国际上一般称为接见或拜会。凡是身份高的人士会见身份低的人士,或主人会见客人,称为接见或召见;凡是身份低的人士会见身份高的人士,或客人会见主人,称为拜会或拜见。在中国,这两种情况统称为会见。接见和拜会后的回访称为回拜。

图 10-1　会谈

会见可分为礼节性的、政治性的和事务性的会见。一般来说,主要是礼节性拜会。身份低者拜见身份高者,来访者拜见东道主。拜会的时间不要太长,半小时左右即可告辞,除非主人特意挽留。

会谈内容较为正式,政治性或专业性较强,既可以就某些重大的政治、经济、文化、军事问题以及其他共同关心的问题交换意见,也可洽谈公务或就具体业务进行谈判(见图10-1)。

二 会见、会谈的准备工作

（1）提出会见、会谈要求，并将会见、会谈人的姓名、职务，会见什么人，以及会见、会谈的目的告知对方。同时要主动了解对方的具体安排（人员、时间、地点），并通知出席人员。

（2）选择场地、布置会场。会谈通常安排在重要建筑物的宽敞的会客厅（室）内进行，也可以安排在宾客下榻的宾馆的会客室内进行。会谈桌上放置两国国旗，现场设置中外文座位卡，卡片的字体应工整、清晰，以便与会者对号入座。会谈场地正门口还要安排人员迎送客人。人多时需要安装好扩音设备并调试好，确保会议使用。

（3）准确掌握会见、会谈的时间、地点和双方参加人员的名称。主人应提前到达。

（4）在涉外会见、会谈过程中，座次的排列也相当重要。

会见的座位安排有多种形式，有宾主各坐一方的，有宾主穿插坐在一起的。通常这样安排：主宾、主人席安排在面对正门位置，客人座位在主人右侧，其他客人按礼宾顺序在主宾一侧就座，主方陪见人在主人一侧按身份高低就座。译员、记录员通常安排在主宾和主人的后面。

会见、会谈场所应安排足够的座位，现场放置中外文座位卡。双边会谈通常使用长方形或椭圆形桌子，多边会谈采用圆形或方形桌子。不论什么形式，座位安排均以面对正门为上座。在正常情况下，适用于会场的座次安排主要包括以下几种。

①相对式。

双边会谈时，宾主相对而坐，以正门为准，主人在背门一侧，客人面向正门，主谈人居中。我国习惯把译员安排在主谈人右侧，但有的国家亦让译员坐在后面，一般应尊重主人的安排。其他人按礼宾顺序左右排列。记录员可安排在后面，若参加会谈的人数少，也可将人员安排在会谈桌就座（见图 10-2 和图 10-3）。

图 10-2　常见会议座位安排

图 10-3　相对式座位安排

②并列式。

并列式排座是主客双方并排就座的排座方式,暗示主客双方"平起平坐",多适用于礼节性会晤(见图 10-4)。

(a)   (b)   (c)

图 10-4   正式场合并列式座位安排

③主席式。

主席式座位安排如图 10-5 所示。

(a)   (b)

图 10-5   主席式座位安排

④自由式。

自由式座位安排如图 10-6 所示。

(a)   (b)

图 10-6   自由式座位安排

⑤小范围的会谈，也可不用长桌，只设沙发，双方座位按会见座位安排。

小范围的会议座位安排如图10-7所示。

图 10-7　小范围的会议座位安排

三　会见、会谈的进行程序

（1）主人在大楼正门或会客厅门口迎接客人。如果主人在会客厅门口迎候，则应由工作人员在大楼门口迎接，将客人引入会客厅。

（2）会面介绍，宾主握手。介绍时，应先将主人介绍给客人，随后将客人介绍给主人。如果客人是贵宾，如国家元首，或大家都熟悉的知名人物，就只将主人介绍给客人。介绍主人时要把姓名、职务说清楚。介绍到具体人时，应有礼貌地以手示意。

（3）合影留念。

（4）入座、会见、会谈。

（5）记者采访（在正式谈话开始前采访几分钟，然后离开）。

（6）会见、会谈结束，主人送客人至车前或门口，并握手告别，目送客人返去后再退回室内。

四　签约礼仪

签约即合同的签署。它在商务交往中标志着有关各方的相互关系取得了更大的进展，他是双方为消除彼此之间的误会或抵触而达成了一致性见解的重大成果。为了体现涉外双方合作的严肃性，在签署合同时最好郑重其事地举行签约仪式。签约仪式是签署合同的高潮，它的时间不长，但程序却最为规范，气氛最为庄严、隆重而热烈。

（一）签约前的准备

（1）提前准备合同范本。

（2）安排好签约的地点。

签约厅有专用的，也有临时以会议厅、会客厅来代替的。布置它的总原则是要庄重、整洁、清静。

（3）通知参加签约仪式人员。

（二）签约的礼仪规范

（1）签约人服饰要适宜。

（2）严格遵守签约程序。

签署双边性合同时，应请客方签字人在签字桌右侧就座，主方签字人则应同时就座于签字桌左侧（见图10-8）。

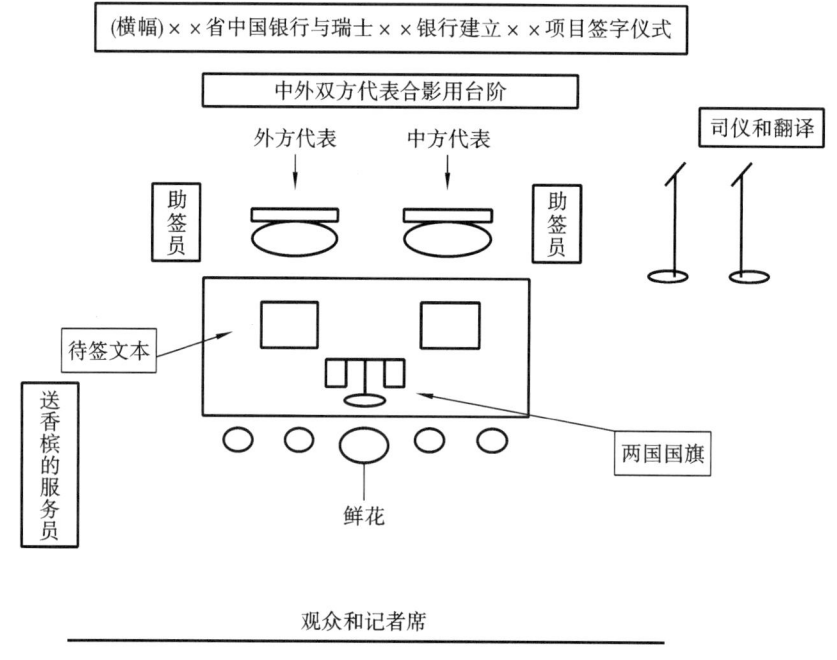

图 10-8　双边签约仪式座位安排

在签署多边性合同时，一般仅设一个签字椅。各方签字人签字时，需依照有关各方事先同意的先后顺序，依次上前签字。

（3）签约仪式的其他注意事项。

签约开始后，首先，签字人正式签署合同，双方随行人员鼓掌祝贺；其次，双方签字人交换已签署的合同文本，并握手合影留念；再次，双方在准备好的酒桌前开启香槟酒，饮酒祝贺；最后，将已签署的合同提交公证部门进行公证，这标志着合同正式生效。

任务拓展

　　某大型酒店年底准备举行年度工作总结表彰大会。李先生是公司的办公室主任,受领导委托,组织并落实本次工作总结大会相关事宜。

　　任务布置:请以小组为单位,组织策划本次工作总结暨表彰大会。

工作任务四　涉外旅游服务中礼宾次序礼仪规范

任务导入

　　1995年3月在丹麦的哥本哈根召开联合国社会发展世界首脑会议,出席会议的有近百位国家元首和政府首脑。3月11日,与会的各国元首与政府首脑合影。按照常规应该按礼宾次序名单安排好每位元首、政府首脑所站的位置。首先,这个名单怎么排,究竟根据什么原则排列?哪位元首、政府首脑排在最前?哪位元首、政府首脑排在最后?这项工作实际上很难做。丹麦和联合国的礼宾官员只好把丹麦首脑(东道国主人)、联合国秘书长、法国总统以及中国总理、德国总理等安排在第一排,而对其他国家领导人,就任其自便了。好事者事后向联合国礼宾官员"请教",联合国礼宾官员答道:"这是丹麦礼宾官员安排的。"于是又向丹麦礼宾官员核对,丹麦礼宾官员回答道:"根据丹麦、联合国双方协议,该项活动由联合国礼宾官员负责。"

　　(资料来源:马保养.外交礼仪浅谈[M].北京:中国铁道出版社,1996.)

　　请问:

　　丹麦和联合国的礼宾人员是如何灵活应用礼宾次序礼仪规范的?

任务解析

　　礼宾次序在国际交往中非常重要,在国家礼仪活动中,若礼宾次序不符合国际惯例或安排不当,就会引起不必要的误解,甚至损害到两国之间的关系。在礼宾次序安排上,既要做到大体平等,又要考虑到国家之间的关系,以及参加活动人员的资历、年龄、宗教信仰等。礼宾次序需要考虑的因素很多,但它不是硬性的教条,特殊情况下需要灵活多变,不能总是生搬硬套。当无法全部兼顾时,只能照顾到主要人员。比如上面案例中,就只考虑了丹麦首脑、联合国秘书长、法国总统以及中国总理、德国总理等的站位。

知识链接

　　礼宾次序是指国际交往中对出席活动的国家、团体、各国人士的位次按某些规则和惯例进行排列的先后次序。礼宾次序体现了东道主对各国宾客所给予的礼遇,在一些国际性的集会上则表示各国主权的平等。礼宾次序安排不当或不符合国际惯例，会引起不必要的争执和交涉，甚至影响国家关系。因此，对礼宾次序应给予一定的重视。

一　礼宾次序的排列依据

对于礼宾次序的安排，国际上通常有三种方法。一是按身份与职务的高低排列，主要以各国提供的正式名单或正式通知作为确定职务的依据。二是按字母顺序排列。这种排列方法多见于国际会议、体育比赛等。三是按通知代表团组成的日期先后排列。东道国对同等身份的外国代表团，按派遣国通知代表团组成的日期排列，或按代表团抵达活动地点的时间先后排列，或按派遣国决定应邀派遣代表团参加活动的答复时间先后排列。采用何种排列方法，东道国在致各国的邀请书中一般都加以明确注明。

也有国家不按惯例把关系密切国家的代表安排在最前列。礼宾次序的安排常常不能遵循一种排列方法，而是几种方法交叉使用，并考虑其他的因素。

在安排礼宾次序时考虑的其他因素包括国家之间的关系，会议所在地区，活动的性质、内容和对于活动的贡献大小以及参加活动人的威望、资历等。例如，常把同一国家的同一地区的代表团，同一宗教信仰，或关系特殊的国家的代表团安排在前面或排在一起。对于同一级别的人员，常把威望高、资历深、年龄大者排在前面。有时还考虑业务性质、相互关系、语言交流等因素。如在观礼、观看演出、比赛时，在考虑身份与职务的前提下，常将业务性质对口的、语言相通的、宗教信仰一致的、风俗习惯相近的人员安排在一起。

二　礼宾次序排列应注意的问题

在实际操作时，礼宾次序是一个政策性较强、较敏感的问题，若礼宾次序不符合国际惯例或安排不当，就会引起不必要的误解，甚至损害到两国之间的关系。

（一）席位安排忌讳

安排宴会的席位时，有些国家忌讳以背向人，特别是安排长桌席位时，主宾席背向群众的一边和正面第一排桌背后，均不宜安排坐人。许多国家的陪同、译员一般不上席，为便于交谈，译员坐在主人和主宾的背后。

（二）外事、礼宾部门指导

为了做到礼宾次序排列的准确无误，重大的、涉外的礼宾次序一定要在外事、礼宾部门的指导下，慎重地、细致地加以安排。

（三）选择礼宾次序的最佳方案

礼宾次序的安排应慎之又慎，我们在安排时应尽量避免因礼宾次序安排不周而产生矛盾,这就要求多拟出几种方案,从中选择最佳或最满意的方案。

(四)努力做好善后工作

由于安排、考虑不周或其他原因而引起礼宾礼序上的风波,组织单位、部门和主管人员对这种已出现的波折要努力做好善后工作。主人应做解释,尽量缓解"一人向隅,举桌不欢"的气氛,并将不好的影响降低到最小的程度。

总之,在外事交往工作中,外事接待人员和其他有关成员必须了解礼仪、礼宾方面的基本知识与社交规范、礼节及仪式,遵循外事工作基本原则,掌握和学会礼宾次序的基本要求,更好地为对外交往做出努力与贡献。

三　国旗的悬挂方式

在两国或多国的会议、活动中,各国国旗是必不可少的布置条件。国旗代表着各个国家的尊严,如果国旗悬挂不当,就会引来各国人民的不满,甚至影响会议或活动的正常开展。国旗的悬挂方式有很多种,国际惯例中国旗的悬挂方式有以下几种。

(一)两国国旗并挂

两国国旗并挂如图 10-9 所示。

图 10-9　两国国旗并挂

(二)三面及以上国旗并挂

三面及以上国旗并挂如图 10-10 所示。

(三)多面国旗并挂

多面国旗并挂时,主方在最后,如果是国际会议,无主客之分,则按规定的礼宾顺序排列,如图 10-11 所示。

(a)

(b)

图 10-10　三面及以上国旗并挂

图 10-11　大型广场或会议多面国旗并挂

（四）交叉悬挂

交叉悬挂如图 10-12、图 10-13 所示。

图 10-12　桌面国旗悬挂

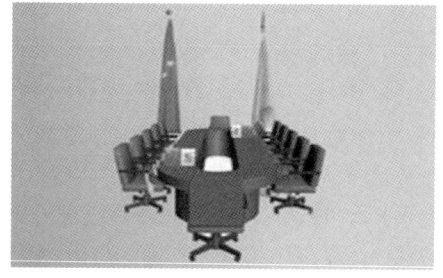

图 10-13　墙面国旗悬挂

（五）竖挂（双方均为正面）

竖挂如图 10-14 所示。

图 10-14　街道两旁的国旗竖挂

（四）外事接待的礼宾次序

（一）行进中的次序

1. 出入电梯

出入无人值守的电梯，陪同者应先进后出；出入有人值守的电梯，陪同者应后进后出。

2. 出入房门

出入房门时，若无特殊原因，位高者先出入房门；若有特殊情况，如室内无灯黑暗，陪同者宜先入。

3. 上下楼梯

一般而言，上楼下楼宜单行行进。男女同行时，尤其当女士穿着短裙时，上下楼宜令女士居后。陪同者引导客人上楼时应行在后，下楼时应行在前，如图 10-15 和图 10-16 所示。

引导者(限女性)走在后面，
客人走在楼梯里侧，引领
者走在中央，配合客人的
步伐速度引领

图 10-15　上楼的引导

引导者走在客人的前面，客
人走在里侧，引领者走在中
间，边注意客人动静边下楼

图 10-16　下楼的引导

（二）乘坐轿车的位次排列

一般而言，乘坐轿车座位的尊卑，按每排右侧往左侧递减。

（1）公务乘车，上座为后排右座。司机开车时轿车的位次排列如图 10-17 所示。

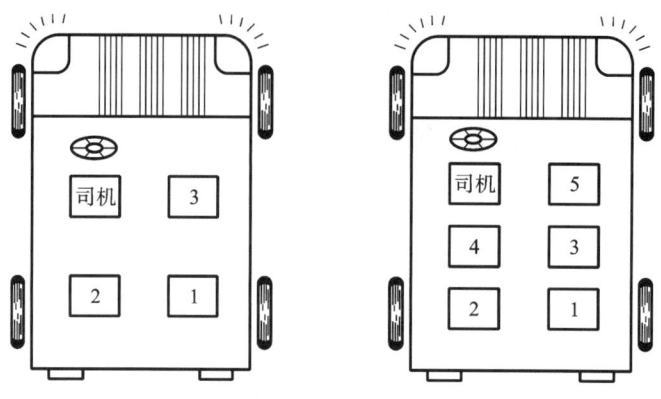

图 10-17　司机开车时轿车的位次排列

（2）主人开车，上座为副驾驶座。主人开车时轿车的位次排列如图 10-18 所示。

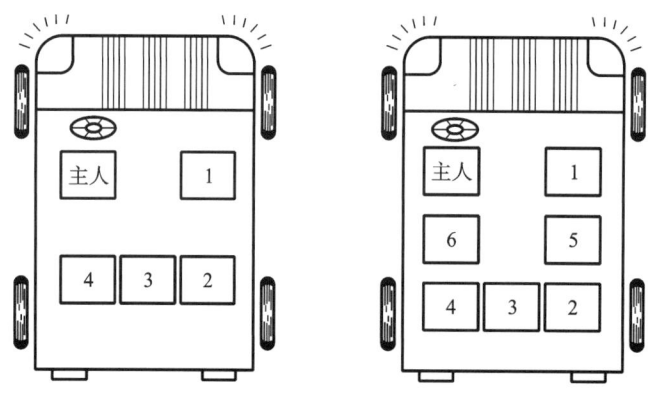

图 10-18　主人开车时轿车的位次排列

（3）重要客人。

接待高级领导、高级将领、重要企业家时，轿车的上座是司机后面的座位。

（4）上下顺序。

上下轿车的先后顺序通常为尊长、来宾先上后下，秘书或其他陪同人员后上先下，即请尊长、来宾从右侧车门先上，秘书再从车后绕到左侧车门上车。下车时，秘书人员应先下，并协助尊长、来宾开启车门。

任务拓展

（1）以小组为单位，进行针对涉外旅游服务接待与安排为主体的模拟实训活动，内容可包含涉外接待与拜访、涉外签字仪式、交接仪式、旅游活动庆典仪式、酒店开业仪式、剪彩仪式等。请在这些涉外商务活动过程中充分运用所学礼仪知识。

（2）以 2—6 名同学组成一个学习团队，运用本章所学的涉外旅游服务礼仪知识完成以下技能训练任务。

①模拟涉外电话礼仪训练。

②假如"世界贸易展览会"将在广州召开，有 120 个国家参展，要怎样进行会场各国国旗的悬挂？中国的国旗悬挂在什么位置？

③模拟公司召开新闻发布会，请就会议的准备进行布置。

参考文献

[1] 曾曼琼,胡晓峰,洪玲.旅游服务礼仪[M].武汉:华中科技大学出版社,2016.

[2] 李博洋.旅游服务礼仪[M].成都:西南财经大学出版社,2011.

[3] 伍海琳.旅游礼仪[M].长沙:湖南大学出版社,2009.

[4] 陆永庆,王春林,郑旭华,斯惠文.旅游交际礼仪[M].大连:东北财经大学出版社,2004.

[5] 吕欣.旅游接待礼仪[M].北京:旅游教育出版社,2011.

[6] 洪涛,杨静.空乘人员仪态与服务礼仪训练[M].北京:旅游教育出版社,2011.

[7] 金丽娟.旅游礼仪[M].桂林:广西师范大学出版社,2015.

[8] 向多佳.商务礼仪[M].上海:上海大学出版社,2011.

[9] 吕欣.酒店礼仪[M].广州:广东经济出版社,2005.

[10] 刘国柱,王振林.现代商务礼仪[M].北京:电子工业出版社,2009.

[11] 吕欣.旅游接待礼仪[M].北京:旅游教育出版社,2011.

[12] 段学成.服务礼仪[M].北京:北京理工大学出版社,2010.

[13] 王琦.旅游礼仪服务实训教程[M].北京:机械工业出版社,2009.

[14] 刘筏筏.旅游服务礼仪[M].大连:大连理工大学出版社,2013.

[15] 花立明,张艳平.前厅客房部运行与管理[M].北京:北京大学出版社,2013.

[16] 花立明.酒店服务礼仪[M].上海:上海交通大学出版社,2016.

[17] 周立.酒店服务礼仪[M].桂林:广西师范大学出版社,2016.

[18] 李晓丹,王瑛.酒店服务礼仪[M].上海:上海交通大学出版社,2016.

[19] 彭蝶飞,李蓉.酒店服务礼仪[M].上海:上海交通大学出版社,2011.

[20] 劳动和社会保障部,中国就业培训技术指导中心.客房服务员[M].北京:中国劳动社会保障出版社,2011.

[21] 彭蝶飞,李蓉.酒店服务礼仪[M].上海:上海交通大学出版社,2011.

[22] 周静波.酒店接待技术[M].上海:上海交通大学出版社,2016.

[23] 任杰玉.酒店服务礼仪[M].武汉:华中师范大学出版社,2009.

[24] 人社部教材办公室.饭店服务礼仪习题册[M].北京:中国劳动社会保障

出版社,2016.

[25]　浙江省教育厅职成教教研室组.西餐服务[M].北京:高等教育出版社,2010.

[26]　中华人民共和国商务部.饭店服务礼仪规范[M].北京:中国标准出版社,2008.

[27]　金正昆.服务礼仪教程(第二版)[M].北京:中国人民大学出版社,2005.

[28]　许广元.浅谈旅游景区中的人员服务[J].网络财富,2008(12).

[29]　徐静.旅游景区服务与管理[M].天津:南开大学出版社,2013.

[30]　陈李静.旅游景区服务与管理[M].厦门:厦门大学出版社,2016.

[31]　王昆欣.旅游景区服务与管理案例[M].北京:旅游教育出版社,2008.

[32]　胡成富.社交礼仪[M].北京:中国财政经济出版社,2009.

[33]　张南南.商务礼仪[M].长春:东北师范大学出版社,2014.

[34]　金丽娟.旅游礼仪[M].桂林:广西师范大学出版社,2014.

[35]　彭蝶飞,李蓉.酒店服务礼仪[M].上海:上海交通大学出版社,2011.

[36]　金正昆.涉外礼仪教程[M].北京:中国人民大学出版社,2005.

[37]　袁涤非.现代礼仪[M].北京:高等教育出版社,2014.

[38]　吕欣.旅游接待礼仪[M].北京:旅游教育出版社,2011.

教学支持说明

为了改善教学效果，提高教材的使用效率，满足高校授课教师的教学需求，本套教材备有与纸质教材配套的教学课件和拓展资源。

为保证本教学课件及相关教学资料仅为教材使用者所得，我们将向使用本套教材的高校授课教师免费赠送教学课件或者相关教学资料，烦请授课教师通过电话、邮件或加入旅游专家俱乐部 QQ 群等方式与我们联系，获取"教学课件资源申请表"文档并认真准确填写后发给我们，我们的联系方式如下：

地址：湖北省武汉市东湖新技术开发区华工科技园华工园六路

邮编：430223

电话：027-81321911

传真：027-81321917

E-mail：lyzjjlb@163.com

旅游专家俱乐部 QQ 群号：758712998

旅游专家俱乐部 QQ 群二维码：

群名称:旅游专家俱乐部5群
群　号:758712998

教学课件资源申请表

1. 以下内容请教师按实际情况填写，★为必填项。
2. 根据个人情况如实填写，相关内容可以酌情调整提交。

★姓名		★性别	□男 □女	出生年月		★职务	
						★职称	□教授 □副教授 □讲师 □助教
★学校				★院/系			
★教研室				★专业			
★办公电话		家庭电话			★移动电话		
★E-mail（请填写清晰）					★QQ号/微信号		
★联系地址					★邮编		

★现在主授课程情况	学生人数	教材所属出版社	教材满意度
课程一			□满意 □一般 □不满意
课程二			□满意 □一般 □不满意
课程三			□满意 □一般 □不满意
其 他			□满意 □一般 □不满意

教 材 出 版 信 息	
方向一	□准备写 □写作中 □已成稿 □已出版待修订 □有讲义
方向二	□准备写 □写作中 □已成稿 □已出版待修订 □有讲义
方向三	□准备写 □写作中 □已成稿 □已出版待修订 □有讲义

　　请教师认真填写表格下列内容，提供索取课件配套教材的相关信息，我社根据每位教师填表信息的完整性、授课情况与索取课件的相关性，以及教材使用的情况赠送教材的配套课件及相关教学资源。

ISBN（书号）	书名	作者	索取课件简要说明	学生人数（如选作教材）
			□教学 □参考	
			□教学 □参考	

★您对与课件配套的纸质教材的意见和建议，希望提供哪些配套教学资源：